Foodservice Business

카페부터 레스토랑까지 따라 하기 쉬운

외식창업

김진숙 · 김진성 · 허 정 · 김명희
김하윤 · 김문호 · 조원영 · 김양숙

Start-up

(주)백산출판사

Preface

창업이란 새로운 기업을 설립하여 자신의 사업을 운영하는 것을 의미하며, 동시에 나라를 일으킨다는 뜻 또한 내포되어 있다. 나라를 일으킨다고 표현할 정도로 창업은 어렵고 힘든 과정이다. 최근 직업의식이 바뀌면서 창업자의 연령도 점차 낮아지고, 소자본 또는 무자본 중심의 1인 창업, 가족창업, 무점포 창업 등 그 방법도 다양해지고 있으며, 예전보다는 소자본으로 창업할 수 있는 기회들이 많이 생겨나고 있다.

그렇다면 왜 외식창업일까? 외식창업은 전체 창업시장의 거의 절반을 차지할 만큼 수요자가 많으면서 동시에 가장 많이 실패하는 분야 중 하나이다. 그렇게 많이 실패하고 있지만 끊임없이 도전하는 분야이다. 그 이유는 무엇일까?

첫째, 외식창업은 진입 장벽이 낮다. 작은 공장 하나 짓는 데만도 자본금이 수 억에서 수십 억이 필요하지만 외식업체를 설립하는 비용은 그보다 훨씬 적게 든다. 물론 대규모 기업형 외식업체는 엄청난 자본이 필요하지만 영세한 작은 업체라면 창업비용은 그리 많이 들지 않는다. 평범한 시민이 회사에서 은퇴하고 퇴직금으로 할 수 있는 사업이 대부분 외식업인 것은 자본이 타 산업군에 비해 적게 드는 것이 가장 큰 이유일 것이다.

둘째, 외식창업은 준비기간이 짧다. 하나의 기업을 일으키려면 자본도 필요하지만 관련 분야의 제반 지식 또한 필수이다. 모르는 분야의 사업을 성공시키기에는 너무 많은 무리수가 따르기 때문이다. 그러나 외식창업은 짧은 시간에 관련 지식과 기술을 습득할 수 있다. 우리나라에 그렇게 많은 치킨집과 카페가 있는 것은 그러한 이유 때문이기도 하다. 누구나 몇 주 정도의 교육을 이수하면 치킨을 만들 수 있고 커피를 내릴 수 있다.

이러한 이유로 인해 지금도 수많은 예비창업자들이 외식산업에 뛰어들 준비를 하고 있지만 경쟁이 치열한 만큼 실패자들도 셀 수 없이 많다. 10개의 레스토랑이 오픈하면 그중 5년을 버티는 업소는 2개밖에 없다는 통계가 있을 정도로 외식산업은 이미 포화상태에 접어들었다. 그러나 충분한 준비기간을 거쳐 시장을 정확하게 분석하고 진입한다면 성공이 불가능한 것은 아니다. 실제로 수없이 많은 실패 사례 중 대부분은 직장에서 퇴직하고 1년도 안 되어 성급하게 개업했다가 실패한 경우들이다. 외식업계에서 충분히 경험을 쌓고 아이템을 분석하여 시장에 뛰어든 창업자들은 성공률이 결코 낮지 않음을 사례분석을 통해 알 수 있다. 저자들의 제자들 또한 최근에는 청년 창업을 하여 성공해서 학교에 찾아오는 경우가 많다.

따라서 외식업에서의 실패확률을 줄이기 위해 다양한 시도들이 이어지고 있다. 창업 인큐베이팅 시스템을 이용하여 자신의 아이템이 시장에서 어느 정도 인정받는지 확인한 후 창업할 수 있도록 하기도 하고, 공유주방을 통해 소자본으로 창업하여 초기비용을 절감하기도 한다. 특히 공유주방은 최근 젊은 소자본 창업희망자들의 뜨거운 관심을 받으며 단숨에 외식창업의 해결책으로 각광받기도 했고, 현재 배달 위주, 매장 공동사용, 식품 제조가공 등의 다양한 버전으로 진화하고 있다. 이는 모두 외식창업의 높은 실패율을 낮추고자 하는 노력에 코로나19 팬데믹이라는 유례없는 상황이 더해지면서 급격하게 발생한 상황이라고 할 수 있다.

이러한 모든 것을 감안하여 외식창업시장에서 성공률을 높이기 위해서는 예비창업자가 성공을 위한 만반의 준비를 해두는 것이 무엇보다 우선이다. 따라서 본서에서는 청년들이나 중장년들이 소자본으로 창업할 수 있도록 차근차근 프로세스를 설명하려 노력하였고, 적은 자본으로 카페부터 레스토랑까지 창업할 때 필요한 영업 서식들을 편리하게 사용할 수 있도록 사례를 제시하려 노력하였다. 학교에서는 사례를 통해 작은 외식 브랜드를 만들어 현장감 있게 직접 실습

할 수 있도록 노력하였고, 현장에 계신 분들이 책을 참고하면, 영업에서 바로 사용하실 수 있고, 바로 적용하실 수 있는 내용을 전달하려 노력하였다. 늘 저자들에게 용기와 지원을 아끼지 않으시는 진욱상 대표님과 진성원 상무님께 감사의 인사를 드리며, 앞으로도 외식창업분야에서 오랫동안 활용될 수 있는 책이 되길 바란다.

2022년 8월

Contents

Chapter 6 창업점포 인테리어와 익스테리어

Chapter 7 외식창업자금과 세금관리

Chapter 8 창업절차와 인허가

Chapter 9 외식 인적자원 관리

Chapter 11 공유주방 창업

Chapter 12 워크북

Chapter 1

학습목표

- 창업의 개념에 대해 학습한다. 창업하는 과정에 대해 학습하며 전반적인 흐름을 이해한다.
- 창업을 학문으로써 조명하는 현재까지의 과정에 대한 개괄적 내용을 이해한다.
- 창업의 특징과 주요 요소에 대해 이해한다.

창업의 개념

1. 창업의 개념

1) 개념

고용노동부에서 창업이란 '개인이나 집단이 사업기회를 포착하여 사업목표를 설정하고, 이에 따른 자본, 인력, 설비를 확보하여 사업을 시작하는 것'이라고 한다. 즉 창업자가 특정 사업 아이템을 가지고 자원(자금, 재화)을 투자하여 제품이나 서비스를 생산하고 이를 판매하여 목적을 달성하는 행위라 할 수 있다.

창업의 정의

- 나라나 왕조 따위를 처음으로 세움
- 사업 따위를 처음으로 이루어 시작함

출처: 표준국어대사전

우리나라에서는 연간 100만 개의 창업이 이루어진다. 기업에서 또는 개인이 생계를 위해 자영업을 하는 등 많은 창업이 이루어지고 있다. 그러나 기업수준의 창업은 매우 적으며 개인의 생계형 창업인 경우가 대부분이다. 아래의 표는 국가별 창업에 대한 인식을 조사한 자료이다.

국가별 창업선호도

국가	창업선호도
스웨덴	71%
노르웨이	67%
핀란드	61%
칠레	57%
중국	49%
네덜란드	48%
한국	11%

출처: 김대호(2014), 창조경제 정책의 이해, 커뮤니케이션북스

"시작이 반이다.(Well begun is half done.)"라는 말이 있듯이 창업은 시작이 매우 중요하며 사업의 방향을 결정하는 것은 결과에 매우 큰 영향을 준다. 이를 위해 처음 사업을 시작하는 창업주는 사업에 대한 철저한 사전계획이 필요하다. 이를 과정별로 정리한 것이 사업계획서이다. 사업계획서를 보면 사업의 성격과 방향을 알 수 있으며 경우에 따라서는 결과를 어느 정도 예측해 볼 수도 있다.

창업은 새로운 사업을 시작한다는 의미로 개인이 기존의 사업체를 인수하거나 새롭게 시작하는 것은 모두 창업이라 할 수 있다. 「중소기업기본법」 제2조의 규정에 따르면 "새로이 설립하여 사업을 개시하는 것을 창업이라 말하며 사업의 승계, 기업형태의 변경, 폐업 후 사업재개 등은 창업에 해당되지 않는다"라고 한다.

법】제2조(중소기업자의 범위)

① 중소기업을 육성하기 위한 시책(이하 "중소기업시책"이라 한다)의 대상이 되는 중소기업자는 다음 각 호의 어느 하나에 해당하는 기업(이하 "중소기업"이라 한다)을 영위하는 자로 한다. 〈2015.2.3.〉

1. 다음 각 목의 요건을 모두 갖추고 영리를 목적으로 사업을 하는 기업
가. 업종별로 매출액 또는 자산총액 등이 대통령령으로 정하는 기준에 맞을 것
나. 지분 소유나 출자 관계 등 소유와 경영의 실질적인 독립성이 대통령령으로 정하는 기준에 맞을 것

② 중소기업은 대통령령으로 정하는 구분기준에 따라 소기업(小企業)과 중기업(中企業)으로 구분한다.

출처: 표준국어대사전

2) 창업학의 역사

창업에 대한 학문적 정의와 학문으로서의 진전은 지속되고 있으나 확고한 정의를 내리지 못하는 상황이다. 현대 창업학적 개념발전의 시작은 독일에서 시작되었으며 창업학 연구는 미국, 영국, 프랑스, 호주 등의 국가에서 왕성하게 진행되었고 1970년대 이후 상당한 학문적 진척이 이루어지고 있다.[1 2]

우리나라는 1978년 「중소기업진흥법」 제정 이후 정부에 의한 지원이 대폭 확

1 홍성호(2009), 한국 창업학 연구 분류체계를 위한 탐색적 연구, 중앙대학교 석사학위논문

2 목영두(2011), 대학의 창업교육 체계화를 위한 창업학 교육과정 개발 모형 연구, 중앙대학교 박사학위논문

대되고 다양한 분야에서 지원되고 있으며 대학에 창업관련 강좌가 개설되고 창업대학원 지원 사업 등이 이루어지고 있다. IMF 직후 1997년 8월에 「벤처기업 육성에 관한 특별조치법」[3]이 시행되어 현재까지 정부에서 창업에 대한 지원을 지속적으로 해오고 있다.

3 이 법은 기존 기업의 벤처기업으로의 전환과 벤처기업의 창업을 촉진하여 우리 산업의 구조조정을 원활히 하고 경쟁력을 높이는 데에 기여하는 것을 목적으로 한다.(약칭: 벤처기업법) [시행 2022.6.29.] [법률 제18661호, 2021.12.28., 타법개정]

3) 창업의 특징

가) 불확실성에 대한 최적의 의사결정과정

창업은 최적의 의사결정과정이다. 시장의 불확실성에 도전하며 경험하지 못한 사업을 하는 것은 여러 가지 변수들에 대한 예측이 매우 어려우며 발생할 수 있는 경우의 수도 다양하기 때문이다. 따라서 사업을 시작하기 전에 이 불확실성에 대한 대비를 충분히 해두어야 창업 후 발생할 수 있는 여러 가지 문제점들을 사전에 제거할 수 있으며 성공확률을 높일 수 있다. 아래 표는 통계청에서 조사한 창업 후 생존율이다.

창업 후 생존율

(단위: %)

구분		2015년	2016년	2017년	2018년	2019년
1년 생존율		62.7	65.3	65.0	63.7	64.8
	법인기업	732.	72.5	72.7	72.1	73.0
	개인기업	61.7	64.7	64.3	63.1	64.1
5년 생존율		-	28.6	29.3	31.2	32.1
	법인기업	-	37.7	40.3	39.9	47.7
	개인기업	-	28.0	28.4	30.4	31.3

출처: 통계청 경제통계국 경제통계기과(2021), 2020년 기업생멸행정통계 결과

여러 가지 성격의 창업 중 외식산업은 음식숙박업으로 분류되어 집계되었는데 5년 생존율이 평균 30% 미만이다. 즉 10명이 창업하면 5년 후에는 약 7명이 폐업하거나 전업한다고 볼 수 있다.

2020년 기업생멸행정통계

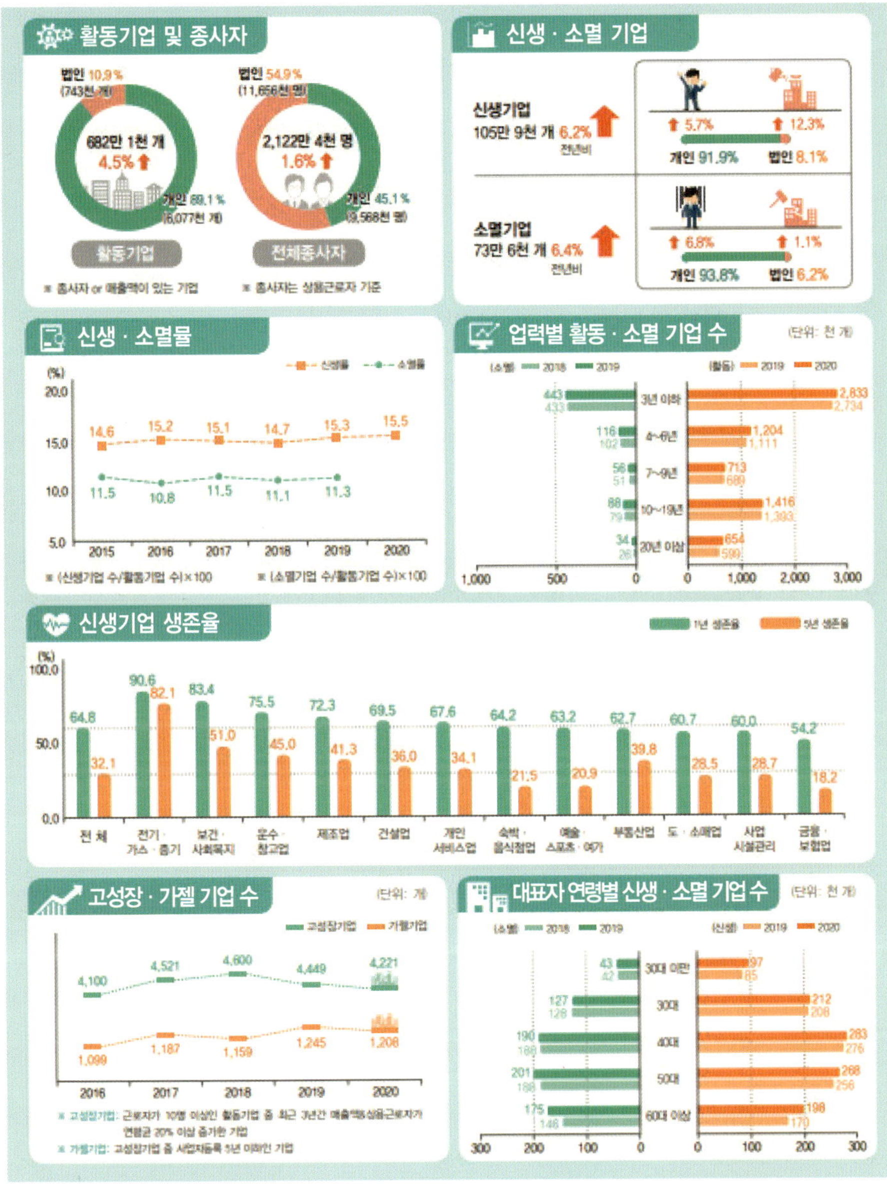

출처: 통계청 경제통계국 경제통계기과

나) 손익의 양면성

창업은 자본(인적, 물적)의 투입이 우선되어야 제품을 생산하고 판매하여 수익을 얻는 사이클이 반복된다. 투자 대비 수익이 좋을 경우 문제가 없겠으나 투입 대비 낮은 결과(output)가 나올 수도 있기 때문에 손해를 볼 수 있는 양면성을 가지고 있다. 또한 수익은 단기간에 확보되는 것이 아니며 특히나 외식산업은 장기적으로 투자 자본을 회수하고 수익을 올릴 수 있는 장기사업(long term business)으로 간주된다.

그래서 유명한 외식업체들은 영업장의 임대계약을 할 때 장기계약을 맺는다. 맥도날드와 같은 QSR은 보통 20~30년 계약을 맺으며 외국계 대형 프랜차이즈 브랜드들은 10년 단위로 계약을 맺는 경우가 많다. 반면 우리나라의 임대사업주들은 2년 단위로 임대계약을 맺는 경우가 많아 이해가 상충하는 경우도 있다.

다) 창조적 모험성

창업은 다분히 창조적이다. 창업하는 창업주들의 브랜드와 상품들은 유사할 수 있으나 모두 창의적인 성격을 띠고 있다. 차별화하지 않으면 소비자가 제품과 브랜드를 인식할 수 없기 때문이다.

주식에서는 고위험 고수익 투자(High Risk High Return, 높은 이익을 추구하기 위해서는 높은 위험을 감수해야 한다는 의미로, 위험과 이익이 비례한다는 의미)라는 말이 있다. 고위험 투자는 다른 투자보다 더 높은 수익을 올릴 수 있는 기회를 제공할 수 있지만 투자금을 잃을 확률도 높다.

그렇기 때문에 창업은 창업주의 역량과 핵심 상품을 가지고 어느 시장에 어떤 규모로 들어갈지 즉 투자할지를 잘 판단해야 한다. 창업주의 모험심이 창업을 시작하는 결정적인 계기가 되기도 한다. 이런 특징을 잘 반영한 사업성격의 예로 벤처기업을 들 수 있다.

벤처기업(venture企業)

벤처기업은 창조적 아이디어와 첨단기술을 바탕으로 도전적인 사업을 운영하는 중소기업을 말한다. 중소기업이라 하더라도, 창업한 지 오래된 중견 기업은 일반적으로 벤처기업이라 부르지 않는다.

출처: 위키백과

라) 창업의 3요소

창업은 창업자를 포함한 인적자원과 창업자금 그리고 사업아이템을 주요 요소로 분류하고 있다. 특히 창업자의 의지가 창업의 결과에 미치는 영향이 매우 크므로 창업자에게는 과감한 결단력과 인내심, 집중력, 학습능력과 리더십이 필요하다.

(1) 인적자원과 기업가정신

앞에서 거론한 3요소 중 인적자원은 창업자(founder)의 역량이 중요한데 창업자는 창업을 주도적으로 계획하고 추진하며 리스크(risk)에 대한 책임을 지는 사람으로 사업 전반에 걸쳐 중요한 의사결정을 하는 사람이다. 이런 창업자의 태도와 행동을 기업가정신으로 정의하고 있다.

기업가정신(Entrepreneurship)

슘페터(독: Joseph Alois Schumpeter, 1883~1950)는 기업가는 새로운 사업을 일으킴으로써 기존 경제 질서를 창조적으로 파괴하며, 그 방식은 혁신적이고 창조적이어야 한다는 기업가정신을 이론화한 최초의 학자이다. 그는 기업가란 "새로운 제품과 서비스를 창출하거나 새로운 생산방법을 도입하거나, 새로운 조직형태를 창조하거나, 새로운 원재료를 활용함으로써 기존 경제 질서를 파괴하는 사람"이라고 정의하였다.

기업가정신의 핵심개념

기업가정신의 공통적 특성으로는 혁신성(innovativeness), 진취성(pro-activeness), 위험감수성(risk-taking) 외에 기업의 사회적 책임인 CSR(Corporate Social Responsibility)[4]을 강조하기도 하며 한 발 더 나아가 ESG경영[5]을 강조하는 추세이다.

혁신성

기업가정신의 가장 핵심적인 요소이다. 혁신성은 기업성장과 전략적 위치를 강화하기 위한 수단으로 새로운 아이디어, 참신성, 실험, 창조적인 프로세스에 대해 적극 지원하는 기업의 성향을 말한다. 혁신성이 없는 신제품은 신제품이 아니라고 할 정도로 혁신성은 중요하다. 시장의 불확실 상황에도 기업가는 새로

4 기업이 생산 및 영업활동을 하면서 환경경영, 윤리경영, 사회 공헌과 노동자를 비롯한 지역사회 등 사회 전체에 이익을 동시에 추구하며, 그에 따라 의사 결정 및 활동을 하는 것을 말한다.(위키백과)

5 'ESG'란 기업의 비재무적 요소인 환경(Environment), 사회(Social), 지배구조(Governance)를 뜻하는 말(두산백과)로, 'ESG 경영'이란 장기적인 관점에서 친환경 및 사회적 책임경영과 투명경영을 통해 지속가능한 발전을 추구하는 것을 말한다.

운 기회와 해결책을 혁신을 통해 찾게 된다. 따라서 혁신성은 사업이 시작된 후 성장을 위해 기업가가 꼭 갖추어야 할 핵심적인 구성요소이다.

진취성

진취성은 미래의 기회와 시장 수요를 예측하고 시장의 기회를 이용하여 공격적이고 적극적으로 행동하려는 기업의 성향으로 시장을 선점하고 경쟁우위에 서는 것을 말한다. 기업가는 항상 경쟁사를 의식하며 시장을 개척하고 기회들을 탐색해야 하며 미래지향적 예측과 행동으로 경쟁자를 압도하는 성향을 말한다.

위험감수성

위험감수성은 기업이 불확실한 상황에서도 과감히 도전하여 새로운 사업기회를 포착하는 정도를 의미한다. 전략적인 경영의 필수요소로 보고 있으며, 위험한 프로젝트에 대하여 실행하고자 하는 정도를 의미한다. 이런 위험을 선호하는 기업일수록 높은 보상과 수익을 높일 수 있으며 성과를 창출할 수 있다.

기업의 사회적 책임(Corporate Social Responsibility, CSR)

기업이 경영활동을 하면서 환경경영, 윤리경영, 사회 공헌과 노동자를 비롯한 지역사회 등 사회 전체에 이익을 동시에 추구하고 그에 따른 의사 결정과 활동을 하는 것을 의미한다.

● 글로벌 브랜드들의 사회공헌 캠페인

출처: 식품음료신문(2020.10), 글로벌 식품기업, 지속가능 발전 위한 사회공헌에 집중

2. 창업 트렌드

1) 레스토랑 창업

외식창업 중 레스토랑(식당)의 창업은 지금 이 순간에도 많은 곳에서 행해지고 있다. 레스토랑 창업은 외식산업을 대표하는 부문이며 누구나 쉽게 접할 수 있고, 진입장벽이 낮아 창업에 쉽게 도전할 수 있는 반면 성공확률은 생각보다 높지 않으며 일정규모의 매출을 올리지 않는 이상 많은 수익을 올리기는 쉽지 않다.

우리나라의 외식업체 수는 약 67만 개 수준으로, 일본(74만 개)과 미국(68

만 개)보다는 적지만 이탈리아(30만 개), 프랑스(17만 5천 개), 대만(25만 개)보다는 두 배 이상 많으며 우리나라의 인구 1만 명당 외식업체 수는 2017년 기준 125.4개로, 중국(66.4개), 일본(58.3개) 등에 비해서 인구대비 외식업체가 두드러지게 많으며, 인구 대비 외식업체 수는 중국의 1.9배, 일본 대비 2.2배이다.[6]

6 외식업 운영 동향 및 특징, 한국농촌경제연구원

주요 국가별 인구 1만 명당 외식업체 수

(단위 : 개)

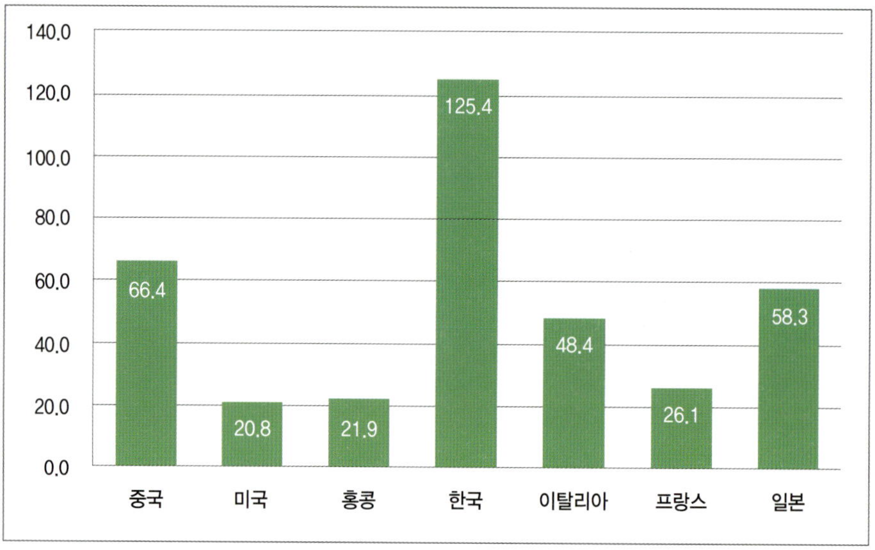

출처: 유로모니터(Euromornitor)(2017); Workdbank 인구 통계(2017)

즉 우리나라 외식산업은 다른 국가들에 비해 많지만 규모가 영세하고 매출액은 작아 경영여건이 해외 국가들에 비해 열악한 것으로 나타나고 있다. 외식산업은 레드오션(red ocean)[7]이라고 해도 과언이 아닌 상태이다. 이런 상황에서 식당을 개점한다는 것은 성공확률이 낮은 사업에 도전하는 것이라고 할 수 있겠다. 그럼에도 많은 사람들이 식당 창업에 도전한다.

7 이미 잘 알려져 있어서 경쟁이 매우 치열한 특정 산업 내의 기존 시장을 의미한다.(시사경제용어사전)

2) 카페 창업

카페는 커피, 음료, 술과 가벼운 음식을 파는 곳으로 소규모, 소자본으로 창업을 시작할 수 있어서 비교적 창업하는 연령대로 20~30대가 많다. 어려운 시기에는 소자본, 소규모의 창업이 비교적 쉽게 다가올 수 있어 최근 많이 생겨나고 있고 폐업 사례도 많이 늘고 있어 창업계획서를 꼼꼼히 작성하여 실패할 확률을 줄여야 할 것이다.

● **코로나19 확산기 100대 생활업종 업체 수 변화**

※ 2021년 2월 말 기준, 전년동기 대비 증감 (단위: 개)

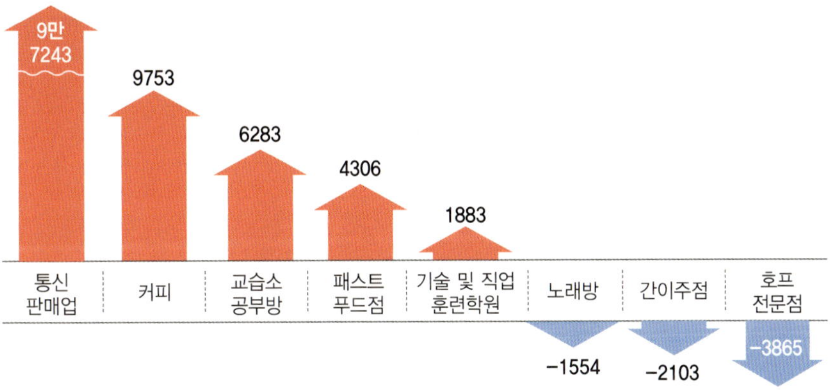

코로나19 확산에 소상공인 등 골목상권이 직격탄을 맞았지만 카페, 교습소 · 공부방, 패스트푸드점, 헬스클럽 사업자 수는 오히려 늘어난 것으로 나타났다. 특히 커피전문점이 휴식과 문화생활을 즐기는 복합공간으로 거듭나, 젊은 세대의 소자본 창업으로 이어져 카페는 2020년 새 1만 개가량 늘었다. 또 비대면 경제가 확산되면서 통신판매업도 늘어나는 등 예상 밖의 선전을 펼쳤다. 반면 거리두기 강화 직격탄을 맞은 술집, 예식장, 여행사, 노래방, 여관 · 모텔, 목욕탕 등은 폐업이 속출하면서 업종별 양극화가 두드러졌다.

2021년 5월 18일 국세청과 업계 등에 따르면 '100대 생활업종' 월별 통계에서 2021년 2월 말 100대 생활업종 전체 사업자 수는 1년간 17만 5,494개(7.3%)

늘었다. 그중 전국 '커피음료점' 등록업체는 7만 2,686개로 지난해(6만 2,933개)보다 9,753개(15.5%) 급증했다.[8]

8 출처: https://www.fnnews.com/news/202105181942585417

커피전문점의 매장 수는 2022년 5월 29일 공정거래위원회 검색 결과 이디야 2,875개, 스타벅스 1,623개, 투썸플레이스 1,218개 순으로 나타났으며 그 하위 순위는 아래 표와 같다. 이는 단순히 가맹점 수만 가지고 나타낸 것이어서 매장의 규모나 매출은 반영되지 않은 수치로 골목상권에서는 이디야가 단연 1위라고 볼수 있다는 것이다.

공정거래위원회 내 가맹점 수 TOP 10

(직영점인 스벅 제외: 스벅은 2위)
(2022.05.29)

순위	브랜드명	매장 수
1	**이디야**	2,825
2	**스타벅스**	1,633
3	**투썸플레이스**	1,218
4	**메가커피**	1,184
5	**컴포즈커피**	725
6	**빽다방**	721
7	**커피에반하다**	658
8	**요거프레소**	601
9	**커피베이**	590
10	**더벤티코리아**	504
11	**파스쿠찌**	491
12	**할리스**	484
13	**엔제리너스**	428
14	**나우커피**	315
15	**탐앤탐스**	312
16	**카페베네**	279

출처: https://nhj12311.tistory.com/177

커피전문점 브랜드평판 2022년 2월 빅데이터 분석결과는, 1위 스타벅스, 2위 투썸플레이스, 3위 메가커피 순으로 분석됐다. 한국기업평판연구소는 30개 커피전문점 브랜드에 대해 2022년 1월 8일부터 2022년 2월 8일까지의 커피전문점 브랜드 빅데이터 9,945,907개를 분석하여 소비자들의 브랜드 평판을 측정했다.

출처 : 금강일보(http://www.ggilbo.com)

커피전문점 브랜드평판 1위를 기록한 스타벅스 브랜드는 참여지수 1,481,190, 미디어지수 330,111, 소통지수 580,753, 커뮤니티지수 526,181, 사회공헌지수 115,295가 되면서 브랜드평판지수 3,033,530으로 분석됐다. 지난 1월 브랜드평판지수 3,222,700과 비교하면 5.87% 하락했다.
2022년 2월 커피전문점 브랜드평판 순위는 스타벅스, 투썸플레이스, 메가커피, 이디야, 빽다방, 커피빈, 폴바셋, 파스쿠찌, 할리스, 엔제리너스, 탐앤탐스, 커피나무, 카페베네, 달콤커피, 커피베이, 커피에반하다, 커피명가, 드롭탑, 매머드커피, 만랩커피, 셀렉토커피, 커피스미스, 더카페, 더착한커피, 빈스빈스, 커피마마, 토프레소, 전광수커피, 그라찌에, 카페보니또 순이었다.

출처 : http://www.ggilbo.com/news/articleView.html?idxno=895986

2022년 2월 빅데이터 분석결과

2022.02.08

순위	커피	참여지수	미디어지수	소통지수	커뮤니티 지수	사회공헌 지수	브랜드평판 지수
1	스타벅스	1,481,190	330,111	580,753	526,181	115,295	3,033,530
2	투썸플레이스	1,161,968	256,215	233,551	270,580	48,920	1,971,234
3	메가커피	518,601	107,509	91,584	170,323	33,662	921,679
4	이디야	261,996	62,283	162,163	200,962	14,724	702,128
5	빽다방	218,873	46,804	69,610	74,200	12,230	421,717
6	커피빈	124,541	30,010	96,822	129,570	7,955	388,898
7	폴바셋	166,204	36,156	53,805	61,935	8,549	326,649
8	파스쿠찌	156,883	37,106	59,248	55,650	6,531	315,417
9	할리스	65,606	19,565	82,241	53,895	4,168	225,474
10	엔제리너스	80,205	23,861	47,239	47,605	4,227	203,137
11	탐앤탐스	70,581	20,193	51,190	25,812	3,651	171,428
12	커피나무	19,046	17,343	40,616	77,348	1,104	155,457
13	카페베네	25,874	13,991	69,788	31,227	2,161	143,042
14	달콤커피	21,753	9,141	57,648	38,625	1,466	128,634
15	커피베이	35,577	9,972	14,401	49,912	2,541	112,403

16	커피에반하다	26,536	5,859	11,364	66,549	1,561	111,869
17	커피명가	46,032	10,897	12,786	29,720	2,309	101,744
18	드롭탑	23,482	7,088	19,180	28,392	1,490	79,632
19	매머드커피	29,838	5,944	16,510	24,487	2,476	79,055
20	만랩커피	20,405	4,237	15,321	15,319	1,407	56,689
21	셀렉토커피	18,911	4,338	15,726	14,532	1,152	54,659
22	커피스미스	9,759	4,588	10,256	25,669	522	50,795
23	더카페	7,985	1,851	13,008	20,329	617	43,791
24	더착한커피	2,605	2,536	15,514	19,641	160	40,457
25	빈스빈스	3,066	5,233	17,254	12,179	196	37,928
26	커피마마	5,548	1,830	4,519	14,170	380	26,447
27	토프레소	8,759	2,037	4,186	2,861	659	18,503
28	전광수커피	4,559	995	2,872	1,612	368	10,406
29	그라찌에	2,527	565	2,016	2,758	249	8,115
30	카페보니또	1,853	63	1,733	1,231	113	4,992

출처: 금강일보

반면 커피전문점이나 카페를 휴게음식점으로 허가받아 폐업한 사례는 창업 후 1~3년 미만에서 폐업하는 사례가 가장 많았다. 2010년 1월 1일 부터 2020년 3월 31일까지 서울에서 인허가받은 휴게음식점 5만 6,184건 중 인허가부터 폐업까지의 기간이 3년 미만인 점포는 2만 9,348개(52.2%)를 기록했다. 1년 안에 문을 닫는 점포 수도 7,269개(12.9%)에 달했다. 커피전문점의 전문기술이나 자격 없이도 창업이 가능해 진입 장벽이 낮다. 많이 창업하지만 반면 많은 폐업 사례도 속출하고 있어 창업계획서를 잘 작성해야 한다는 것을 보여준다.

● **영업기간(인허가-폐업) 구간별 서울 휴게음식점 현황**

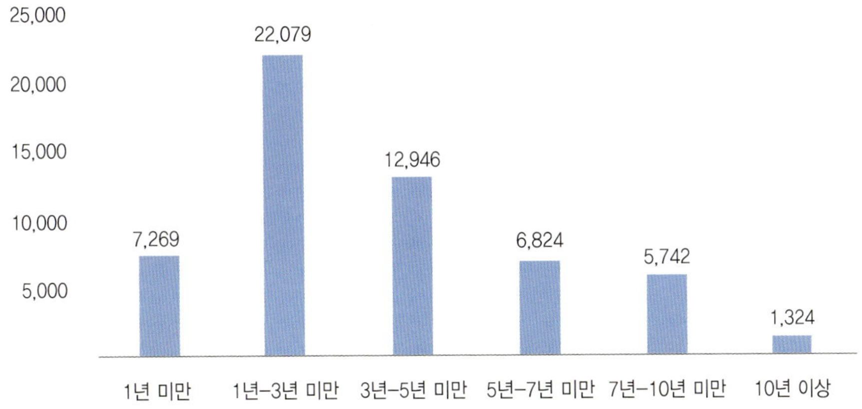

주1) '10.01.01~'20.03.31 인허가받은 업소 기준자료임
주2) 휴게음식점: 주로 차, 아이스크림 등을 조리해 판매하며, 음주행위가 허용되지 않는 업소

2019년 7월 "커피산업의 5가지 트렌드 변화와 전망"이라는 현대경제연구원의 보고서에서 국내 커피산업 매출액 규모는 6조 8,000억 원으로 추정된다고 밝혔다. 커피산업을 커피전문점, 소매시장, 소규모카페 등으로 나눠보면 커피전문점 매출은 4조 3,000억 원, 소매시장은 2조 4,000억 원 수준이라고 봤다. 카페 가맹점 수가 늘어나면서 수익성 악화가 우려되는 상황이나 '스페셜티' 중심의 고급 커피시장이 확대하는 만큼 커피산업 규모는 2023년 8조 6,000억 원까지 성장한다고 봤다.[9] 스페셜티 커피란 국제 스페셜티커피협회(SCA)가 평가한 80점 이상 등급의 커피로 스타벅스 리저브 바, 블루보틀 등이 여기에 속한다. 국내 커피산업 규모와 특징을 세부적으로 보면 2018년 기준으로 성인 1명이 한 해 동안 커피 353잔을 마신 것으로 분석됐다. 반면 같은 해 세계 성인 1인당 커피 소비량은 132잔으로 우리나라 성인이 세계 성인들보다 약 3배 더 커피를 많이 마신다는 것을 알 수 있다.

9 출처 : http://mbiz.heraldcorp.com/view.php?ud=20190714000117

국내 1인당 커피 소비량

※ ( ) 안은 세계 성인 평균 대비

시장조사업체 트렌드모니터가 전국 15~59세 남녀 1천 명을 대상으로 조사한 결과 '가끔은 비싼 커피를 마시고 싶다'고 응답한 비중이 2014년 38.8%에서 2017년 44.0%로 커졌다. 스페셜티 커피 매장이 늘어나는 가운데 프리미엄 커피에 대한 수요도 늘었다. 수익 모델도 다각화되고 있다. 스타벅스는 매장 확대 전략을 추구하고 있고, 블루보틀은 고객이 원하는 원두를 배송해 주는 커피 구독 서비스를 도입했다. 고객들이 점점 고급화된 커피를 마시고 싶어 하고 앞으로의 커피전문점 창업에서 저가형 커피는 발전 가능성이 적다는 것을 보여준다. 저가형을 대량으로 판매하는 전략보다는 고급화 전략과 스페셜리티한 커피를 적당한 가격에 판매하는 전략을 고객들이 점차 선호할 것이다.

또한, 커피전문점이 많이 생겨남에 따라 대기업과 중소기업은 차별화된 아이템을 접목하여 카페를 창업하는 것이 바람직하다. 카페와 접목시킬 수 있는 아이템들을 살펴보자. 먼저 소점포 카페를 창업하려면 테이크아웃만 하는 카페가 가장 작은 단위의 카페일 것이다. 더불어 요즘은 프라이빗하게 스터디하며 커피를 마실 수 있는 스터디 카페, 강아지와 고양이들과 같이 갈 수 있는 동물 카페, 만화나 책을 보며 음료와 음식을 먹을 수 있는 북카페, 빵과 음료를 같이 먹을 수 있는 베이커리 카페, 간단한 음식인 샐러드와 샌드위치를 같이 먹는 브런치 카페, 퓨전떡, 전통차, 목욕탕이나 레트로 배경 등 이색 인테리어 콘셉트 카페 등 다양한 카페의 콘셉트 중 자신의 목표 달성 및 자기 수준과 상권에 맞춰 콘셉트를 정해야 성공 전략이라 하겠다.

포텐스터디카페

출처: https://magazine.hankyung.com/business/article/202012087446b

부산아난티코브 이터널저니

출처 : 이터널저니 페이스북

본누벨 베이커리

출처 : https://blog.naver.com/dollo11/222016174402

평택 메인스트리트(뉴욕거리 체험)

출처 : https://blog.naver.com/banana7104/222776319454

예전에는 프렌차이즈 위주의 카페시장이 형성되다 보니 다 비슷한 인테리어에서 비슷한 가격과 비슷한 메뉴로 카페를 창업하였다. 그러나 커피전문점 시장의 성장과 공급 경쟁 및 소비자의 상향 평준화로 인해 카페시장은 독특한 인테리어와 아이디어가 넘치는 메뉴, 아트, 소품 등으로 다른 업종을 함께 영입하여 복합적인 공간으로 다채롭게 진화하고 있다.

시장의 성장은 세분화로 발전시키고 그 안에서도 틈새시장을 노리는 것이 좋은 기회가 될 수 있다. 카페 창업을 결심한다면 커피 교육과 부가적인 메뉴 및 인테리어 연구와 공간의 중요성을 인식해 어떤 것을 필요로 하는 장소인지 입지 분석을 통해 복합적으로 녹아들 카페콘셉트를 정해야 할 것이다.

2019년부터 2022년 현재까지 카페에 가장 잘 접목되어 매출이 성장하는 콘셉트는 카페베이커리 콘셉트라고 할 수 있다. 카페베이커리는 난이도가 높은 편이지만 그만큼 경쟁력도 높다. 카페베이커리는 베이커리의 매출도 있기 때문에 일 매출이 기본적으로 높다. 맛있는 베이커리는 좋은 재료가 뒷받침되어야 하기 때문에 기본 객단가가 존재하게 되고 베이커리의 기술력을 책임지는 제빵사들이 필요하고 베이커리에는 특별한 레시피가 존재해야 손님을 끄는 힘이 생긴다.

시상조사/분석 정보를 얻을 수 있는 유용한 사이트

- http://kmaps.kisti.re.kr/kmr/marketreport.do
- 삼성경제연구소 www.seri.org
- LG 경제연구원 http://www.lgeri.com/index.do
- 현대경제연구원 http://www.hri.co.kr/
- 국가통계포털 http://kosis.kr/index/index.do
- 한국갤럽조사연구소 http://www.gallup.co.kr/
- 닐슨코리아 https://www.nielsen.com/kr/ko.html
- 랭키닷컴 http://www.rankey.com/

생각해 보기

- 창업이 무엇인지 자유롭게 적어보시오.

- 창업의 특징 3가지를 적어보시오.

- 창업의 3요소에 대해 적어보시오.

- 책에서 배운 기업가 정신이 무엇인지 생각해 보고 본인이 기업가라면 어떤 부분을 더 중요하게 생각하는지 또, 그 이유는 무엇인지 적어보시오.

- CSR의 사례를 찾아 적어보시오.

문제은행

01 다음 중 빈칸에 들어갈 말은?

> (　)이란 개인이나 집단이 사업기회를 포착하여 (　　)를 설정하고, 이에 따른 자본, 인력, 설비를 확보하여 사업을 시작하는 것이다.

① 창업-사업목표　② 개업-매출목표　③ 사업-마켓쉐어　④ 창업-사업기회

02 창업을 위해 사업을 진행하기 위해서는 사전계획이 필요하다. 이를 과정별로 세밀하게 정리한 것을 무엇이라 하는가?

① 사업계획서　② 투자계획서　③ 시장 침투전략　④ 시장분석

03 다음 중 중소기업법상의 중소기업자의 범위와 관련된 사항이 아닌 것은?

① 업종별로 매출액 또는 자산총액 등이 대통령령으로 정하는 기준에 맞을 것
② 지분 소유나 출자 관계 등 소유와 경영의 실질적인 독립성이 대통령령으로 정하는 기준에 맞을 것
③ 중소기업은 대통령령으로 정하는 구분기준에 따라 소기업(小企業)과 중기업(中企業)으로 구분한다.
④ 중소기업은 소기업(小企業)과 중기업(中企業)으로 구분하지 않는 포괄적 개념이다.

04 우리나라에 중소기업진흥법이 제정된 연도는 언제인가?

① 1988　② 1978　③ 1970　④ 1965

05 우리나라는 IMF 직후 1997년 8월에 (　　　　) 시행되어 현재까지 지속적으로 정부에서 창업에 대한 지원을 해오고 있다. 괄호 안에 들어갈 말은?

① 중소기업진흥법　② 벤처기업육성에 관한 특별조치법
③ 청년창업지원법　④ 소상공인진흥법

06 다음 중 창업에 대한 특징이 아닌 것은?

① 불확실성에 대한 최적의 의사결정과정
② 손익의 양면성
③ 창조적 모험성
④ 시장 선점의 원칙

07 다음 중 기업가정신을 주창한 사람은?

① 슘페터
② 코펜하우어
③ 마르틴 루소
④ 구텐베르크

08 다음 중 기업가정신의 핵심내용과 관련 없는 것은?

① 혁신성(innovativeness)
② 진취성(pro-activeness)
③ 위험감수성(risk-taking)
④ 민첩성(agility)

09 다음은 무엇을 설명한 것인가?

> 기업이 경영활동을 하면서 환경경영, 윤리경영, 사회 공헌과 노동자를 비롯한 지역사회 등 사회 전체에 이익을 동시에 추구하고 그에 따른 의사 결정과 활동을 하는 것

① 기업의 ESG 경영
② 기업의 녹색 경영
③ 기업의 가치 경영
④ 기업의 사회적 책임

10 다음은 무엇을 설명한 것인가?

> 창조적 아이디어와 첨단 기술을 바탕으로 도전적인 사업을 운영하는 중소기업을 말한다. 중소기업이라 하더라도, 창업한 지 오래된 중견 기업은 일반적으로 (　　)이라 부르지 않는다.

① 벤처기업
② 첨단기업
③ 혁신기업
④ 소상공인

정답 01 ① 02 ① 03 ④ 04 ③ 05 ② 06 ④ 07 ① 08 ④ 09 ④ 10 ①

카페부터 레스토랑까지
따라 하기 쉬운

외식 창업

Chapter 2

학습목표

- 사업계획서의 프레임을 이해하고 구성요소의 개괄적 내용을 이해한다.
- 사업계획서를 3단계로 구성하여 과정별 주요 요소의 내용을 이해한다.

사업계획서

1. 사업계획서

1) 사업계획서의 정의

모든 사업은 추구하는 목표에 대한 명확한 방향과 구체적인 행동을 필요로 한다. 사업의 불확실성을 최소화하고 시장에서 경쟁우위에 서기 위한, 실행을 위한 첫 단계는 잘 작성된 사업계획서로 이는 긴 여정의 나침반처럼 매우 중요하다.

사업계획서는 사업의 규모, 업종, 그리고 용도에 따라 다소 상이하게 작성될 수 있다. 예를 들어 내부의 사업운영을 위한 계획서를 작성하는 경우와 외부의 투자유치용 사업계획서를 작성하는 것은 담고 있는 내용은 동일하나 용도가 상이하기 때문에 중요하게 고려되는 항목에 초점을 맞추어 작성될 수 있다.

사업계획서의 용도

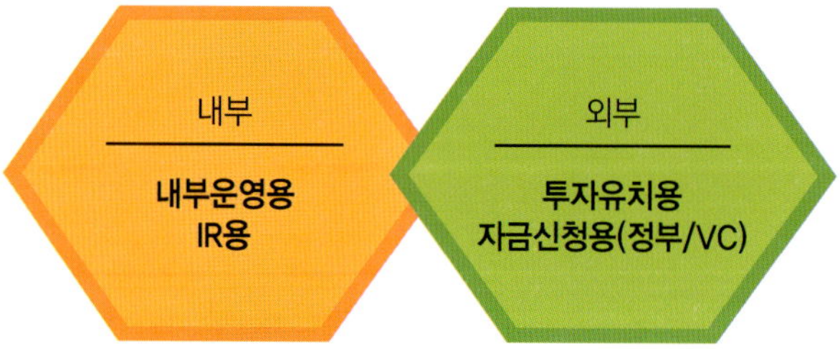

출처: 최현규(2015), 사업계획서_작성 체크리스트, 한국과학기술정보연구원, p.7

또한 어떤 사업계획서도 동일한 사업계획서는 존재하지 않는다. 작성자의 관점과 운영주체의 목적에 따라 다양한 종류의 사업계획서가 작성된다. 또한 단순하게 생각한다면 6하 원칙[10]을 이용하여 신문기사를 작성하는 것처럼 일목요연하게 정보를 전달하는 방식을 보다 세밀한 목적성을 가지고 작성하였다고 생각해 볼 수도 있다.

작성하기 위해서는 여러 가지 사항을 고려하여야 하는데 이 중 핵심적인 요소에 대한 견해로써 중소기업청에서는 문제도출 ▶ 해결 ▶ 확장 ▶ 인원구성의

10 육하원칙은 기사문에 반드시 들어가야 할 여섯 가지 요소를 말한다. 그 순서는 다음과 같다. 언제, 어디서, 누가, 어떻게, 왜, 무엇을 이렇게 여섯 글자를 따서 5W1H라고도 한다. 5W1H는 기사를 작성할 때 특히 유용하다.

순서인 PSST방식(Problem−Solution−Scale up−Team building)구조의 작성을 제안하고 있다.[11] 본 교재에서는 중소기업청의 사업계획서 작성 형식을 중심으로 이에 대한 기초적인 개념을 설명하도록 하겠다.

11 중소기업청, 창업사업화 지원 사업, 사업계획서 작성매뉴얼

PSST방식이란 보유 역량과 필요 역량에 대하여 계획을 세우는 방법으로 다음과 같은 단계의 사업계획서를 수립하는 방식이다.

2) 사업계획서의 작성 목적

창업기업이 아이템을 개발하는 데 있어 고객기반, 경쟁자기반 차별성 등의 차원에서 인지하고 있는 해결요소가 무엇인지를 파악하는 단계로써 판매하고자 하는 서비스나 상품에 대해 개발에 필요한 사항을 주로 3가지 관점에서 작성하는 것을 목적으로 하는데 이는 다음과 같다.

- 제품개발 해결과제: 핵심기능, 성능, 현재 수준
- 고객의 니즈에 따라 원하는 혜택을 제공하기 위해 필요한 과제: 목표고객, 문제점, 제공하고자 하는 가치
- 제품차별화를 위한 해결과제: 현재 시장상황, 제품 차별성, 차별을 위해 보유해야 할 기술

아이템 개발의 중요성

아이템으로 인한 실패 사례

우리나라 신생기업은 창업 5년 후에도 성공할 수 있는 확률이 전체기업의 50%가 되지 않는다고 한다. 무수히 많은 기업이 사라지는 이유로는 사업 아이템 선정의 실패, 시장의 변화, 마케팅 구현의 미스 등 다양한 이유가 있지만, 가장 큰 사업 실패의 이유로 사업화 아이템(BI/BM) 선정의 실패를 들 수 있다.
우리나라 커피전문점 사업의 경우, 서울특별시 하나만 봤을 때, 커피전문점 사업체 수가 2008년 5,900개에서 2012년 110,000개로 전 자치구에서 4년 동안 약 2배가 증가하였으며, 연평균 17%의 성장률을 보여 국내 음료 시장의 트렌드를 이끄는 양상을 보였다. 그러나 2012년 서울특별시 전체에서 창업한 커피전문점 수가 3,470개인 반면, 폐업한 커피전문점 수는 절반 정도인 1,820개로 나타났다. 즉, 커피전문점 2개가 창업했을 경우 1개의 커피전문점은 폐업한다는 것을 알 수 있다.

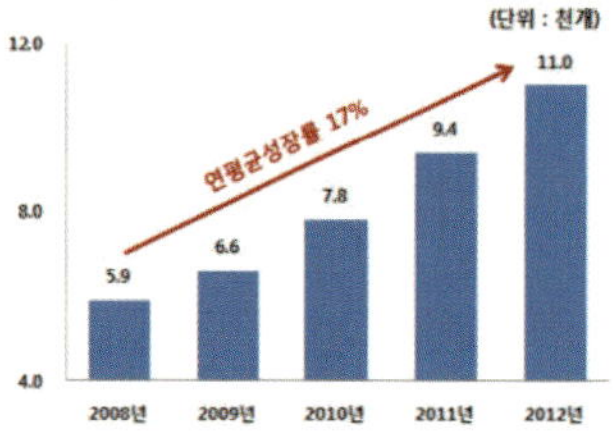

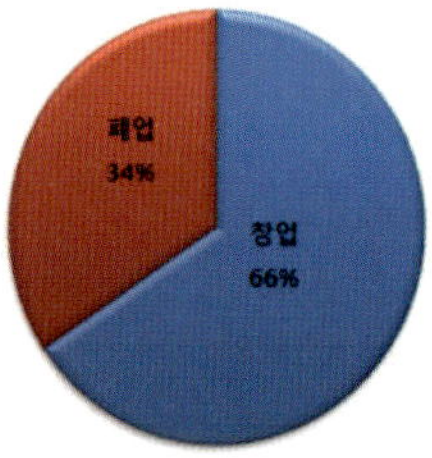

〈서울특별시 커피전문점 사업체 수(2008년~2012년)〉 〈2012년 서울특별시 커피전문점 현황〉

출처: 최현규(2015), 사업계획서_작성 체크리스트, 한국과학기술정보연구원, p.13

3) 사업 목표 달성 전략의 3가지 차원

파악한 문제점들을 어떻게 해결할 것인지에 대한 방안을 도출하고 해결을 위한 자원과 프로세스를 작성하는 단계로써 개발에 필요한 자원과 기술에 대한 해결방안을 작성하는 것을 목적으로 한다.

- 서비스 개발: 개발과정 및 요소, 수행주체와 운영방안, 외부자원 이용 방안
- 고객에게 가치를 제공하기 위해 필요한 과제: 목표시장의 정의, 시장의 니즈, 시장침투 방안 및 가능성
- 시장 경쟁력 확보 방안: 차별화 요소, 경쟁우위 확보를 위한 해결방안, 경쟁열위요소와 해결방안, 실현 가능성

사업계획서 작성 체크리스트

☞ Key Point (기술 개발 부문)

산업정보를 확인하기 위해서는 관련 기관 홈페이지를 확인하라.
사용자의 불편 해소 또는 니즈(Needs)를 해결할 수 있는 기능/성능을 제시하라.
경쟁사와의 비교자료를 제시하되 아이템의 강점을 부각하는 내용으로 접근하라.
추진전략, 프로세스 등은 이해하기 용이한 그림, 표로 도식화하여 표현하라.
단, 같은 그림(표), 불필요한 그림(표)는 전체적인 내용의 혼란 유발 가능성에 주의하라.
목표달성 지표는 정략적 목표로 작성하고 핵심 기술요인으로 정리하라.
이는 최종평가 시 사업의 성공과 실패에 대한 기준이 된다.
기술개발의 내용과 관련된 연구 및 개발실적, 내외부적 네트워크 등의 자원은 확보하라.
추가적으로 지식재산권, 인증, 교육 등 어필할 수 있는 증빙자료는 별첨으로 제공하라.

출처: 최현규(2015), 사업계획서_작성 체크리스트, 한국과학기술정보연구원, p.29

4) 사업 확장(Scale up)을 위한 자금 조달

솔루션을 통해 만들게 된 사업아이템을 통해 예상되는 매출은 얼마인지를 추정하고 이를 실현하기 위해 필요한 소요자금 내역과 자금조달 방안에 대하여 작성하는 과정이다.

창업하는 데 있어 가장 큰 애로사항 중 하나는 바로 창업자금의 조달이다. 흔히들 창업은 생각보다 3배의 자본과 3배의 시간을 들여서 해야 한다는 이유도 안정된 자금의 확보가 창업의 성패에 적잖은 영향을 주기 때문이다.

추정 소요자금의 약 1.5~2배 정도 준비하는 것이 안정적이며 장기적인 계획을 바탕으로 할 수 있다면 이상적이라 하겠다. 또한 창업정책자금과 같은 저리대출을 최대한 활용하는 것도 대출에 따른 이자비용의 절감으로 비용부담을 줄여 사업에 도움을 줄 수 있다.

- 자금소요 및 조달: 목표를 달성하기 위해 필요한 자기 자본과 외부자본 금액
- 시장진입 목표 달성 전략: 목표를 달성하기 위한 목표고객의 규모, 시장진입 전략
- 출구전략[12]: 목표의 달성 또는 유사시 필요한 자금의 확보와 보전 방안

12 출구 전략은 대개 좋지 못한 상황에서 벗어나는 수단을 일컫는다. 원래 임무를 완수한 군대의 퇴각 시나리오를 지칭하는 데서 유래했지만, 경제에서는 경제정책의 기조를 원상 복구하는 것을 의미한다. 위키백과

● 자금의 종류(저자 구성)

구분	항목	비고
시설자금	고정자산 및 기타 자산	건물, 장비, 기물
운전자금	인건비, 재료비, 경비 등	원재료비 외
예비자금	시설, 운전자금을 제외한 예비 자금	

5) 인원 구성

추정된 매출액을 달성하기 위해 필요한 인력(팀원과 파트너 등)에 대한 실행 계획을 수립하는 단계이며 각 역할별 인원에 대한 업무기술과 요구수준 목표를 달성하기 위한 방안을 기술한다.

- 창업자 및 팀원의 역량기술: 필요한 인원, 업무 파트너 구성 방안
- 팀의 기술개발 역량: 제품개발에 필요한 역량
- 사회적 가치 실현계획: 고용창출, 사회문제 해결 등 사회적 가치 실현 방안 기술

6) 사업계획서 작성방법

시장분석 및 제품 포지셔닝 전략 상품의 개발이 완료되면 콘셉트를 기획하고 이를 마케팅 커뮤니케이션을 통해 시장에 알리게 된다. 창업을 시작하면서 사업목표의 작성은 구체적인 숫자와 시간으로 작성된다. 외식창업은 매출목표와 수익을 통해 사업규모가 결정되며 필요한 자원이 투입되고 운영을 통해 사업이 시작된다.

가) 매출목표의 작성

외식창업을 하게 되는 경우 매출목표는 방문고객 수와 1인당 구매하는 평균가격(객단가; PPA, person per average)으로 단순 계산할 수 있다.

매출 = 고객 수 × 객단가

즉 1만 원의 객단가가 형성되는 점포에 하루 찾아올 고객의 수가 100명이라면 하루 매출은 100만 원, 한 달 매출은 3,000만 원이라고 단순 계산할 수 있다. 그러나 매출목표의 설정은 투입되는 원자재의 양과 운영을 위해 투입되는 인원 수에도 영향을 미치기 때문에 일반적으로 점심, 저녁 영업으로 구분하여 매출 목표를 수립하고 이를 토대로 자원을 준비하여 투입시킨다.

일 매출 목표 추정을 통해 영업이익을 추산할 수 있다.

1. 일 매출 현황

좌석	2015년	
대표메뉴	4,900	
객단가	7,168	
일 매출	500,000	
일 고객 수	70	
일 회전율	3.2	
11:00~15:00	1.7	
15:00~17:00		Close
17:00~20:00	1.5	

객단가 산출

		업 셀링(30% 주문)		
	평균가격	토핑 추가	사이드 추가	
밥류	7,100	7,385	7,850	7,168
면류	6,200	6,485	6,950	
토핑	950			
사이드	2,500			

2. 손익

매출	15,013,000	
재료비	5,003,810	40.0%
임대료	1,500,000	
인건비	1,500,000	(사장 1, 알바 2 – 점·저)
제조경비 / 키오스크 포함	1,501,300	10%
본사로열티	270,234	2%
영업이익	4,237,656	28.2%

매출 추정을 위해 여러 가지 조건을 투입하여 계산하는 방법이 있는데 매출 추정을 위한 조건은 다음과 같다.

- 객단가: 고객이 구매한 총매출을 방문한 고객 수로 나눈 평균값
- 테이블 단가: 계산이 끝난 테이블의 매출을 총테이블 수로 나눈 평균값
- 고객 수: 입점하여 식사한 고객의 수

- 회전 수(율): 만석이 되었다 다시 테이블(또는 좌석)이 준비되는 상황을 1회전이라 한다.
- 좌석 수(테이블 수): 좌석 수를 대입하는 경우 보통 4인용 테이블이라 하여도 2.5명 정도 앉게 되어 60~70% 정도 좌석을 점유하여 사용한다고 보는 것이 일반적이다(이를 점유율이라 한다). 즉 좌석이 100석이라면 좌석 수×60~70%하여 60~70개 정도 좌석이 있다고 가정하는 것과 같다.

상기 조건들을 통해 매출을 추정하는 방법은 다음과 같다.

- 객단가×고객 수
- 객단가×좌석 수(점유율 감안)×회전 수
- 테이블 단가×테이블 수×회전 수

상기와 같은 방법으로 매출을 추정하면 다음과 같이 일별, 월별, 매출 목표, 제품판매 목표를 설정할 수 있으며 각종 비용을 대입하면 추정 매출과 이익의 목표를 세울 수 있는 추정손익계산서를 작성할 수 있다.

추정손익계산서의 매출목표와 손익계산서

구 분	6월		7월		8월		9월		10월		11월		12월		계	vs. 매출액
매출액	12,564,126	100%	34,597,765	100%	35,154,795	100%	31,936,398	100%	35,278,579	100%	33,793,165	100%	34,845,334	100%	218,170,161	100%
식자재매출	10,880,533	86.6%	29,961,664	86.6%	30,444,052	86.6%	27,656,921	86.6%	30,551,250	86.6%	29,264,881	86.6%	30,176,059	86.6%	188,935,360	86.6%
음료 매출	1,683,593	13.4%	4,636,100	13.4%	4,710,742	13.4%	4,279,477	13.4%	4,727,330	13.4%	4,528,284	13.4%	4,669,275	13.4%	29,234,802	13.4%
매출원가	5,905,748	47.0%	13,552,188	39.2%	13,770,381	39.2%	12,509,712	39.2%	13,818,868	39.2%	13,237,021	39.2%	13,649,162	39.2%	86,443,079	46.8%
식자재재료비	5,192,824	47.7%	11,916,209	39.8%	12,108,062	39.8%	10,999,577	39.8%	12,150,696	39.8%	11,639,088	39.8%	12,001,477	39.8%	76,007,932	40.2%
음료/주류재료비	712,924	42.3%	1,635,979	35.3%	1,662,319	35.3%	1,510,134	35.3%	1,668,172	35.3%	1,597,933	35.3%	1,647,685	35.3%	10,435,146	5.5%
매출총이익	6,658,378	61.2%	21,045,577	70.2%	21,384,414	60.8%	19,426,686	60.8%	21,459,712	60.8%	20,556,145	60.8%	21,196,171	60.8%	131,727,082	60%
제조경비 및 판관비	16,083,252	128.0%	16,705,972	48.3%	16,633,213	47.3%	16,569,109	51.9%	16,635,679	47.2%	16,606,092	49.1%	16,627,049	47.7%	115,860,367	53%
인건비(노무비)	10,380,000	82.6%	10,680,000	30.9%	10,680,000	30.4%	10,680,000	33.4%	10,680,000	30.3%	10,680,000	31.6%	10,680,000	30.6%	74,460,000	34.1%
급여	8,500,000	67.7%	8,500,000	24.6%	8,500,000	24.2%	8,500,000	26.6%	8,500,000	24.1%	8,500,000	25.2%	8,500,000	24.4%	59,500,000	27.3%
잡급	1,200,000	9.6%	1,200,000	3.5%	1,200,000	3.4%	1,200,000	3.8%	1,200,000	3.4%	1,200,000	3.6%	1,200,000	3.4%	8,400,000	3.9%
복리후생비(4대보험)	680,000	5.4%	680,000	2.0%	680,000	1.9%	680,000	2.1%	680,000	1.9%	680,000	2.0%	680,000	2.0%	4,760,000	2.2%
비 용	5,703,252	45.4%	6,025,972	17.4%	5,953,213	16.9%	5,889,109	18.4%	5,955,679	16.9%	5,926,092	17.5%	5,947,049	17.1%	41,400,367	19.0%
여비교통비	100,000	0.8%	100,000	0.3%	100,000	0.3%	100,000	0.3%	100,000	0.3%	100,000	0.3%	100,000	0.3%	700,000	0.3%
통신비	60,000	0.5%	60,000	0.2%	60,000	0.2%	60,000	0.2%	60,000	0.2%	60,000	0.2%	60,000	0.2%	420,000	0.2%
가스수도료	500,000	4.0%	600,000	1.7%	600,000	1.7%	600,000	1.9%	600,000	1.7%	600,000	1.8%	600,000	1.7%	4,100,000	1.9%
전력비	400,000	3.2%	400,000	1.2%	400,000	1.1%	400,000	1.3%	400,000	1.1%	400,000	1.2%	400,000	1.1%	2,800,000	1.3%
세금과공과금	20,000	0.2%	20,000	0.1%	20,000	0.1%	20,000	0.1%	20,000	0.1%	20,000	0.1%	20,000	0.1%	140,000	0.1%
지급임차료	3,000,000	23.9%	3,000,000	8.7%	3,000,000	8.5%	3,000,000	9.4%	3,000,000	8.5%	3,000,000	8.9%	3,000,000	8.6%	21,000,000	9.6%
수선비	100,000	0.8%	100,000	0.3%	100,000	0.3%	100,000	0.3%	100,000	0.3%	100,000	0.3%	100,000	0.3%	700,000	0.3%
보험료	200,000	1.6%	200,000	0.6%	200,000	0.6%	200,000	0.6%	200,000	0.6%	200,000	0.6%	200,000	0.6%	1,400,000	0.6%
운반비	30,000	0.2%	30,000	0.1%	30,000	0.1%	30,000	0.1%	30,000	0.1%	30,000	0.1%	30,000	0.1%	210,000	0.1%
소모품비(포장 용기 포함)	600,000	4.8%	300,000	0.9%	300,000	0.9%	300,000	0.9%	300,000	0.9%	300,000	0.9%	300,000	0.9%	2,400,000	1.1%
도서인쇄비	100,000	0.8%	100,000	0.3%	100,000	0.3%	100,000	0.3%	100,000	0.3%	100,000	0.3%	100,000	0.3%	700,000	0.3%
지급수수료(방역,잔반)	343,000	2.7%	343,000	1.0%	343,000	1.0%	343,000	1.1%	343,000	1.0%	343,000	1.0%	343,000	1.0%	2,401,000	1.1%
카드수수료	250,252	2.0%	772,972	2.2%	700,213	2.0%	636,109	2.0%	702,679	2.0%	673,092	2.0%	694,049	2.0%	4,429,367	2.0%
영업이익	- 9,424,874	-75.0%	4,339,604	12.5%	4,751,201	13.5%	2,857,577	8.9%	4,824,033	13.7%	3,950,052	11.7%	4,569,122	13.1%	15,866,715	7.3%
감가상각비 시설 6500															-	-
영업권상각 권리 4000															-	
상각비 계	1,760,000	13.9%	1,760,000	5.1%	1,760,000	5.0%	1,750,000	5.5%	1,750,000	5.0%	1,750,000	5.2%	1,750,000	5.0%	12,250,000	5.6%
상각비를 포함 당월순익	- 11,174,874	-88.9%	2,589,604	7.5%	3,001,201	8.5%	1,107,577	3.5%	3,074,033	8.7%	2,200,052	6.5%	2,819,122	8.1%	3,616,715	1.91%

나) 개점 계획서의 작성

사업계획서의 전반적인 내용이 작성되었다면 마케팅계획과 개점을 위한 스케줄을 작성해야 하며 인원채용 등 영업에 필요한 제반사항을 준비해야 한다. 아래는 개점스케줄의 일부이다.

개점일정표

	-56	-55	-54	-53	-52	-51	-50	-49	-48	-47	-46	-45	-44	-4
			Week3.							Week4.				
	금	토	일	월	화	수	목	금	토	일	월	화	수	목
	28	29	30	31	1	2	3	4	5	6	7	8	9	1
업무														
공사														
소방/가스점검														
준공/잔금일								준공						
기본(Lay-out 설정 주방 Lay out 도면)				●										
장비 리스트					●									
기물 리스트					●									
영업허가								●						
위생교육											●	●	●	
사업자등록증									●	●				
카드가맹														
보험관련 사항														
기기 세팅														
내외부 인테리어												현장 미팅		
홍보, 판촉 계획														●
Menu														
사진촬영(전 메뉴 사진 촬영 진행)														
메뉴 디자인														
각종 인쇄물 준비														
오픈초기 프로모션 기획														

생각해 보기

- 사업계획서는 내부용과 외부용이 있다. 각각의 용도는 무엇인지 적어보시오.

- 사업계획서의 PSST방식을 순서대로 적어보시오.

- 문제의 정의 단계에서 3가지 관점을 적어보시오.

- 창업자금의 종류에 대해 적어보시오.

문제은행

01 다음 중 사업계획서의 작성 순서를 열거한 내용으로 올바른 것은?

① 문제도출 ▶ 해결 ▶ 확장 ▶ 인원구성

② 문제도출 ▶ 확장 ▶ 해결 ▶ 인원구성

③ 인원구성 ▶ 확장 ▶ 해결 ▶ 문제도출

④ 인원구성 ▶ 해결 ▶ 확장 ▶ 문제도출

02 다음 중 사업계획서 문제의 정의 부분에서 다루는 내용이 아닌 것은?

① 제품개발 해결과제

② 고객의 니즈에 따라 원하는 혜택을 제공하기 위해 필요한 과제

③ 제품차별화를 위한 해결과제

④ 자금소요 및 조달

03 다음 중 사업계획서의 해결방안(Solution) 부분에서 다루는 내용이 아닌 것은?

① 서비스 개발

② 고객에게 가치를 제공하기 위해 필요한 과제

③ 시장 경쟁력 확보 방안

④ 제품차별화를 위한 해결과제

04 다음 중 사업계획서의 확장(Scale up) 부분에서 다루는 내용이 아닌 것은?

① 자금소요 및 조달

② 고객의 니즈에 따라 원하는 혜택을 제공하기 위해 필요한 과제

③ 시장진입 목표 달성 전략

④ 출구전략

05 다음 중 사업계획서의 인원구성(Team building) 부분에서 다루는 내용이 아닌 것은?

① 창업자 및 팀원의 역량기술 ② 팀의 기술개발 역량

③ 서비스 개발 ④ 사회적 가치 실현계획

정답 01 ① 02 ④ 03 ④ 04 ② 05 ③

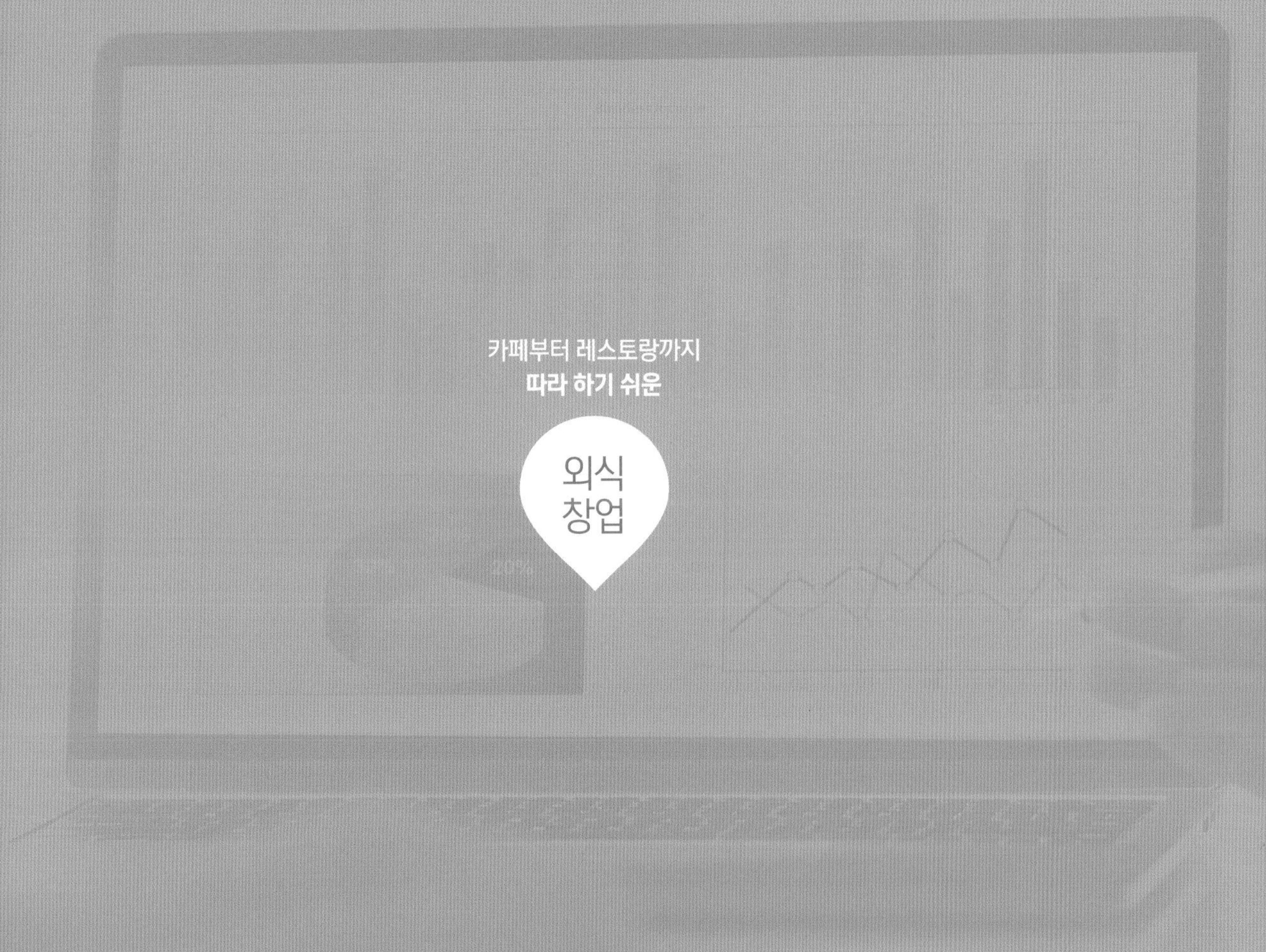

카페부터 레스토랑까지
따라 하기 쉬운

외식 창업

Chapter 3

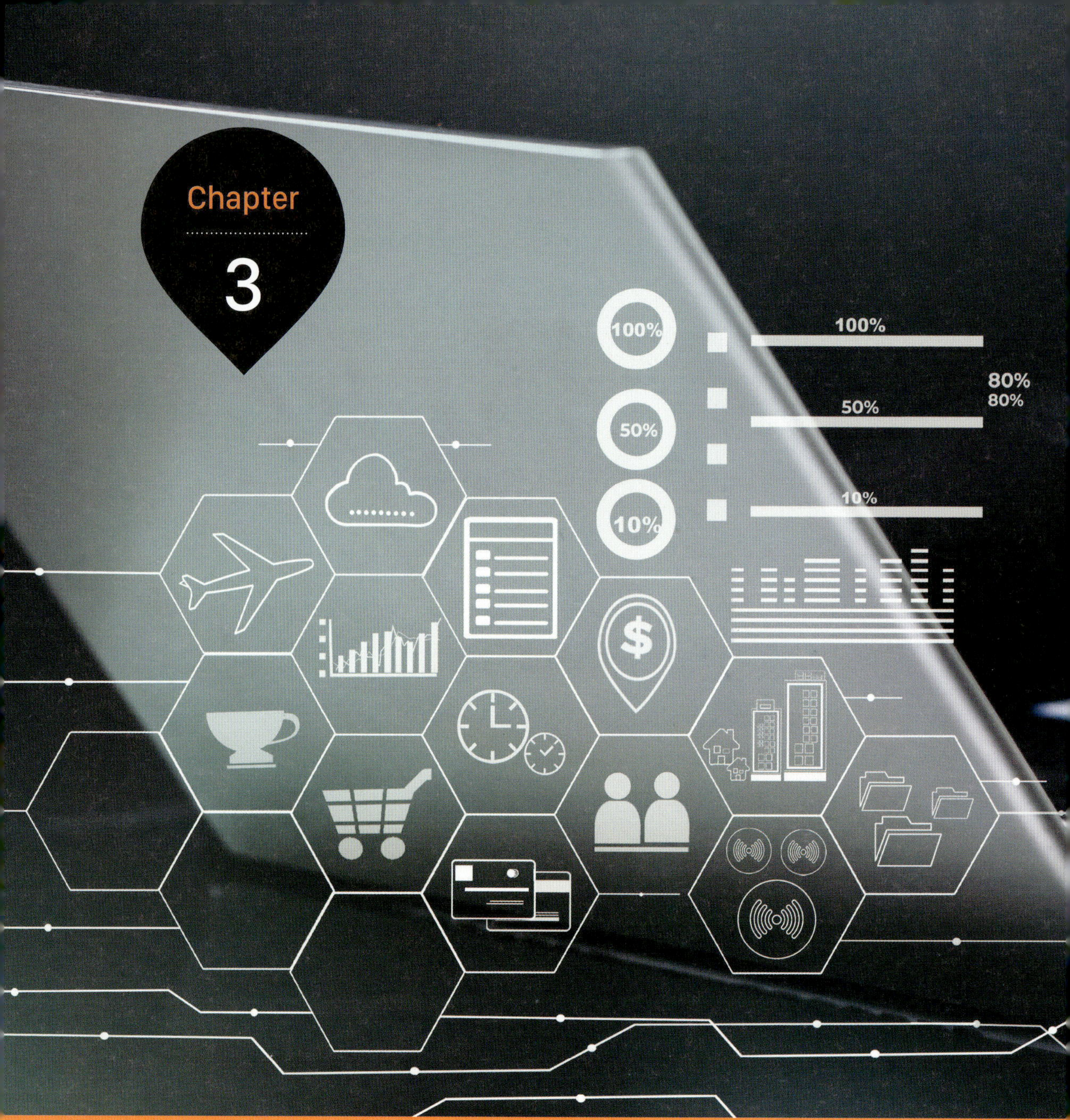

학습목표

- 콘셉트의 정의에 대해 이해한다.
- 콘셉트의 속성들과 사례를 통해 구체적인 콘셉트 적용방법에 대해 이해한다.
- 마케팅 차원의 콘셉트 적용에 대해 이해한다.

외식창업 콘셉트 개발

1. 외식창업 콘셉트 개발

창업을 계획하며 시장 경영환경 분석을 통해 사업계획서를 작성하고 핵심 상품을 개발하게 된다. 핵심 상품은 브랜드의 가치를 소비자에게 전달하는 매개체를 상품에 담아 소비자에게 전달하여 상품을 구매한 소비자가 가치를 느끼게 한다. 그렇게 전달되는 가치를 콘셉트라고 할 수 있다. 경영과 관리를 위한 체계 확립을 위해서는 명확한 콘셉트를 만들어야 한다. 쉽게 말해 나는 누구인가를 소비자에게 알리고 내가 왜 필요한가?라는 핵심가치를 전달할 수 있는 매개체가 필요한 것이다.

1) 콘셉트의 정의와 속성

브랜드 콘셉트는 소비자가 어떤 브랜드에 대하여 어떻게 브랜드 가치를 개별적 포지셔닝(positioning)할 수 있도록 차별화된 가치를 부여할 수 있는가에 관한 것이다.[13] 콘셉트는 쉽게 말해 개념이라고 설명할 수 있지만 이를 명확히 정의하기는 어렵다. 다만 사업을 위한 브랜드의 콘셉트가 가지고 있는 속성은 개성, 브랜드의 전반적인 방향성, 가치 혹은 의미와 같은 것으로 보며 소비자의 심리에 경쟁제품과 비교하여 자사제품이 차지하는 차별우위를 뜻한다. 달리 말해 브랜드 포지션과 유사한 개념으로 사용되고 있다.

13 박기철(2008), “브랜드 경영을 위한 가치 콘셉트의 의미 제안: 가치 콘셉트의 관점에서 브랜드 콘셉트가란 무어인가?” 한국광고홍보학보 10(3): 163-196

가) 콘셉트의 차원

- 브랜드의 속성 · 개성
- 브랜드의 전반적인 방향성
- 브랜드의 의미
- 브랜드의 가치

2) 콘셉트는 왜 추상적인가?

콘셉트는 핵심가치를 중심으로 이를 수식(표현)할 수 있는 여러 가지 물질적 증거(physical evidence)로 둘러싸여 있으며 BI(brand identity: 브랜드 네임, 로고, 심벌 마크, 캐릭터, 슬로건, 의성어(onomatopoeia), 패키지, 컬러 등의 구체적인 요소뿐만 아니라 그 제품이나 서비스의 본질, 그 기업의 철학 등과 같은 추상적인 요소까지 포함된다.)로 대변된다.

아래 그림을 보면 나무라는 대표이미지는 여러 종류의 나무를 대표하여 하나의 개념으로 축약될 수 있다. 예를 들어, 내가 소나무, 버드나무, 과실수와 다른 활엽수를 본다고 가정했을 때 먼저 이 물체들을 비교하면 그것들의 줄기, 가지, 잎 등이 서로 다르다는 것을 알 수 있다.

출처: 위키피디아

그러나 더 나아가 그것들이 공통적으로 가지고 있는 것, 즉 줄기, 가지, 잎 자체에 대해서만 생각하고 크기, 모양 등을 추상화함에 따라 나무의 개념을 얻는다. 나무의 개념과 같은 일반화를 만들 때는 많은 예에서 유사점을 추출한다. 단순화함으로써 더 높은 수준의 사고를 가능하게 하며 콘셉트(개념)는 현실 세계의

사물이든 다른 아이디어이든 모든 실제 또는 잠재적 사례에 의해 실체화된다.

이를 마케팅 콘셉트와 비교하면 나무는 곧 핵심가치가 된다. 소비자들은 나무의 구성요소들을 보고 느낀 총체를 나무로써 인식하게 되는 것이다.

개념은 계층구조로도 구성될 수 있으며 상위 수준과 하위 수준으로 구분할 수도 있다. 예를 들어, 기본 수준 개념은 상위인 '가구'와 하위인 '의자'이다.

3) 외식브랜드의 콘셉트

외식브랜드의 콘셉트는 브랜드가 가지고 있는 핵심가치와 이를 둘러싼 요소들로 구성되어 있다. 아래의 콘셉트는 브랜드를 만든 이들이 의도한 바를 전달할 수 있어야 하며 콘셉트는 고객의 경험에 의해 완성된다.

브랜드 콘셉트의 예는 우리나라 패밀리레스토랑 1세대인 T.G.I. Friday's를 예로 들어 설명하겠다. T.G.I. Friday's는 알랜 스틸만(Alan Stillman)이 1965년 처음 개점하여 현재까지 전 세계에 프랜차이즈를 둔 레스토랑 기업이다. T.G.I. Friday's는 알랜 스틸만이 최초로 콘셉트를 기획하며 부여한 핵심가치를 아직까지 이어가고 있다.

가) T.G.I. Friday's의 콘셉트 사례

T.G.I. Friday's는 미국의 레스토랑 체인으로, 세계 60개국 이상에서 992개의 점포를 운영하고 있다. 회사 이름은 "Thank God It's Friday."에서 유래되었다. 그러나 2010년부터 TV 광고에서 "Thank Goodness It's Friday."라는 대체 문구를 사용한다. 또한, 메뉴 커버도 그렇게 사용한다.(위키백과)

알랜 스틸만이 1965년에 처음 개점한 칵테일을 파는 레스토랑의 최초 설립목적은 그 당시에 유행했던 칵테일파티를 부담 없이 즐길 수 있는 장소를 만드는 것이었다고 한다.

"나는 TGI Friday's가 좋은 햄버거, 좋은 감자튀김을 먹을 수 있고 편안하게 느낄 수 있는 동네, 코너 바 같은 느낌을 원했습니다." (출처: edible geography)

개점 당시 알랜 스틸만의 T.G.I. Friday's 콘셉트(저자 구성)

● 맨해튼에 있는 63rd Street와 1st Ave.의 첫 번째 T.G.I. Friday's 앞의 Alan Stillman

출처: https://www.ediblegeography.com/

T.G.I. Friday's는 칵테일과 당시 유행했던 음식에 소비자들의 취향을 반영하여 파스타와 멕시칸 음식이 추가되고 수백 가지의 칵테일이 추가되어 미국에서 전 세계로 퍼져나갔다.

(1) 오늘날 T.G.I. Friday's 의 콘셉트를 설명하는 콘셉트 요소들

슬로건

"In here it's always Friday's"라는 슬로건[14]은 T.G.I. Friday's의 콘셉트를 잘 나타내는 문구이다. T.G.I. Friday's 콘셉트의 중심에는 즐거움(Fun)이라는 요소가 있으며 이 핵심요소야말로 창업자 Alan Stillman이 의도했던 콘셉트가며 핵심가치이다.

14 어떤 단체의 주의, 주장 따위를 간결하게 나타낸 짧은 어구. 표준국어대사전

TGI 프라이데이즈 루자쭈이 매장

출처: Shanghaidaily.com

가치전달의 매개체가 되는 요소

T.G.I. Friday's의 핵심가치가 소비자에게 즐거움을 선사하는 곳이라는 것을 전달하기 위해 T.G.I. Friday's의 내부 인테리어는 오래된 미국의 골동품과 간판, 보트, bar가 핵심요소이며 엔진역할을 한다는 의미를 전달하기 위한 프로펠러, 브랜드 로고와 직원들의 유니폼의 통일성 등을 통해 콘셉트를 소비자들에게 전달하고 있다.

T.G.I. Friday's의 내외부 인테리어와 칵테일

출처: https://www.ediblegeography.com

T.G.I. Friday's의 유니폼과 음식

출처: https://archive.shine.cn, https://www.eatthis.com

제품 가치에 대한 콘셉트

Great foods, Great drinks served by friendly people in a warm and fun atmosphere
따뜻하고 즐거운 분위기 속에서 친절한 사람들로부터 전달되는 훌륭한 음식과 음료

내부적으로 T.G.I. Friday's는 서비스와 상품에 대한 가치에 대해 위와 같이 정의하고 고객에게 전달하고 있다. 위의 몇 가지 무형, 유형의 가치전달 요소들은 오늘날 T.G.I. Friday's의 전체적인 콘셉트를 설명하는 구체적인 물질적 증거(physical evidence)가 된다.

나) Hard Rock Cafe의 콘셉트 적용사례

비슷한 사례로 Hard Rock Cafe의 콘셉트를 적용한 MD들을 예로 들 수 있다. 콘셉트의 확장은 이렇게 핵심가치를 활용하여 다방면으로 활용할 수 있다.

Hard Rock Cafe의 콘셉트 MD

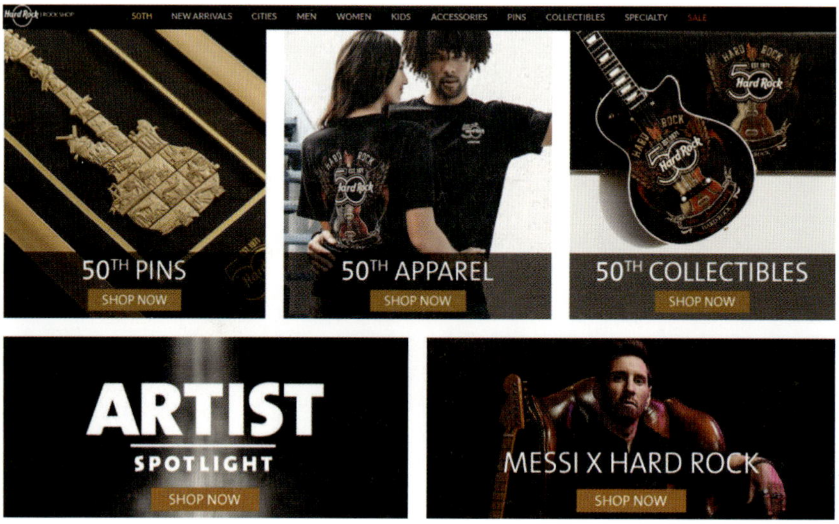

출처: www.hardrockcafe.com

기획자에 의해 고안된 브랜드의 속성은 곧 소비자들의 선택 속성이 된다. 즉 소비자들은 브랜드를 통해 무엇인가 구매하지만 이것은 즉 브랜드의 속성, 상품이란 물질적 증거로 구매하는 셈이 된다. 이 부분을 고려하여 외식사업은 콘셉트를 마케팅요소와 결합하여 소비자의 경험에 영향을 주며 이를 통해 매출과 이익을 창출하고 시장에서 경쟁하고 있다.

다) 외식브랜드 콘셉트의 구성요소

외식브랜드의 콘셉트는 다음과 같은 구성요소를 가지고 있다. 사례로 살펴본 외식브랜드에도 상품과 4P믹스의 결합 요소가 콘셉트 요소로써 전달된다. 아울러 이런 콘셉트를 소비자에게 잘 전달하기 위한 구체적인 촉진방법이 마케팅 커뮤니케이션(광고, 홍보, 판촉)이다.

- **상품(식음료)**: 외식브랜드의 주요 상품은 음식과 음료 및 자체 브랜드의 MD상품을 포함한다.
- **인테리어(interior: 분위기)**: 내부 장식 및 컬러, 음악, 조도 등 환경적 요소를 포함한다.

- 익스테리어(exterior: 외부 간판, 파사드, 조명, 사인물): 브랜드를 인식할 수 있는 독특하고 창의적인 요소가 반영된다.
- 서비스: 서비스는 콘셉트를 반영하여 정형화된 콘셉트의 서비스 방법과 콘셉트 전달요소로 구성되며 유니폼은 브랜드 콘셉트를 상징하는 중요한 서비스 콘셉트 요소 중 하나가 된다.
- 입지(장소와 시간, 시간적 · 공간적 입지)
- 가격: 소비자는 구체적인 숫자로 브랜드의 상품과 가격을 평가하며 가치를 측정한다. 고가상품을 판매하는 브랜드와 저가상품을 판매하는 브랜드의 콘셉트는 상품의 가격과 균형을 맞추어야 한다.
- BI(브랜드 아이덴티티): BI는 브랜드 네임, 로고, 심벌 마크, 캐릭터, 슬로건, 색깔 등의 유형적 요소와 기업의 철학과 같은 추상적 요소를 포함한다.

콘셉트의 구성요소

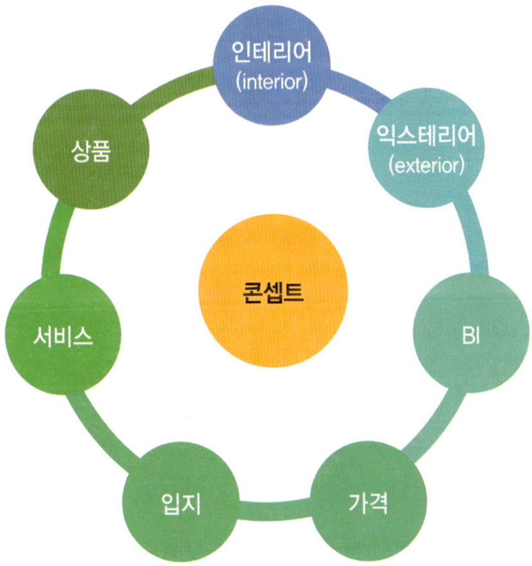

마케팅 커뮤니케이션 과정

라) 콘셉트 개발 프로세스(Process)

콘셉트 개발 프로세스는 마케팅 차원의 시장 진입프로세스와 유사한 부분이 많다. 시장조사부터 시작하여 4P믹스를 사용하는 것과 세부적인 전략의 전개가 유사한데 콘셉트의 개발과정은 마케팅요소와 마케팅적 전개방법을 사용하고, 여기에 상품, 서비스, 하드웨어(hardware)적인 요소의 디자인이 가미되며 콘셉트에 맞는 입지 선정과 타당성 분석을 하면 최종적으로 콘셉트가 완성된다.

콘셉트 개발 프로세스

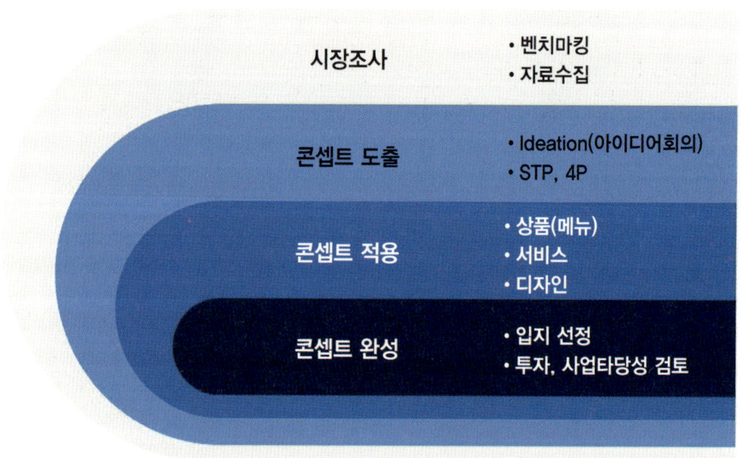

마) 시장조사

시장조사는 정보를 수집, 분석 및 해석하는 체계적인 프로세스이다. 정보는 목표 시장, 소비자, 경쟁자 및 전체 산업에 관한 것이며 새로운 시장을 식별하는 것부터 새로운 비즈니스를 시작하는 것까지 다양한 목적을 가지고 있다.

시장조사는 기업이 정보에 입각한 결정을 내리는 데 도움이 되며 기업의 혁신을 위해 추측을 없애고 가장 잠재력 있는 아이디어와 프로젝트에 자원을 투입할 수 있도록 시장조사를 수행한다. 기업의 시장조사를 통한 사업의 적용범위는 다음과 같다.

- **신규 사업의 가능성을 결정하기 위한 조사**: 시장조사에서 제품이나 서비스에 대한 수요가 거의 또는 전혀 없다고 나타나면 비즈니스가 성공할 가능성이 낮다.
- **잠재적인 새로운 시장의 개발**: 마케팅 동향을 면밀히 파악하고 앞서 나가거나 변화하는 시장상황에 적응하는 방법에 대한 전략을 개발한다.
- **새로운 제품이나 기능에 대한 수요를 테스트**: 최적의 제품 배치를 위해 제품이 시장에 어떻게, 언제, 어디서 출시되어야 하는지 확인한다.
- **사업을 개선하고 혁신**: 고객 서비스와 같은 특정 비즈니스 측면의 문제를 조기에 식별할 수 있으며 이런 발견은 기업의 비용절감에 도움이 된다.
- **판촉이나 홍보효과의 극대화**: 고객 감정을 측정하고 브랜드에 대한 인식을 이해함으로써 기업은 브랜딩 및 마케팅 전략을 보다 잘 실행할 수 있다.

바) 콘셉트의 도출

콘셉트의 도출은 시장조사 후 수집한 정보와 자료를 기초로 외식사업 브랜드의 핵심가치와 경쟁력 있는 상품, 서비스, 콘셉트를 구성하는 요소들에 대한 다양한 아이디에이션(Ideation)과정을 거치고 STP와 4P를 통해 시장에 진입할 상품에 대한 정제과정을 거치게 된다.

아이디에이션(Ideation)은 다양한 아이디어를 도출하고 이를 콘셉트에 적용하기 위한 일종의 브레인스토밍(brainstorming)이다. 아이디에이션을 통해 나온 아이디어들은 바로 적용하기 어려운 경우가 많다. 외식사업에 적용할 수 있는 아이디어는 관련법령, 사회적 통념, 회사의 역량, 트렌드와 비교 검토하여 정제되고 성공의 확신을 줄 수 있는 아이디어를 다시 추려야 하기 때문이다. 이 과정은 때로는 매우 고통스럽게 느껴지는 창작과도 같다. 이 과정을 거치면 정제된 상태로 명확해지게 되는데 이를 한 문장으로 나타낼 수 있어야 하며 핵심가치를 명확하게 전달할 수 있어야 한다.

사) 콘셉트의 적용

콘셉트가 도출되었으며 이를 위한 상품과 서비스, 디자인에 이 콘셉트를 적용한다. 외식사업의 대표적인 요소로는 음식과 서비스 매장의 인테리어 등 앞에서 설명한 7가지 콘셉트 요소에 콘셉트가 적용되어야 한다.

● 로고(Logo)의 개념도

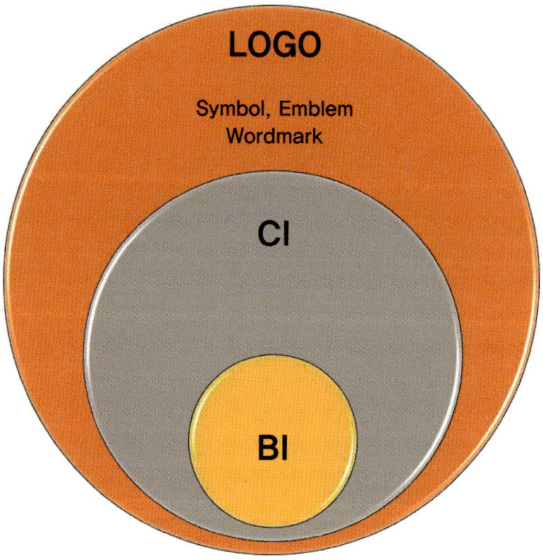

LOGO	CI(Corporate Identity)	회사의 독자성을 형상화 한 이미지	
	BI(Brand Identity)	브랜드의 독자성을 형상화 한 이미지	
	Symbol	그림으로 형상화	
	Wordmark	글씨로 형상화	
	Symbol+Wordmark	그림+글씨의 복합형	
	Emblem	그림+글씨의 복합형	

* 콘셉트를 적용한 로고의 유형, 엠블렘은 심벌과 유사하지만 자동차엠블럼처럼 특수한 목적으로 사용된다는 점에서 크게 차이가 있다.(저자 구성)

대표적인 콘셉트의 적용은 CI와 BI이며 기업의 로고(logo)로 대표된다. 로고(logo)는 로고타입(logotype)의 약자로 브랜드명이나 기업명을 독특한 방식의 서체(typeface)나 그림 또는 두 가지를 결합한 이미지로 만들어진 것으로 공감각적 표현을 통해 기업이 제품이나 서비스를 식별시키고 경쟁자들과 차별화하기 위해 사용하는 상징물이다. 로고의 종류는 상기 표에서 설명한 종류의 것들을 사용한다.

4) 창업 아이템 선정

창업을 위해서 일반적으로 외식사업에서는 메뉴 개발을 우선 염두에 두는 경향이 강하다. 특히나 창업아이템 즉 메뉴는 창업자의 창의성과 경험, 기술, 노하우의 결실이며 시장에서 경쟁력을 갖게 하는 상품성을 띠게 된다. 이러한 창업 아이템은 우연히 발견하거나 체계적인 개발노력을 통해 찾게 된다.

상품 개발 접근방법

창업 아이템	우연한 발견	말 그대로 우연한 기회(과거의 경험과 지식, 정보, 취미, 벤치마킹) 등을 통해서 창업 아이템을 발견하는 경우
	계획적인 개발	환경 분석, 시장분석, 창업자의 사업목적, 목표고객 선정을 통해 소비자의 니즈를 통해 창업 아이템을 개발하는 것

이 두 가지 방법 중 첫 번째 방법을 택하게 될 경우 창업 아이템에 맞는 목표시장과 목표고객을 추후 선정해야 하며 목표로 하는 시장에 맞게 추가적인 조정이 필요하다. 두 번째 방법은 매우 계획적인 방법이며 논리적이나 소비자의 니즈를 정확하게 파악하지 못할 경우 상품이 경쟁력을 잃게 되는 경우도 있다.

생각해 보기

- 콘셉트가 전달하고자 하는 가장 중요한 것은 무엇인지 적어보시오.

- 어떤 단체의 주의, 주장 따위를 간결하게 나타낸 짧은 어구를 무엇이라 하는가?

- 외식브랜드의 콘셉트 요소에 대해 설명해 보시오.

- 시장조사 단계에서 주로 수행되는 내용들에 대해 적어보시오.

- 로고의 종류에는 어떤 것들이 있는지 적어보시오.

문제은행

01 다음 중 콘셉트의 정의 및 속성과 관련 없는 내용은?

① 브랜드 콘셉트는 소비자가 어떤 브랜드에 대하여 어떻게 브랜드 가치를 개별적 포지셔닝이 가능할 수 있도록 차별화된 가치를 부여할 수 있는가에 관한 것이다.

② 콘셉트는 쉽게 말해 개념이라고 설명할 수 있다.

③ 브랜드 포지션과 유사한 개념으로 사용되고 있다.

④ 콘셉트는 오직 브랜드 로고로만 소비자에게 전달할 수 있다.

02 다음 중 콘셉트의 차원이 아닌 것은?

① 브랜드의 속성 · 개성 ② 브랜드의 전반적인 방향성

③ 브랜드의 의미 ④ 브랜드의 전략

03 브랜드의 물질적 증거(physical evidence)의 예가 아닌 것은?

① 브랜드 네임 ② 로고

③ 가격 ④ 심벌 마크

04 다음 중 외식브랜드 콘셉트의 구성요소가 아닌 것은?

① 상품(식음료) ② 인테리어(interior: 분위기)

③ 시장진입전략 ④ BI(브랜드 아이덴티티)

05 다음 중 콘셉트 개발을 위한 프로세스 중 가장 먼저 해야 하는 것은?

① 시장조사 ② 콘셉트 도출

③ 콘셉트 적용 ④ 콘셉트 완성

06 다음 중 시장조사와 관련이 없는 것은?

① 신규 사업의 가능성을 결정하기 위한 조사

② 물적, 인적 자원의 공급기회 확대

③ 잠재적인 새로운 시장의 개발

④ 새로운 제품이나 기능에 대한 수요 테스트

07 다음은 무엇을 설명한 것인가?

> 다양한 아이디어를 도출하고 이를 콘셉트에 적용하기 위한 일종의 브레인스토밍(brain-storming)

① 아이디에이션(Ideation) ② 벤치마킹

③ 패널테스트 ④ 수요조사

08 다음 중 기업의 대표적인 콘셉트의 적용을 위해 이미지를 형상화한 것을 통틀어 일반적으로 무엇이라 하는가?

① 심벌 ② 로고

③ BI ④ CI

09 다음 로고 중 그림+글씨의 복합형으로 브랜드의 콘셉트를 나타낸 것을 무엇이라고 하는가?

① Wordmark ② CI(Corporate Identity)

③ Emblem ④ BI(Brand Identity)

10 외식기업이 소비자에게 브랜드의 콘셉트를 전달하고 핵심가치를 전달하기 위한 여러 가지 마케팅활동을 무엇이라고 하는가?

① 마케팅 커뮤니케이션 ② STP분석

③ 시장침투 ④ 벤치마킹

정답 01 ④ 02 ④ 03 ③ 04 ③ 05 ① 06 ② 07 ① 08 ② 09 ③ 10 ①

Chapter 4

학습목표

- 메뉴의 정의와 메뉴의 주요 기능에 대해 설명할 수 있다.
- 메뉴 가격의 정의를 이해하고, 가격결정 원칙을 설명할 수 있다.
- 신 메뉴 개발과 메뉴 관리에 대해 설명할 수 있다.
- 메뉴 엔지니어링과 원가관리에 대해 설명할 수 있다.

메뉴 개발과 관리

1. 메뉴 개발과 관리

외식산업에서 상품(메뉴)을 만드는 것은 기업의 역량과 소비자의 수요와 기대치를 만족시킬 수 있는 제품의 생산, 유지, 관리가 가능할 것인가를 염두에 두고 진행해야 한다.

아무리 좋은 상품도 소비자의 인식이 부족하거나, 지속적으로 품질을 유지하지 못했을 경우, 또한 정형화된 방법과 관리기준이 모호할 경우 오래가지 못하고 사장되기 쉽다. 좋은 상품(메뉴)에 사업기획을 통해 도출한 콘셉트를 불어넣어 시장에 내보내는 일은 결과를 예상하기 힘들다.

수많은 신 메뉴가 나오고 시장에서 소비자에게 평가를 받지만 성공적으로 안착하고 지속화되는 메뉴는 그리 많지 않다. 메뉴관리는 외식사업의 상품을 어떻게 관리하느냐에 따라 기업의 지속가능성에 영향을 주는 중요한 관리 업무이다. 메뉴 개발은 브랜드콘셉트에 따라 진행된다. 메뉴는 외식브랜드 사업에 있어 상징적이며, 사업의 근본이 된다. 아울러 메뉴는 브랜드의 얼굴이 되며 브랜드의 콘셉트와 조화를 이루어야 하고 경쟁력이 있어야 한다.

Table d'hôte menu(좌)를 기록한 미국 뉴욕 Lotos Club의 1893년 메뉴, 러시아의 코스 방식 식사를 위한 식기의 세팅(우), 추운 날씨 탓에 음식이 식지 않도록 순차적으로 테이블로 가져와 서빙하는 방식은 러시아에서 시작되었으며 19세기에 서양 세계에서 매우 격식 있는 식사로 널리 퍼지게 되었다.

성공적인 메뉴는 가격, 데커레이션, 기술, 설비 및 배치, 계절메뉴 공급능력 등의 요소가 내부의 역량으로써 중요하며 이를 통해 소비자의 취향과 기호를 만족시키는 상품이 되어야 비로소 소비자가 메뉴를 선택하고 이를 구매하게 된다. 즉 소비자의 경험을 통해 긍정적인 평가를 얻었을 때 비로소 성공적인 메뉴의 역할을 하게 된다.

소비자와 외식기업의 입장에서 바라본 메뉴의 관점

소비자는 소비자의 특성과 다양한 기호를 기초로 구매의사결정을 내리게 된다. 이런 고객의 기호와 구매의사결정에 미치는 요인들을 잘 고려한 메뉴콘셉트가 소비자가 선호할 수 있는 메뉴인 반면 모든 소비자를 만족시키기는 무척 어렵다.

외식기업에서는 이런 소비자를 만족시키기 위한 상품제공 역량이 충분한가를 충분히 고려하여 메뉴를 계획하고 개발해야 한다. 아무리 좋은 콘셉트의 메뉴라도 이것을 구현하는 역량이 부족하다면 지속가능하지 못하기 때문에 예산이나 시설, 장비 등을 충분히 고려하고, 상품을 만드는 사람들이 구현하는 데 지나치게 어려움이 있어서는 안 된다.

1) 메뉴의 정의

우리가 흔히 아는 메뉴는 식당에서 고객에게 제공되는 식음료의 목록과 정보 및 가격이다. 메뉴를 사용한 역사를 거슬러 올라가 보면 중국 송나라 때 준비된 음식의 목록을 적어 놓았던 기록을 찾아볼 수 있다.

메뉴의 어원은 프랑스어로 자세한 목록이라는 의미를 지닌 라틴어(minutus: '축소하다'라는 의미)에서 유래되었으며, 불어의 미뉴트(minute)에서 파생되었으며 대체로 고객이 선택하는 옵션 목록을 제공하는 일품 요리(a la carte) 또는 미리 정해진 일련의 코스(course)가 제공되는 코스요리와 같은 정보를 기록해 놓은 것이었다.

오늘날 외식사업의 메뉴는 사업운영에 가장 중추적 역할을 하는 관리 · 통제 도구이자, 판매, 광고, 판촉을 포함하는 마케팅 도구이다. 아울러 메뉴에는 브랜드의 콘셉트가 반영되어 소비자가 메뉴정보를 통해서 브랜드의 콘셉트를 느낄 수 있다.

2) 메뉴의 주요 기능

- **판매 도구**: 소비자와 판매자 간의 의사소통을 위한 도구로써 정보를 전달하고 상품정보를 쉽게 인식할 수 있는 판매도구로써의 기능
- **마케팅 도구**: 메뉴를 통해 콘셉트를 전달할 수 있으며 다양한 조합으로 추천판매 및 판매촉진 도구로써의 기능을 수행하며 소비자와의 커뮤니케이션 통로로써의 기능
- **관리 · 통제 도구**: 개별 상품에 이름을 붙여 상품판매정보를 인식하여 집계를 통한 판매량, 단가, 소모량, 구매량, 손실률, 위생, 인력 및 서비스, 고객관리, 마케팅을 위한 관리 · 통제 도구로써 활용할 수 있다.

3) 메뉴의 종류

메뉴의 종류는 아래와 같이 분류할 수 있다.

기준	명칭	비고
구성 및 조합	Table d'hôte menu(코스메뉴): '호스트의 테이블'이라는 의미(주인과 합석하는)	코스요리와 정찬으로 요리의 종류와 순서를 미리 결정하여 고객에게 제공하는 메뉴
	À la carte(단품메뉴): '메뉴에 따라'를 의미하는 프랑스어	고객의 주문에 의해 제공되는 한 가지 메뉴로 고객의 선택에 의해 다양한 구성을 할 수 있는 메뉴
	Carte du jour: '오늘의 메뉴'라는 의미의 프랑스어	Special Menu, Today's feature 등 유사한 명칭이 있으며 특정일, 기념일, 명절 등의 특별 메뉴를 통칭하는 개념
	Buffet(뷔페): 불어로 주방에서 테이블로 가져갈 음식을 얹어두는 작고 기다란 테이블(side board)에서 유래	일정한 요금 지불 후 미리 준비된 음식을 먹을 수 있는 셀프서비스 메뉴
제공 시점	Breakfast(조찬): 영어로 '어젯밤의 금식을 깬다'라는 의미	아침에 먹는 하루의 첫 번째 식사. 주로 3가지 유형으로 분류 Continental breakfast, English Breakfast, American breakfast
	Brunch(브런치)	아침과 점심의 조합으로, 보통 음식과 함께 알코올 또는 무알코올 음료를 곁들인다. 보통 오전 9시부터 오후1시 정도까지 제공한다.
	Lunch(오찬): 어원은 불확실하나, 햄 덩어리(스페인어 lonja)를 의미한다는 설과 '정오 음료'를 의미하는 고대 영어 단어 nuncheon 또는 nunchin에서 파생된 북부 잉글랜드 영어에서 유래했다는 설이 있음	정오에 먹는 식사. 불교(선종)에서 배고플 때 조금 먹는 음식이라는 의미. 중국에서 아침과 저녁 사이에 드는 간단한 식사를 일컫는 말로 딤섬(点心 혹은 點心)이라 하며 이는 음식을 뜻하는 것이 아닌 아침과 저녁 사이에 간단한 음식을 먹는 행위를 뜻한다.
	Dinner(Supper): 고대 프랑스어(disner)에서 '식사'를 의미하며 Gallo-Romance desjunare(단식을 깨다)에서 유래	비슷한 의미의 Supper는 프랑스어 souper(수페)에서 파생되었다는 설이 있으며 격식 높은 정찬을 의미하기도 하였으나 저녁 늦게 제공되는 메뉴를 말함

- **제공시점**: 제공시점에 따른 메뉴
- **구성 및 조합**: 메뉴 구성 및 조합에 따른 메뉴
- **메뉴의 지속성과 빈도**: 일정기간 반복적으로 제공되는 고정메뉴

이외 메뉴의 지속성과 빈도에 따라 고정메뉴(Static menu), 계절별 순환메뉴(Cycle menu 또는 Seasonal menu) 등으로 구분할 수 있다.

4) 메뉴 개발 프로세스

아래는 메뉴를 개발하는 경로의 샘플이다. 이런 사례들은 정형화된 틀이 있는 것은 아니나 크게 보았을 때 메뉴 개발은 기획–조정–실행의 3단계로 구분할 수 있다. 기업에 따라 의사결정과 프로세스 과정 중에 더 세부적인 항목이 들어갈 수도 있다.

기획 단계에서는 앞에서 설명한 시장조사와 벤치마킹을 통한 콘셉트가 결정되고 구체적인 아이템을 목표로 할 수 있게 된다.

테스트 단계는 주로 R&D에서 업무를 수행하며 메뉴 개발을 위해 많은 메뉴를 만들어보고 수정하는 과정을 거친다. 무에서 유를 창조하는 것만큼 어려운 과정이며 창의성을 요구하는 과정이다. 비로소 상품이 완성되고 메뉴가 확정되면 이에 대한 원재료 공급업체를 선정하고 원가와 판매가, 장비와 설비, 기물 등이 확정되어야 한다.

메뉴 개발 사이클

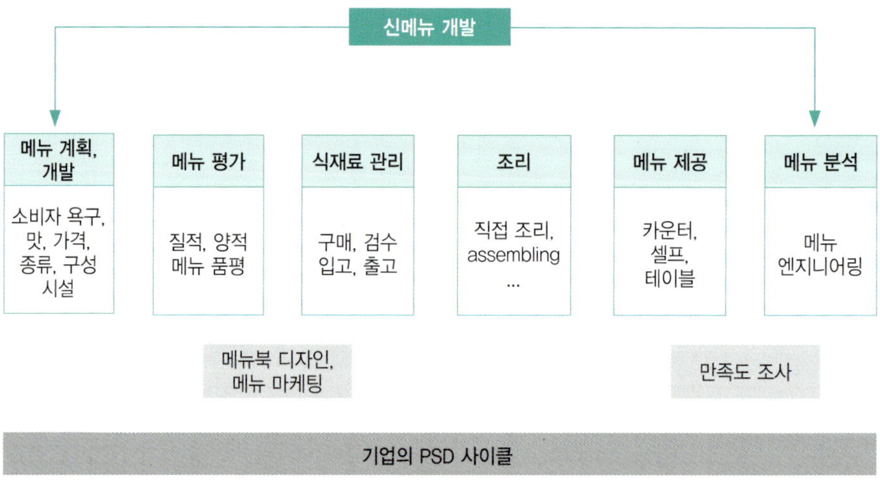

출처: 김영갑, 메뉴 개발 사이클, 외식사업메뉴경영론, 교문사

실행단계에서는 비로소 메뉴를 판매할 도구(메뉴판, 브로슈어, POP… 등의 판매도구)들을 개발하여 마케팅을 통해 상품을 홍보 · 판촉하게 된다. 이런 일련

의 과정 속에서 항상 브랜드의 콘셉트와 제품 및 마케팅은 일관되게 소비자에게 전달되어야 한다.

메뉴가 출시되면 소비자의 피드백에 귀를 기울여야 하며 이 피드백은 메뉴를 더 발전시키는 데 중요한 정보가 된다. 피드백이 수렴되어 메뉴를 개선할 필요가 있을 때는 다시 위 그림의 조정 단계부터 프로세스를 다시 시작하여 메뉴를 개선할 수 있다.

5) 메뉴 디자인

메뉴 디자인은 마케팅 커뮤니케이션 요소로써 소비자와 소통하는 중요한 도구를 디자인하는 것을 말한다. 주로 메뉴판으로 대표되며 POP나 배너, 메뉴를 설명하는 모든 도구들은 메뉴 디자인에 속한다.

메뉴 디자인의 주요 요소는 아래의 요소들로 구성되어 있으며 전체적인 콘셉트와 조화를 이루어야 한다. 아래 예시로 든 우리가 보통 메뉴판이라고 칭하는 메뉴북(menu book)의 기능을 잘 수행할 수 있어야 효과적인 메뉴 디자인이라고 할 수 있다.

메뉴 디자인의 주요 요소

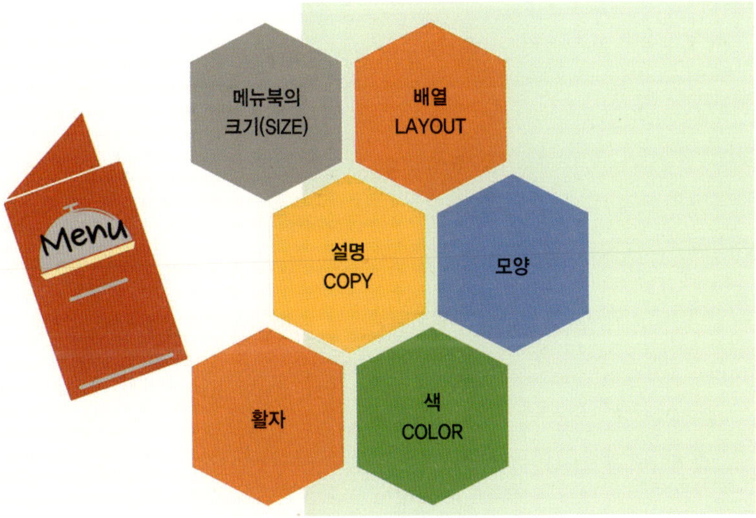

위에 언급한 바와 같이 메뉴북은 메뉴판의 크기배열(layout), 설명(copy), 활자, 모양, 색과 같은 구성요소를 어떻게 조합하느냐에 따라 소비자의 구매 욕구를 자극하고 효과적인 제품정보의 전달을 통해 고객의 선택을 도우며 판매에 중요한 역할을 한다.

6) 메뉴북의 구성과 형식(format)

소비자는 메뉴북을 통해 주문할 음식의 가격과 영업장의 콘셉트를 파악할 수 있는 대화의 도구로서 메뉴북 디자인을 접하게 된다. 이 책에서는 메뉴북의 디자인을 중심으로 효과적인 제품 커뮤니케이션 방법에 대해 설명하기로 한다.

메뉴북의 크기(size)와 모양 그리고 배열(layout)은 목적성을 가지고 사진, 도형, 문자 등을 일정한 공간에 구성 배치함으로써 소비자의 구매욕구를 자극하고 특정 상품의 판매를 촉진시킬 수도 있다.

메뉴북

출처: https://99designs.com/

가) 메뉴의 배치

위의 메뉴북의 모양과 사이즈를 목적에 따라 선택하였다면 공간 배치(layout)에 들어가야 한다. 메뉴북에 입력되는 정보들은 보통 서양식 메뉴북의 경우 제공되는 식사의 순서에 따른다, 즉 전채요리, 수프, 생선, 육류, 후식의 순서대로 배치하며 정식메뉴(table d'hote Menu)의 서빙순서를 기본으로 한다.

이와 같이 배치하면 애피타이저를 시작으로 논리적인 그룹으로 소비자가 원하는 항목을 순차적으로 배열하여 요리를 쉽게 찾을 수 있도록 한다.

나) 메뉴의 가시성

메뉴북에 메뉴를 어떻게 배치하느냐에 따라 판매하고자 하는 메뉴를 더 많이 판매할 수도 있는데, 전통적으로 메뉴북을 보는 시선의 움직임과 포컬 포인트(focal point: 소비자의 시선이 가장 잘 모이는 위치)에 중요한 메뉴를 위치하게 하여 소비자의 시선이 집중되도록 하는 것이 효과적인 메뉴의 배치이다.

포컬 포인트(focal point)에 대해 메뉴의 심리학적 측면에서 메뉴북 내 시선의 이동에 대한 연구결과를 1978년 William Doerfler라는 그래픽디자이너가 코넬대학에서 분기마다 발간하는 저널(Cornell University quarterly)에 메뉴를 읽는 시선의 움직임에 대해 발표하였다.

연구결과에 따르면 메뉴판을 보는 시선은 좌측에서 우측으로 움직이며 아래로 내려오다 우측 중앙 상단에 시선이 끌리게 된다고 하였다.

메뉴북의 형태별 포컬 포인트(focal point)는 다음과 같다.

- 1페이지로 된 메뉴(single sheet menu): 수평으로 2등분된 바로 위 지점
- 2페이지로 된 메뉴(single fold menu): 2등분된 우측 상단 지점
- 3페이지로 된 메뉴(two fold menu): 중앙 상단

연구결과에 따르면 중앙의 상단에 가장 많이 팔리는 메뉴를 배치하는 것이 가장 이상적이었다. 우리는 무의식적으로 책을 볼 때 왼쪽 위부터 보기 시작하는 습관을 가지고 있으며 보고 들은 것 중 처음과 나중을 제일 잘 기억한다.

● 메뉴북 형태별 포컬 포인트

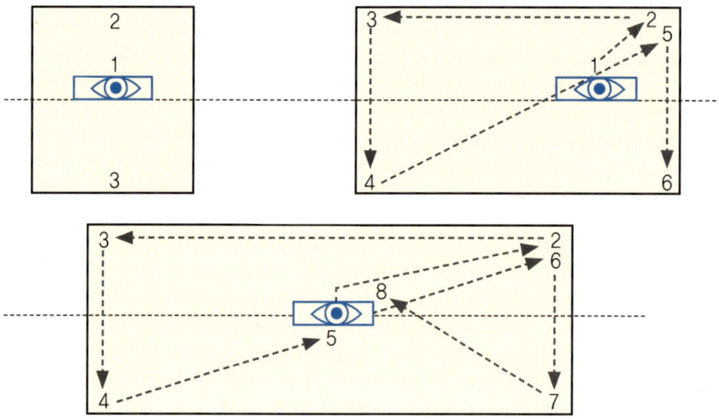

15 Phil Roberts, Jim Sullivan(1991), Service That Sells! the Art of Profitable Hospitality, PENCOM

『서비스 댓 셀스(service that sells)[15]』라는 판매서비스에 관한 책에는 식음료를 추천판매하기 위해 여러 종류의 식음료를 열거할 때 항상 판매하고 싶은 품목을 처음과 나중에 말하는 판매기술이 있다.

메뉴북에 적용한다면 시선을 이동시킨 후(focal point로) 판매하고자 하는 아이템들의 리스트를 삽입해 두는 것이 효과적이다. 이런 사람들의 습성을 이해하여 메뉴 디자인에 반영하는 것이 기업입장에서는 판매율을 높이고 객단가를 높이는 방법이다.

다) 메뉴copy

카피(copy)는 신문을 예로 들자면 신문의 헤드라인과 본문, 캡션 등 언어로 된 모든 내용물을 모두 포함하는 광고메시지이다.

메뉴는 그림과 메뉴명만으로는 마케팅적 효과가 부족하기 때문에 메뉴copy를 사용한다. 메뉴에 대한 설명은 쉽고 간결해야 인식하기 쉽다. 아울러 메뉴가 가지고 있는 특징을 잘 설명할 수 있어야 한다.

메뉴북에는 식재료의 중량, 원산지를 표기해야 하며, 영양성분이나 칼로리 표기를 하는 경우도 있다. 메뉴의 가격은 부가가치세가 포함된 음식가격으로 메뉴판에 표기되어야 한다.

라) 글자(폰트)와 색

글자(폰트: font)는 전체적으로 같은 느낌을 주는 활자를 사용해야 한다. 아울러 폰트를 사용할 때는 상업용으로 사용 가능한 활자인지 확인해야 하며 만약 상업용을 무단으로 사용했을 경우 위법에 해당한다.

폰트의 크기와 종류는 가독성을 높이는 방향으로 선택해야 하며 메뉴의 표기는 각국의 고유문자로 표기한다.

메뉴판에 삽입되는 색은 주로 원색이 사용된다. 시각적으로 신선한 느낌을 주는 녹색은 건강한 이미지를 주며 오렌지색은 시각적으로 식욕을 자극하는 색으로 알려져 있다.

아울러 색깔의 선택은 콘셉트와 연관지어 메뉴북 디자인에 적용하는 것이 일반적이다.

메뉴북의 디자인

출처: https://bashooka.com/

아래의 인용 기사(BBC 뉴스코리아)는 앞에서 설명한 메뉴의 특성을 좀 더 잘 이해하게 해준다.

▩ **레스토랑 메뉴판의 숨은 꼼수들**

메뉴를 고르는 건 쉽지 않은 일이다

레스토랑 메뉴를 만드는 데는 엄청난 노력이 투입된다. 메뉴판에는 당신으로 하여금 특정한 선택을 하게 만드는 강력한 심리학적 트릭이 숨어 있다. 레스토랑의 메뉴판은 소비자로 하여금 특정한 선택을 하게끔 유도할 수 있는 복잡한 마케팅 도구다. 레스토랑 메뉴판은 심지어 우리에게 무엇을 생각할지 일러줄 수도 있다.

재료의 유래를 강조하는 표현들을 쓰면 음식이 실제보다 더 저렴한 것처럼 여겨질 수 있다

"고객들이 메뉴를 바라보는 시간은 단 몇 분밖에 안 되죠. 그래서 우리는 고객들이 이 시간을 보다 효율적으로 사용하길 바랍니다. 원하는 메뉴를 빠르게 찾을 수 있다면 나머지 시간을 더 주문할지도 모르는 다른 메뉴를 보는 데 쓸 수 있죠."

웨이터가 메뉴판을 건넬 때 처음으로 고객이 느끼는 것은 아마도 그 무게일 것이다. 보다 무거운 메뉴판은 고객이 보다 높은 수준의 서비스를 기대할 수 있는 고급 레스토랑에 있다는 것을 암시하는 것으로 나타났다.

달콤한 글씨체

메뉴에 새겨진 글씨체 또한 비슷한 메시지를 담을 수 있다. 예를 들어 이탤릭체는 고품질의 느낌을 준다. 그러나 읽기 어려운 복잡한 글씨체를 사용하는 것은 또 다른 효과를 줄 수 있다. 음식 자체의 맛을 바꿀 수도 있는 것이다.

스위스에서 실시된 한 실험 결과 시음자는 똑같은 와인을 마시더라도 보다 읽기 어려운 글씨체의 라벨이 붙은 와인을 더 선호하는 것으로 드러났다. 스펜스 교수가 자체적으로 수행한 연구에서도 소비자는 동그란 글씨체를 달콤한 맛과 연관시키곤 한다는 걸 발견했다. 한편 각진 글씨체는 짜거나 시거나 씁쓸한 맛을 연상시키곤 했다.

"레스토랑은 이를 활용하여 사람들로 하여금 보다 비싼 음식을 시키게 유도할 수 있어요."『미식의 물리학: 식사의 새로운 과학』이란 책을 최근 쓴 스펜스 교수는 이렇게 설명한다. 하지만 메뉴판의 언어 그 자체 또한 중요하다고 덧붙인다. 아무래도 '목초를 먹인 애버딘 앵거스 필레와 굵게 썬 로즈마리 프라이'가 단순한 '스테이크와 칩'보단 더 맛있게 들리지 않는가?

화려한 설명

영국의 리테일 업체 막스앤스펜서는 광고에서 자사가 판매하는 음식에 대해 장황하면서 종종 관능적인 묘사를 사용하는 것으로 유명하다. 상품의 고급스러움에 대한 인상을 주기 위해서다.

"이것은 그냥 푸딩이 아닙니다." 막스앤스펜서의 한 광고는 이렇게 선언한다. "진한 채널제도산 크림을 얹은 벨기에산 초콜릿 푸딩입니다." 이 푸딩의 판매량은 무려 3500%가 증가했다.

캘리포니아의 스탠퍼드대학교에서 최근 실시한 한 연구에서는 '다이너마이트 칠리'나 '지글지글 달콤한 그린빈', '바삭한 양파' 등의 현란한 묘사를 담은 야채가 카페테리아에서 23% 더 많이 선택됐다. 그런 표현이 메뉴를 보다 맛있어 보이게 만들었기 때문이다.

코넬대학교의 브라이언 원싱크는 음식의 이름에 브랜드 이름을 붙이는 것은 많은 레스토랑 체인에게 유효한 전략이며 '수제'나 '고전'과 같은 향수를 자극하는 단어를 쓰는 것도 효과적이라고 한다. 애국심이나 가족애를 강조하는 것도 판매를 늘릴 수 있다.

menu

메뉴판이 사용하는 색상 또한 영향을 미친다. 녹색과 같은 특정한 색상은 음식이 건강하고 신선하다는 것을 암시하기 위해 사용된다. 오렌지색은 입맛을 자극하는 것으로 여겨진다고 플로리다의 레스토랑 컨설턴트이자 메뉴 디자인 심리학의 전문가인 애런 앨런은 말한다.

붉은색은 긴박한 느낌을 주며 셰프가 당신이 주문하기를 가장 바라는 음식으로 관심을 유도할 수 있다. 아마도 그 메뉴가 가장 마진이 높기 때문일 것이다.

메뉴에 사진이 포함돼 있으면 우리의 뇌가 먼저 그 음식을 맛본다

레스토랑은 고객이 보다 비싼 메뉴를 시키도록 부추기기 위해 다른 트릭을 쓸 수 있다. 가장 많이 쓰는 것은 가격을 소수점 이하로 깎는 것으로, 5.99달러는 6달러보다 저렴하게 여겨진다. 이는 전 세계 리테일 업계에서 널리 쓰이는 트릭이며 대부분의 소비자들도 여기에 익숙하다. 그러나 레스토랑 주인들은 또 다른 트릭을 갖고 있다. 메뉴판에서 달러나 원화 표시를 없애는 것이다.

최고의 입지조건

"단지 메뉴판의 메뉴를 재배치하는 것만으로도 레스토랑의 이윤을 대폭 증가시킬 수 있다."

시선을 추적하는 기술을 사용한 연구는 고객이 메뉴를 읽은 방식이 예측하기 쉽다는 걸 보여줬다. 대체로 고객들은 메뉴를 책 읽듯이 읽는다.

"메뉴판을 들고 메뉴를 보는 고객의 시선을 추적하면 통상적으로 시선이 오른편 상단으로 향하는 걸 볼 수 있다."

그러나 메뉴판에 너무 많은 메뉴를 담으면 오히려 선택을 방해할 수 있다고 메뉴 디자인 전문가들은 말한다. 전문가들은 7개가 넘는 메뉴를 제공하는 것은 고객들에게 부담이 될 수 있다 한다. 이를 극복하기 위해 전문가들은 메뉴판을 5~7개의 메뉴로 구성된 섹션들로 나누라고 말한다.

사진을 보세요

"사진을 사용할 때의 문제는 사진을 볼 때 뇌가 이미 음식의 맛을 본 터라 진짜 음식이 오면 상상했던 것처럼 맛이 좋지 않다고 여길 수 있단 거죠." 랩은 이렇게 경고한다. "실제로 나온 음식이 사진처럼 맛있어 보이지 않을 때도 많고요."

주욱 늘어나는 치즈와 같은 이미지는 특히 강력한 효과를 낸다.

패스트푸드 햄버거집에 가본 사람이라면 모두들 한번쯤 경험해 본 문제다. 메뉴판에서 볼 수 있는 죽죽 늘어나는 치즈와 반짝이는 육즙을 실제로 주문하고 나서 받는 음식에서는 못 보는 경우가 허다하다.

"우리의 마음은 늘어나는 치즈나 흐르는 노른자와 같은 움직이는 단백질을 매우 매력적으로 여깁니다." 스펜스는 이렇게 말한다. "메뉴판이 디지털로 변하면서 이를 비디오나 애니메이션으로 과시할 수 있는 기회도 더 많아지겠죠."

미래의 메뉴판은 당신 스스로도 모르는 새에 당신이 무엇을 주문하길 원하는지를 알아차릴 정도로 정교해질 수 있다고 앨런은 주장한다. 몇 년 전 피자헛은 고객이 20개의 각기 다른 토핑을 훑어보는 시선을 추적하는 기술을 활용하여 고객이 어떤 피자를 주문할지 예측하는 실험을 시작했다. 앨런은 인공지능과 머신러닝이 이를 진일보시켜 당신이 최근에 방문한 레스토랑에서 무엇을 주문했는지를 확인하고 당신이 좋아할 수도 있는 다른 메뉴를 제안하는 알고리즘을 만들 수 있다고 말한다.

"레스토랑 산업은 메뉴 디자인과 메뉴 공학과 심리학을 이해하기 위해 지난 수년간 수백억 달러를 썼습니다." 그는 이렇게 말한다. "그렇지만 4차 산업혁명이 가져오는 기회는 거대하지요. 단 한 번의 클릭만으로 당신이 좋아하는 재료를 포함한 음식을 주문할 수 있다면 어떻겠습니까." 여전히 목초를 먹인 앵거스 필레 스테이크가 정말로 당신이 주문하길 원했던 것이라 확신하는가?

출처: BBC 뉴스코리아(www.bbc.com),
리차드 그레이 BBC Future(2017년 12월 1일)

7) 메뉴 가격

메뉴의 판매는 기획자가 의도한 매출과 원가 그리고 수익 측면과 마케팅적 측면을 고려해야 한다. 단순히 많이 팔 목적으로 가격을 낮추는 것은 가장 쉬운 의사결정이며 매출과 수익을 고려하지 않은 의사결정이다. 그렇다고 메뉴를 무조건 비싸게 팔아서는 소수의 소비자만 상대해야 하는 결과를 초래할 수도 있다. 그만큼 메뉴관리와 전략은 중요하다.

가) 소비자의 메뉴 가격결정 심리

가격결정(pricing)은 소비자 측면과 기업 측면의 양쪽을 모두 고려해야 한다. 소비자가 생각하는 가격과 기업이 경쟁우위를 취하고, 생산판매 활동을 통해 기업을 유지하기 위해 필요한 이윤에 대한 가격결정을 원하기 때문이다.

학자들(Zeithaml, Bitner, 1996)에 의해 연구된 소비자 측면의 가격고려 심리는 다음과 같다.

첫째, 소비자들이 인지하는 제품의 준거가격(reference price)은 정확하지 않은 정보를 가지고 있거나 제한된 정보를 가지고 있다는 것이다. 예를 들어 파스타의 가격을 물어보면 다양한 가격정보가 나온다. 이 가격정보의 범위가 소비자들이 인지하는 준거가격이 된다.

둘째, 소비자들은 가격에 따라 제품 또는 서비스의 품질을 판단하는 경향이 있다. 소비자들은 비슷한 제품이라도 가격이 더 비싸다면 품질이 좋을 것이라는 기대를 한다.

셋째, 소비자들은 제품이나 서비스에 관련한 가치를 가격만으로 인지하지 않으며 가격대비 느끼는 가치를 함께 고려한다. 즉 가성비를 고려한다.

나) 메뉴 가격결정방법

외식기업은 사업의 규모, 사업목표에 따라 목표가격이 설정된다. 외식사업은 생각 외로 단기간에 수익이 나는 사업이 아니다. 고객의 경험과 재방문에 의해 매출과 수익이 증가하는 중장기 사업(long term business)이다. 그만큼 가격의 결정은 중요하나, 시장의 진입과 고객유입을 위해 가격특화로 사업을 시작하는 경우가 많다. 예를 들어 무한리필이나, 박리다매 식당이 그런 예이다. 그러나 사업을 오래 지속하기 위해서는 그런 방법들이 장기적으로는 유익하지 않을 수 있다.

메뉴 가격의 결정방법에는 객관적인 가격결정과 주관적인 가격결정 방법이 있다.

(1) 객관적인 가격결정

제품의 생산과 판매에 들어가는 모든 비용을 충당하고 목표로 한 이익을 낼 수 있는 수준에서 가격을 결정하는 방식이다. 메뉴를 판매할 때 단순히 메뉴의 원가만 가지고 이익을 측정할 수 없다.

커피를 예로 들어본다면 커피의 원가는 10%도 안 되는 경우가 있다. 그러나 인건비와 임대료, 관리비, 소모품, 세금 등의 부가적인 비용들을 커피 한 잔에 포함시키면 그 원가는 무척 높아진다. 소비자가 인지하는 원가와 기업이 투입하는 원가는 차이가 있다. 아래는 소비자와 기업의 원가인식의 차원이 다름을 나타내는 그림이다.

소비자가 인지하는 원가와 기업의 실제 원가는 다른 차원이다.

비용가산방식에 따른 가격결정방법은, 가격 팩터(factor)계산법, 공헌이익계산법, 프라임코스트(prime cost: 인건비+ 식재료원가)에 의한 결정법, 그리고 손익분기점 분석을 통한 매출목표를 설정하고 이에 따른 목표이익과 판매가격을

결정하는 방법이 있는데 이 방법은 매출목표를 결정한 후 아래 방법을 사용하여 메뉴 가격을 결정한다.

(2) 주관적인 가격결정방법

주관적인 가격결정방법은 경영자의 주관에 의해 결정되는 방법이며 아래와 같은 결정을 취할 수 있다.

- **직관적 가격결정:** 경영자의 경험과 판단에 의해 가격을 결정하는 방법
- **최고가 설정방법:** 최고가에 판매하는 방법은 메뉴의 가치를 소비자가 받아들인다는 전제하에 고객이 지불할 수 있는 최대의 가격으로 메뉴가를 설정하는 방법이다. 이는 희소가치가 있는 상품에 적용할 수 있는 방법이며 판매결과에 따라 메뉴가를 조정하거나 할인정책을 쓰는 등의 전략을 활용할 수 있다.
- **최저가 설정방법:** 주로 고객 수를 증가시키고 매출을 증진시키기 위한 일종의 회유책으로 메뉴가를 낮게 설정하는 방법이다. 고객이 단순히 낮은 가격의 메뉴를 보고 들어와 고가의 메뉴도 주문할 수 있다는 가능성을 열어두고 펼치는 가격정책이다.

(3) 소비자중심적인 가격결정

소비자중심적인 가격결정은 외식기업이 진출하고자 하는 시장의 수요자들이 수용할 수 있는 가격에 따라 결정하는 방식이다. 즉 소비자가 평가한 상품의 가치에 입각하여 가격을 결정해야 하는데 이를 위해서는 다양한 경로로 목표시장의 준거가격, 소비자들의 정보를 파악하여 의사결정하는 방식이다.

(4) 경쟁 중심적 가격결정

이 방법은 외식기업의 경우 경쟁사들의 가격을 기준으로 결정하는 방법이며 대체로 시장에서 유사한 원가를 가진 제품들에 대한 가격결정방법이다.

동일한 시장에 속한 경쟁상품들의 품질이 유사하고 비슷한 비용구조를 가지고 있다면 제품가격은 서로 비슷해야 하기에 가격의 크기만을 가지고 경쟁사와 비교할 수 있어 가격을 결정하기 쉬운 장점이 있다.

■ **경쟁자 가격결정**: 이미 시장에 판매되는 가격을 기준으로 경쟁상대의 가격을 기준으로 동일수준 또는 상하향하여 경쟁을 유발하는 가격결정방법이다.

예를 들어 A라는 장소의 중식당들의 짜장면 가격이 6,000원대라면 그와 유사한 가격을 제시하여 경쟁우위에 서게 하는 방법이다.

다) 판매관리

메뉴 가격이 결정되고 표적시장의 소비자들에 대한 마케팅 전략이 수립되었다면 이에 따른 판매가 이루어져야 하며 관리를 위해서는 판매결과에 대한 분석과 조치가 필수다. 판매를 위한 가격결정은 앞에서 논한 가격책정전략에 의한 방법을 취하고 이에 따른 판매결과를 통해 후속적 조치를 할 수 있는 메뉴엔지니어링 방법을 취할 수 있다.

(1) 판매예측과 분석

얼마나 판매될까라는 예측과 이에 대한 준비는 영업에 있어 무척 중요하다. 이 부분을에 실패하게 되어 과도한 재고가 발생할 경우 저장할 공간이 부족하여 식자재가 폐기(loss)되어 원가(cost)에 영향을 줄 수 있으며 부족하게 준비하였을 경우에는 식자재가 떨어져 판매를 할 수 없기 때문에 매출(sales)에 영향을 미치게 된다.

수요예측이란 국어사전에서 "상품과 서비스에 대한 수요의 경향과 실태를 파악하여 미리 내다보는 일"이라고 했다. 영업상 개별단위(restaurant)의 수요예측은 과거와 현재의 자료를 기초로 예측할 수 있는데, 경험적 데이터가 누적될수록 수요예측의 오차를 줄일 수 있다.

영업(operation)단위의 가장 일반적인 수요예측 방법은 판매 분석을 통한 제품판매믹스(p−mix)[16]의 분석방법이다.

16 product mix: 한 기업 또는 한 점포가 생산하거나 공급하는 모든 제품의 집합(우리말샘)

제품판매믹스를 추출하려면 주로 POS데이터를 사용한다. POS(points of sales: 판매시점관리도구)에서는 판매된 메뉴의 판매량을 일별, 주별, 월별로 아울러 시간대별로도 세세하게 분석할 수 있어 이를 잘 활용하는 것이 구매를 위한 기초수요예측에 큰 도움이 된다.

판매믹스를 통한 분석과 활용

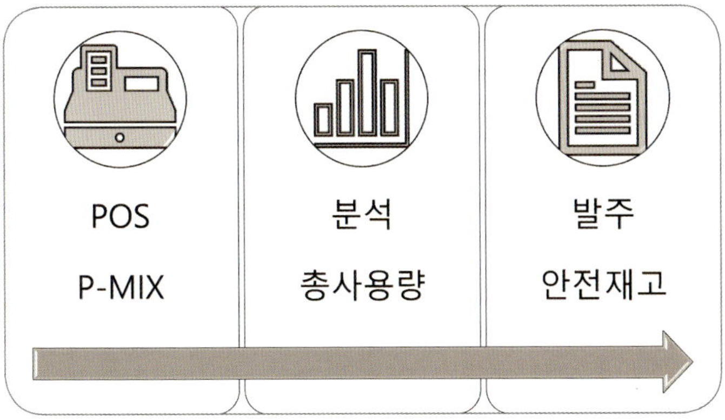

위의 그림은 수요예측방법을 단계별로 나타낸 것이다.

※ P-mix 분석: POS를 통해 총판매된 메뉴를 출력한다. 만약 월말이라면 한 달간 판매된 모든 아이템들을 POS를 통해 출력할 수 있다.

POS를 통해 출력된 판매믹스

기간별 판매량

기간 2021.03.01 오전 10:00:~2021.03.31 오후 10:00

메뉴	가격	수량	부분합계
샌드위치	5,800	100	580,000
햄버거	8,200	100	820,000
감자튀김	4,000	200	800,000
콜라	2,500	300	750,000

한 달간 판매된 아이템을 POS를 통해 출력하면 위와 같은 출력물이 인쇄된다. 위의 출력결과를 가지고 콜라의 한 달간 판매량을 보면 300개가 판매된 것을 알 수 있다. 이것을 일별로 환산하면 하루에 10개씩 판매되었음을 알기 때문에 일평균 10개의 콜라가 판매될 것이라는 예측을 할 수 있다.

(2) 메뉴엔지니어링(menu engineering)

메뉴엔지니어링(menu engineering)은 판매된 메뉴의 수익과 판매량을 기초로 메뉴를 삭제하거나, 메뉴가의 조정, 원가의 조정을 통해 매출과 수익을 극대화하려는 방법을 말한다.

수익과 판매량을 기초로 한 메뉴엔지니어링 방법에는 Kasavana & Smith, Miller, Pavesic의 분석방법을 예로 들 수 있으며 자주 사용되는 ABC 분석방법이 있다. 아래 학자들에 의해 연구된 메뉴엔지니어링 분석방법은 판매량을 기초로 원가율, 공헌이익을 사사분면의 매트릭스를 통한 방법이며 이 책에서는 대표적으로 Kasavana & Smith의 분석방법을 예로 논하고자 한다.

연구자들의 메뉴엔지니어링

■ Kasavana & Smith의 분석방법

Ⅰ. Plow horse 높은 인기, 낮은 수익	Ⅱ. Star 높은 인기, 높은 수익
Ⅲ. Dog 낮은 인기, 낮은 수익	Ⅳ. Puzzle 낮은 인기, 높은 수익

이 분석방법은 높은 공헌이익과 판매량이 많은 메뉴의 상관관계를 나타내는 분석기법이다. 이 분석방법은 단위당 공헌이익이 높고 판매량이 가장 많은 메뉴가 가장 좋다는 접근방법을 기준으로 다른 메뉴들을 상대 비교한 것이다. 그러나 식자재원가를 제외한 인건비와 같은 비용을 고려하지 않은 단점이 있다.

메뉴엔지니어링의 분석과 활용

메뉴엔지니어링의 분석과 활용 방법에 대해서는 Kasavana & Smith의 메뉴엔지니어링 방법을 예로 다음과 같이 분석할 수 있다. 아래 사사분면의 매트릭스에 판매된 메뉴의 공헌이익(마진)과 판매량(선호도)을 대입한 결과를 가지고 의사결정을 하는 방법이다.

Kasavana & Smith의 메뉴엔지니어링

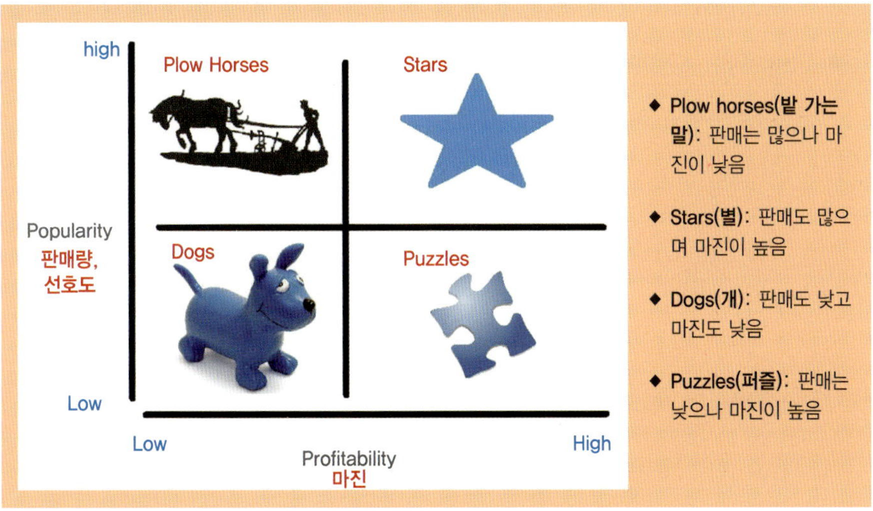

위에서 Kasavana & Smith의 메뉴엔지니어링의 결과로 판매된 메뉴가 분류되면 다음과 같은 결정을 내릴 수 있다.

- Plow horses 메뉴: 판매는 많으나 마진이 낮음
  - 가격인상을 시도하여 판매추이를 본다.
  - 메뉴핀에서 눈에 잘 띄지 않는 곳으로 배치한다.
  - 낮은 식재료 원가 메뉴와 조합하여 세트메뉴로 만든다.
  - 원가조정을 위한 무게나 부피의 조정을 고려한다.

- Puzzles 메뉴: 판매는 낮으나 마진이 높음
  - 메뉴판의 눈에 잘 띄는 곳으로 재배치
  - 메뉴 이름 변경
  - 테이블 텐트나 판촉물을 활용한 판매촉진
  - 판매가 인하 고려

- Stars 메뉴: 판매도 많으며 마진도 높음
  - 품질관리 집중
  - 차림표상의 잘 보이는 구역에 배치

• 가격 인상 시도

• 추천판매

- Dogs 메뉴: 판매도 낮고 마진도 낮음
  - 메뉴 삭제 고려
  - 판매가 인상

8) 원가관리

가) 원가관리의 개념

원가(Cost)란, 특정 재화의 제조나 용역의 제공을 위해 소비되는 경제가치를 화폐단위로 측정한 것이며 특정한 목적을 달성하기 위하여 희생되거나 포기된 자원을 말하며 원가관리란 이런 자원의 관리활동을 말한다.

운영상 원가와 비용은 간혹 유사한 의미로 통용되나 차이점은 원가는 소멸되지 않는 미소멸 원가이나, 비용(expense)은 수익을 위해 희생된 것이므로 소멸성 원가로 구분한다. 아울러 손실(loss)이란 수익에 기여하지 못하는 비용을 손실로 분류한다.

	원가	비용	손실
수익에 기여	o	o	x
미래경제에 기여	o	x	x

원가관리란 재료비(material cost), 인건비(labor cost), 경비(expense cost)로 구분되며 이를 원가의 3요소라 한다.

- 재료비(material cost): 재료비란 제품을 생산하기 위하여 외부에서 구입한 원재료, 부재료를 소비함으로써 발생하는 원가
- 인건비(labor cost): 외식기업을 운영하기 위해 발생한 급여, 상여금, 복리후생비, 상여금 등의 비용
- 경비(expense cost): 식재료비 및 인건비 외에 사용되는 모든 비용으로 수

도광열비, 소모품비, 유지보수비, 수선유지비, 임대료, 감가상각비 등 영업활동에 수반하여 발생되는 비용이 모두 포함된다.

외식현장에서 원가관리는 조리와 판매를 위해 들어가는 돈으로써 3가지 원가의 관리를 의미하며 이외에 통제 불가능한 원가는 고정적으로 지출되는 임대료, 세금, 감가상각비 등을 들 수 있다. 개념적으로 원가를 분류할 때는 직간접적으로 들어가는 모든 지출을 의미하며 아래 그림과 같다.

원가 구성요소

총원가	매출원가			판매관리비				영업 외 비용	
	재료비	노무비	제조경비	판매비	물류비	구매비	일반 관리비	금융비용	기타비용

원가의 계산은 매출액 대비 %로 나타내며 점유율(%)을 알고 싶은 원가항목을 매출로 나누어 %를 구할 수 있다. 아래 수식은 가장 기본적인 원가산출 공식이다.

$$\text{원가율}(\%) = \frac{\text{원가}}{\text{매출액}} \times 100$$

나) 식자재원가(food cost) 관리

식자재원가는 구매, 검수, 입고, 저장, 조리, 메뉴계획, 생산, 판매가격, 서비스의 각 부분에 의하여 많은 영향을 받으므로 원가가 상승했을 때 그 원인을 신속히 파악하기 어렵다.

원가는 판매된 식품비(Food cost) ÷ 수입(Revenue)에 따른 식자재원가 비율(Food cost percent)로 구분하며 이에 따른 세부적인 분류가 때로는 필요하다. 예를 들어 육류(meat), 농산물(produce), 유제품(dairy) 등으로 유사한 품목끼리 묶어 원가를 관리하면 이에 대한 점유율(%)을 파악할 수 있으며 변동사항을 용이하게 감지할 수 있다.

원가가 차지하는 비중은 재료비와 인건비가 가장 높으며 가장 비중이 높은 재료비와 인건비를 프라임 코스트(prime cost)라고 한다.

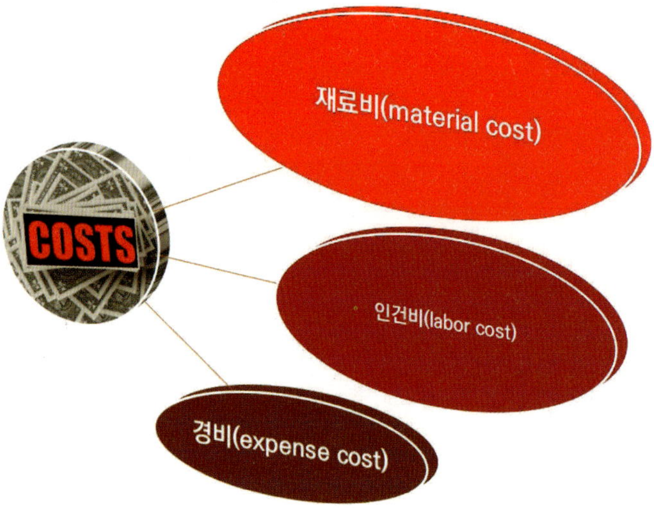

다) 계획과 실행결과의 차이를 이용한 원가 관리

다음은 일반적으로 사용되는 원가측정 방법이다. 계획대비 실행의 결과를 비교하여 발생 원인을 분석하여 개선하는 목적으로 다음과 같은 단계로 원가를 관리한다.

표준원가의 수립

- 단위 매출당 원가기준을 수립한다.

메뉴별 원가계산

- 재고실사를 통해 영업기간 중 사용된 총사용 식자재를 금액으로 환산한다.

원가 측정

- 표준원가와 차이를 비교하여 원인을 분석한다.

표준 레시피(standard recipe)를 기준으로 판매된 제품들의 실제원가를 모두 합산하면 표준원가를 수립할 수 있다. 모든 메뉴의 레시피는 메뉴별 원가를 사전에 계산해 두어야 한다.

이렇게 표준원가를 계산할 수 있다면 여기에 실제 소모된 식자재를 금액으로 환산한 후 비교하여 원가를 측정할 수 있다.

표준원가 – 재고실사(총사용금액) = ± 차이(variance)

표준원가에는 일반적으로 손실(loss)률[17]을 반영한다. 예를 들어 양파를 사용하는 메뉴의 경우 구매하여 입고된 양파의 10% 정도를 로스율로 본다. 레시피에 사용된 식재료는 이렇게 로스율을 반영한 식재료원가로 원가를 측정해야 실제 원가에 가깝게 반영한 표준원가를 산출할 수 있다. 이외에도 원가를 상승시키는 항목은 다양하다. 아래는 예상할 수 있는 식재료 원가상승 요인들의 예이다.

17 식자재를 취급하는 동안 필수적으로 발생하는 손실(loss)을 의미하며 이를 제외한 사용가능한 식자재비율을 수율(yield)이라 한다.

라) 식재료 원가를 높이는 항목의 예

식재료를 취급하는 관리자와 직원들은 원가의식을 가지고 있어야 한다. 구매

시 발생되는 모든 식품의 원가를 인식하고 업무하는 것과 그렇지 않은 경우의 결과 차이는 무척 크다. 원가관리를 위해 내부직원들의 교육이 중요한 이유이다.

- **직접재료 구입비(Direct purchases)의 증가**: 영업 중 재고 부족으로 납품가와 다른 식재료를 구매하였을 경우 원가 상승 원인이 된다.
- **재고(Storeroom issues)금액**: 과다한 재고는 금융비용의 증가를 가져오며 부채의 증가, 이자비용의 발생 등 원가상승요인이 되어 적정재고의 관리가 중요하다. 월말에 재고 실사를 통해 총사용량을 파악하고 남은 재고를 금액으로 환산하여 재고금액의 증감을 파악하여 이를 통제한다.
- **입출고(Transfer in and out)**: 식재료 입출고 시에는 항상 정확한 항목과 수량 그리고 단위를 확인해야 한다. 이를 확인하지 않고 입출고를 반복할 경우 반드시 오류가 발생하기 마련이며 이로 인한 손실은 시간이 경과한 후에는 확인하기 어려운 경우도 있으므로 필수적으로 정확하게 확인해야 한다.
- **직원식사(Employee meals)**: 국내 외식업계는 대부분 일정시간 이상 근무한 직원들에게 식사를 제공한다. 직원들에게 제공되는 식자재가 때로는 영업을 위해 판매되는 식자재를 사용하는 경우도 있다. 이럴 경우 곧 원가상승 요인이 되기 때문에 회계상 분류하여 관리하는 것이 비용을 인식하기 용이하다.
- **폐기(loss)**: 식자재를 취급하는 작업자가 식자재를 세심하게 관리하지 않으면 폐기량이 증가한다. 예를 들어 전처리 업무에서 작업자에 따라 동일한 원재료라도 어떤 작업자는 식자재의 가식부위를 많이 버리는 경우도 있어 이럴 경우 원가상승 요인이 된다. 원가관리에 민감한 외식브랜드는 쓰레기통에 들어가는 식자재를 수시로 점검하기도 한다.
- **사용 후 남은 식자재(left over)**: 일반적으로 당일 생산한 음식은 당일 소진하는 것이 원칙이다. 그러나 당일 판매예상보다 판매가 저조하여 식자재가 남게 될 경우 폐기해야 하는데 이 경우 원가에 많은 영향을 끼친다. 왜냐하면 입고, 검수, 저장, 조리까지 많은 단계와 비용, 시간을 거쳐 음식이 생산되었기 때문이다.
- **판매예측(forecasting)**: 레스토랑 영업은 판매예측으로부터 자원의 투입을 결정한다. 매출에 따른 식자재의 준비, 인원의 준비는 원활한 영업을 위해 무척 중요하다. 예측과 실제 판매의 차이가 클수록 손실에 따른 원가는 증가한다.

마) 인건비(labor) 관리

앞에서 논한 바와 같이 인건비는 외식업 원가 구조에서 식재료원가 다음으로 많은 비중을 차지하고 있어 이를 prime cost라고 한다. 인건비를 관리하기 위해서는 매출에 따른 적정인원을 투입하는 것이 가장 이상적이며 이에 따른 수익과 서비스 측면에서도 안정적이다.

인건비를 관리하기 위해서는 다음과 같은 단계를 거친다.

- **매출 예측(forecasting)**: 주중과 주말의 매출은 상이하며 경우에 따라 몇 배씩 차이가 나기도 한다. 매출의 예측은 과거 매출 데이터가 있다면 이를 참조하여 현재의 추세로 매출을 반영 예측할 수 있으나 그렇지 않은 경우 보통 예상 고객 수와 객단가[18]로 예상 매출을 추정한다.

매출 = 방문예상 고객 수 × 객단가

- **목표 인건비 설정**: 전체 수익을 위해 통제해야 하는 인건비를 설정하고 이를 기준으로 투입한다. 그러나 직원의 개발 정도, 경력 정도에 따라 미숙련 직원이 많다면 추가로 인원을 더 투입해야 한다. 이 경우 생산성 저하로 수익에 영향을 미치나 서비스를 제공하기 위한 추가 인건비를 감수해야 안정된 서비스를 유지할 수 있다.

18 1인당 구매하는 메뉴가의 평균 금액

예를 들어 매출 목표가 100만 원이며 20%의 인건비가 목표라면 20만 원의 인건비를 사용할 수 있으며 인건비를 평균시급으로 나누면 사용 가능한 시간이 나온다.

위의 예에서 만약 평균시급이 1만 원이라면 20시간의 가용시간이 나오며 20시간을 가지고 100만 원의 매출을 올릴 수 있는 배치와 운영을 해야 한다.

- 인원의 배치: 인원의 배치는 피크타임과 스윙타임(swing time)[19]에 따라 달리 투입되어야 하며 인원 배치 시 각각의 인력을 ABC의 능력별로 구분하여 우수한 인력이 가장 중요한 시간에 배치될 수 있도록 스케줄을 고려해야 한다.(Ace in place)

19 고객입점이 비교적 적은 한가한 시간대

(1) 인건비 구조의 이해

인건비는 단순히 노동에 대한 임금만 있는 것이 아니라 부대비용이 소요된다. 아래는 인건비를 구성하는 부대비용에 대한 설명이다.

인건비 구성요소

직접 인건비
기본급여
상여금
제 수당
• 시간 외 수당
• 야간, 휴일 수당
• 기타 수당

간접 인건비
국민연금
산재보험
의료보험
고용보험
퇴직 적립금
여비, 교통비
복리후생비
교육비

직접 인건비는 기본급여와 제 수당[20], 상여금으로 나뉜다. 간접인건비는 4대 보험에 해당하는 국민연금, 의료보험, 고용보험, 산재보험 등이 해당되며 직원들에게 지급되는 교통비, 구인광고비, 식비, 피복비, 복리후생비, 교육비, 퇴직적립금이 이에 해당된다.

이 중 법적으로 지급해야 되는 4대 보험은 월 근무시간이 60시간 이상으로 소득이 발생되면 의무가입조건이 된다. 4대 보험은 사측과 근로자가 각각 50% 부담하며 근로자에게는 급여에서 해당 금액이 차감된 급여가 지급된다.

인건비 관리에 가장 도움이 되는 것은 직원들의 장기근속이다. 장기근속에 대한 효과는 직원들의 경력이 쌓임에 따라 생산성과 업무처리 능력이 향상되며 직원들이 퇴사하지 않음으로써 신입사원을 채용하며 발생하는 구인광고비, 교육훈련비 등의 비용이 절감되어 인건비 지출을 줄일 수 있다. 아울러 장기근속 직원들이야말로 기업에 있어서 훌륭한 소프트웨어이자 인적 자산이다.

20 근로자의 부가적이고 개별적인 근로에 대하여 지급하는 것으로 법정수당을 제외하고는 사적 자치의 원칙에 따라 해당 사업장의 여러 사정들을 반영하여 다양한 명목과 내용으로 지급하는 수당

바) 기타 비용의 관리

외식업은 영업상 발생되는 프라임코스트를 제외한 항목이 상대적으로 크지 않다. 아래는 프라임 코스트 외 영업을 통해 매출을 발생시키기 위해 필요한 일반적인 비용 항목이며 아래 비용 항목은 통제 가능한 비용과 통제 불가능한 비용이 있다.

- 프라임 코스트를 제외한 기타 비용
- 통제가능 비용: 수도광열비(전기, 수도, 가스), 수선비, 소모품비, 통신비 및 기타 경비
- 통제 불가능 비용: 임대료, 감가상각비, 보험 및 세금

영업장에서는 여러 가지 비용들이 매출에 대한 총원가로 수익에 영향을 미친다. 단순히 메뉴의 원가만 가지고 음식가격이 비싸다고 하는 것은 레스토랑의 수익구조를 잘 이해하지 못하기 때문이다. 아래는 한 레스토랑의 대략적인 수익구조 평균 수치이다.

레스토랑의 수익구조

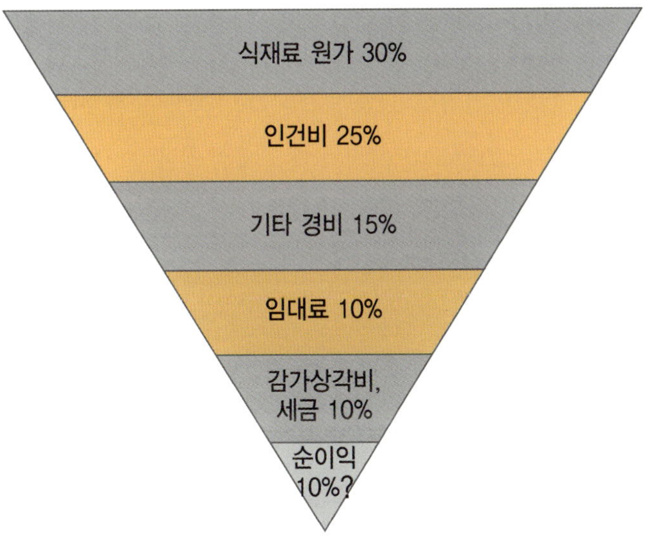

위의 수치에서 보았을 때 단순하게 생각하면 1만 원의 메뉴를 판매했을 때 1천 원이 남는 수익구조이며, 1만 원의 메뉴에는 단순하게 식재료의 원가만 포함된 것이 아니라 인건비와 경비를 포함한 각종 비용들이 반영되어 메뉴의 원가를 구성한다는 점이다.

● 비용증가가 순이익에 미치는 영향

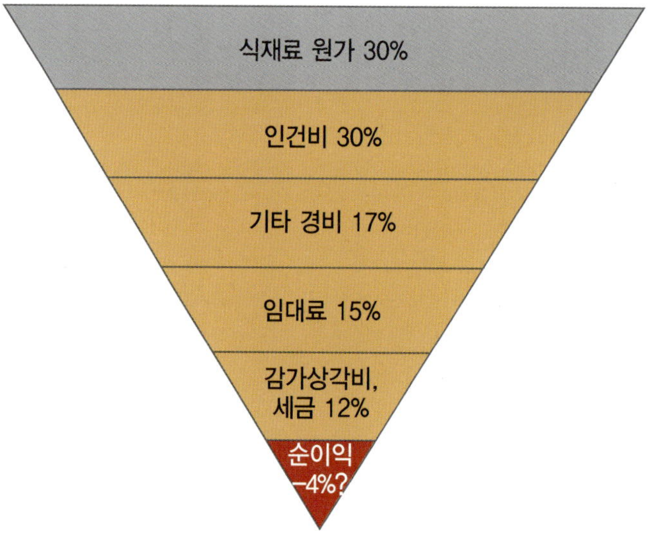

그러나 고정비 성격인 인건비와 임대료와 같은 통제 불가 비용과 각종 비용들은 매출이 저조할 경우 그 비중이 커지기 때문에 수익에 큰 영향을 준다. 위의 그림은 매출이 저조할 경우 비용구조가 어떻게 바뀌는지 설명하기 위한 그림이다.

매출의 감소는 모든 비용의 증가로 이어지며 영업장을 경영하기 어렵게 만든다. 관리자는 레스토랑의 각종 비용에 대한 요소를 이해하고 있어야 하며 이를 통제해야 한다.

식당업은 하루에 결과가 나오는 사업이 아니다. 하루하루 매출과 관리의 결과가 모여 월말 손익결과를 만들어내는 만큼 일별 관리가 매우 중요한 사업이다. 특히 매출이 높아지면 전체적인 비용은 상대적으로 낮아지기 때문에 비용을 통제하기에 유리해진다. 빈 테이블이 가장 비싼 비용이라는 말처럼 고객 수의 변화와 매출을 가장 우선적으로 생각하면서 비용을 통제하는 것이 바람직한 방법이다.

생각해 보기

- 메뉴의 정의와 메뉴의 주요 기능에 대해 서술하세요.

- 메뉴 가격의 정의를 이해하고, 가격결정 원칙에 대해 서술하세요.

- 신 메뉴 개발과 메뉴관리에 대해 서술하세요.

- 메뉴엔지니어링과 원가관리에 대해 서술하세요.

- 원가의 3요소에 대해 서술하세요.

문제은행

01 **괄호 안에 들어갈 단어를 선택하세요.**

> (　　)는 단순한 차림표의 역할을 한다고 생각하기 쉬우나 실제적으로 고객에게 다양한 역할을 한다.

① 메뉴　　② 이미지
③ 레스토랑 배경 음악　　④ 레스토랑 간판

02 **메뉴북의 역할에 대해 잘못 서술한 문항은?**

① 메뉴 선택을 위한 정보 제공의 수단이다.
② 고객과의 약속이다.
③ 경영 철학을 담고 있으며, 내부 통제 수단이 된다.
④ 브랜드 이미지를 표현하기 어려운 것이 메뉴북이다.

03 **메뉴 디자인의 구성요소로 틀린 내용은?**

① 메뉴북의 활자　　② 메뉴북의 컬러
③ 메뉴북의 형태　　④ 메뉴북의 향기

04 **메뉴 개발에 관한 내용 중 틀린 내용은?**

① 신 메뉴 개발 시에는 메뉴 콘셉트 설정이 중요하다.
② 메뉴 개발은 카테고리가 많을수록 좋다.
③ 신 메뉴 개발 주기는 고객 욕구에 따라 결정된다.
④ 음식점 경영자는 신메뉴를 개발하기보다 기존의 메뉴 개선방법부터 강구해야 한다.

05 메뉴 개선을 위해 고려할 사항에 대한 내용으로 틀린 것은?

① 메뉴 구성과 전체적인 균형이 중요하다.

② 메뉴 개선 시 식재료의 활용 정도를 고려하는 것이 좋다.

③ 다른 메뉴들과의 균형보다 특별한 메뉴 개발이 중요하다.

④ 메뉴 개선 시 서비스 제공방법을 고려하는 것이 중요하다.

06 메뉴 가격에 대한 내용 중 바른 것은?

① 메뉴의 판매는 기획자가 의도한 매출과 원가, 수익 측면, 마케팅 측면을 고려해야 한다.

② 메뉴 판매는 많이 판매할 목적으로 가격을 낮추는 것이 좋다.

③ 메뉴를 무조건 비싸게 팔아서 소수의 소비자만 상대하는 것이 좋다.

④ 메뉴 관리와 전략보다 메뉴 가격이 중요하다.

07 소비자의 메뉴 가격결정 내용 중 틀린 것은?

① 가격결정은 소비자 측면과 기업 측면의 양쪽을 모두 고려해야 한다.

② 소비자가 생각하는 가격과 기업이 경쟁 우위를 취하고, 생산판매 활동을 통해 기업을 유지하기 위해 필요한 이윤에 대한 가격결정을 원하기 때문이다.

③ 최고가 설정방법은 메뉴의 가치를 소비자가 받아들인다는 전제하에 고객이 지불할 수 있는 최대의 가격으로 메뉴가를 설정하는 방법을 말한다.

④ 최저가 설정방법은 무조건 저가이면 고객들의 수가 증가한다는 것이다.

08 메뉴 가격결정방법 중 틀린 것은?

① 단순히 메뉴의 원가만 가지고 이익을 측정할 수 있다.

② 경영자의 경험과 판단에 따른 가격을 결정하는 방법도 있다.

③ 소비자 중심적인 가격결정은 외식기업이 진출하고자 하는 시장의 수요자들이 수용할 수 있는 가격에 따라 결정하는 방식이다.

④ 외식기업의 경우 경쟁사들의 가격을 기준으로 결정하는 방법이다.

09 원가 관리의 개념 중 틀린 것은?

① 원가 관리란 재료비, 인건비, 경비로 구분한다.

② 재료비란 제품을 생산하기 위해 외부에서 구입한 원재료, 부재료를 소비함으로써 발생하는 원가를 말한다.

③ 인건비는 기업을 운영하기 위해 발생한 급여, 상여금, 복리후생비, 상여금 등의 발생비용을 말한다.

④ 외식 현장에서 원가 관리는 조리와 판매를 위해 들어가는 경비를 말하며, 모두 통제가 불가능한다.

10 식재료 원가를 높이는 항목이 아닌 것은?

① 영업 중 재고 부족으로 평소 납품가와 다른 식재료 구입

② 과다한 재고를 가지고 있을 경우

③ 당일 생산한 음식을 당일 소진하여, 식자재가 남지 않은 경우

④ 정확하지 않은 판매 예측으로 식재료 입출고 시 단위 예측이 불규칙한 경우

정답 01 ① 02 ④ 03 ④ 04 ② 05 ③ 06 ① 07 ④ 08 ① 09 ④ 10 ③

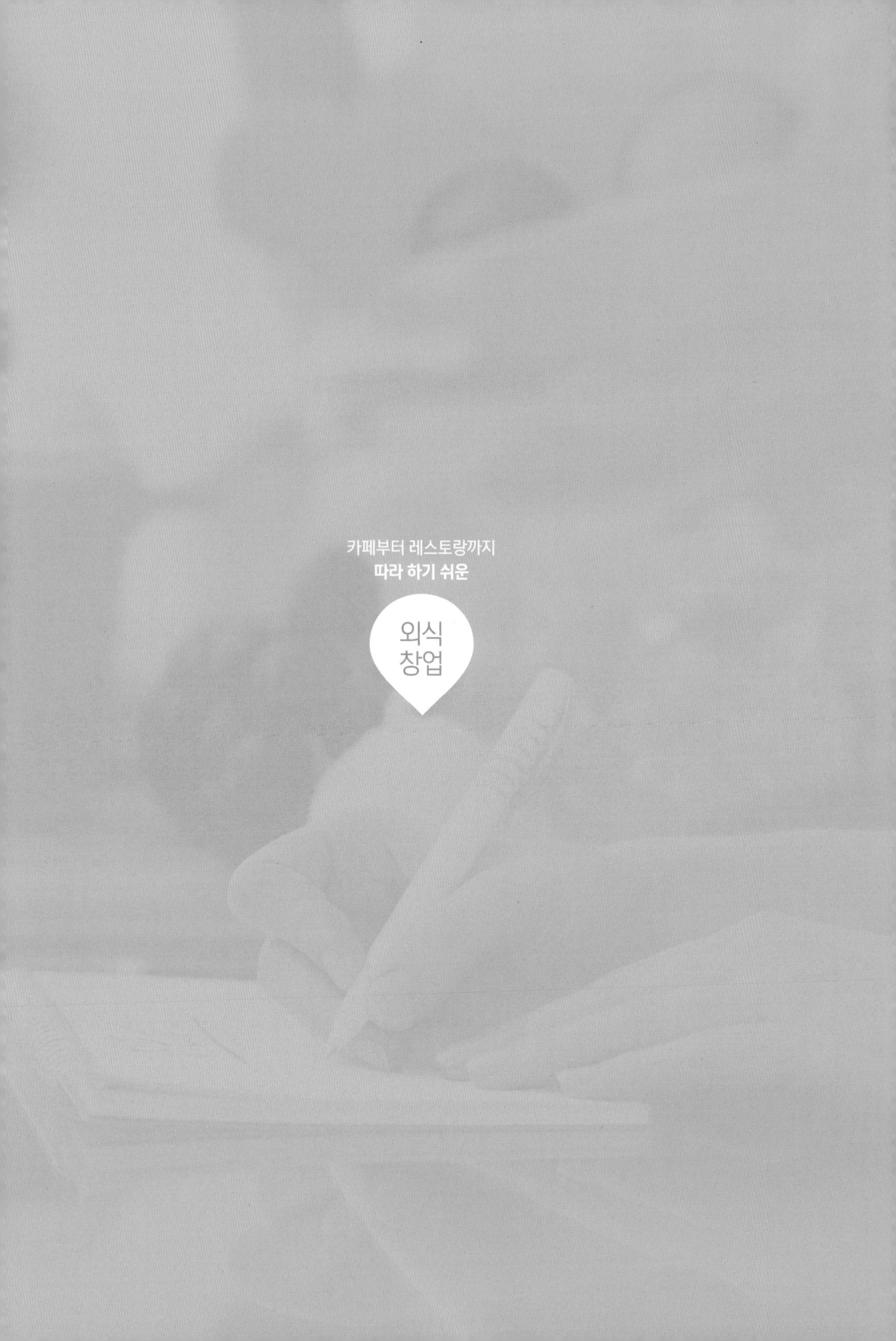

카페부터 레스토랑까지

따라 하기 쉬운

외식 창업

Chapter 5

학습목표

- 상권분석에 대해서 이해하고, 분석할 수 있다.
- 메뉴, 고객 타깃에 따른 입지를 선정할 수 있다.

상권과 입지

1. 상권

상권(trading area, 商圈)이란 어떤 점포 또는 일정한 상업 집적지역에서 고객을 동원할 수 있는 범위로 고객의 80% 이상이 거주하거나 통근하는 지역을 말한다. 상권을 분석하는 범위는 공간적 범위와 내용적 범위로 나눌 수 있다. 상권을 분석하면, 창업 위험도를 낮춰줄 수 있다. 최근 서울시에서는 치열한 골목상권에 창업하는 영세 소상공인들을 위해 빅데이터를 기반으로 골목상권 정보를 분석해서 제공하는 "우리 마을 가게 상권분석 서비스"를 운영한다. 서울시 홈페이지를 통해 누구나 무료이며, golmok.seoul.go.kr을 통해서 상권 통계, 맞춤형 상권 검색, 내 점포 마케팅 등의 다양한 정보를 얻을 수 있다.

서울시 홈페이지

출처: golmok.seoul.go.kr

● **서울시 홈페이지**

출처: golmok.seoul.go.kr

1) 상권의 개념

공간적 범위란 상권의 범위를 말하며 앞서 제시한 바와 같이 대상점포가 있는 경우에는 점포를 중심으로 최소 2차 상권까지 설정하는 것이 바람직하다. 점포가 없는 경우에는 중심점에 해당하는 건물 또는 점포를 중심으로 반경을 설정하는 것이 좋다. 중심점 건물 또는 점포에서 1차 상권, 2차 상권을 원으로 표시할 수 있다. 상권분석에 포함될 업종(상품)에 대한 분석, 시장규모 분석, 매출예측, 수익성 분석, 라이프스타일 분석 등으로 내용의 범위를 정리할 수 있다. 이러한 내용적 범위는 상권분석 목적에 따라 달라지며, 소비패턴에 대한 파악을 목적으로 하여, 업종이나 시장 규모를 분석하고, 매출 예측을 통해 수익성을 파악하려면, 여러 분야에서 상권 내용을 파악해야 한다.

가) 상권의 정의와 상권분석의 필요성

상권분석은 외식 창업자가 창업 전에 사업성이 있는지를 검토하여, 입점을 결정하는 데 중요한 역할을 한다. 하지만 이보다 중요한 것은 창업 후 외식경영 과정에서의 상권분석이다. 상권의 특성을 알아야 효율적인 외식경영이 가능하며, 판촉 전략이 적중할 수 있다. 따라서 외식 점포의 평수 여하에 관계없이, 업종 구분 없이 가능한 점포를 사전에 상권분석을 하는 것이 좋다. 상권분석은 외식 창업을 결정하는 요인이기도 하지만 상권분석을 통해 나타난 지식과 노하우가 앞으로의 외식사업에서 중요하다. 상권분석은 창업자가 직접 실시하는 것이 가장 바람직하지만 쉽지 않기 때문에, 상권분석 전문 사이트를 이용하거나 전문가에게 도움을 받는 것이 좋다.

상권의 범위

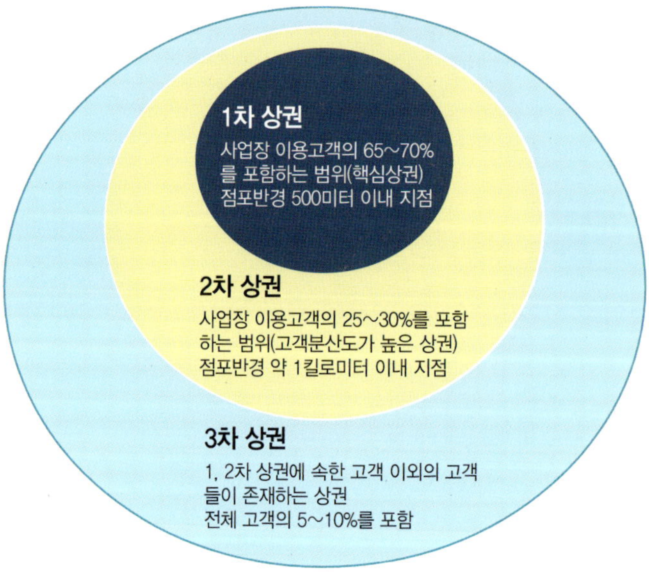

출처: 최병호 저, 글로벌외식산업창업론, 백산출판사

2) 입지 분석 절차

입지를 분석하는 절차가 일률적이지는 않다. 다만 실무적 프로세스를 검토하여, 외식창업을 위해 예비 창업자들이 이러한 절차를 거치는 것이 창업의 실패 요인을 줄이는 길이다.

● 입지 분석 절차

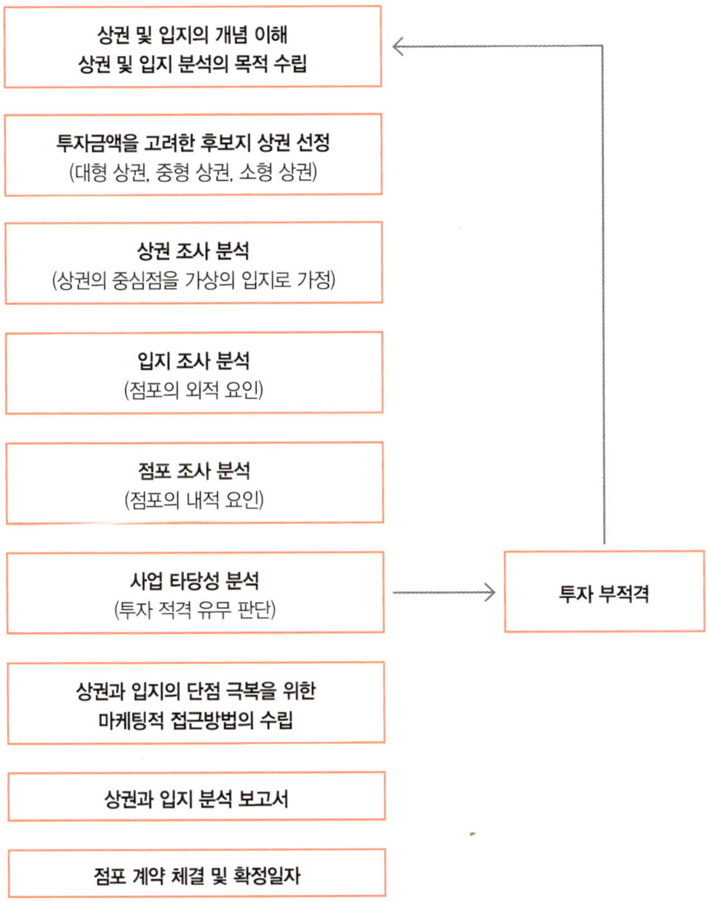

출처: 김영갑 외(2018), 외식사업창업론, 교문사

외식창업 및 입지 분석에 도움을 주는 정부기관

소상공인시장진흥공단에서 제공하는 상권정보 시스템을 활용하는 것이 상권분석에 도움이 될 것이다. 상권분석을 위해 "소상공인시장진흥공단"사이트에 접속하여, 많은 정보를 활용해 보자.

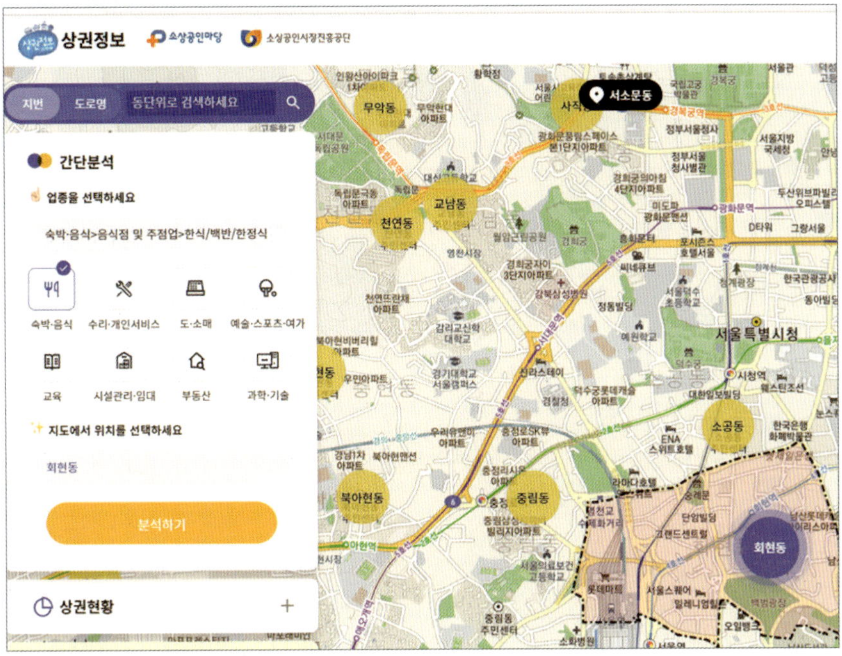
상권정보
소상공인마당
소상공인시장진흥공단
지번
도로명
동단위로 검색하세요
간단분석
업종을 선택하세요
숙박·음식>음식점 및 주점업>한식/백반/한정식
숙박·음식
수리·개인서비스
도·소매
예술·스포츠·여가
교육
시설관리·임대
부동산
과학·기술
지도에서 위치를 선택하세요
회현동
분석하기
상권현황
서소문동
무악동
사직동
교남동
천연동
북아현동
중림동
소공동
회현동
서울특별시청

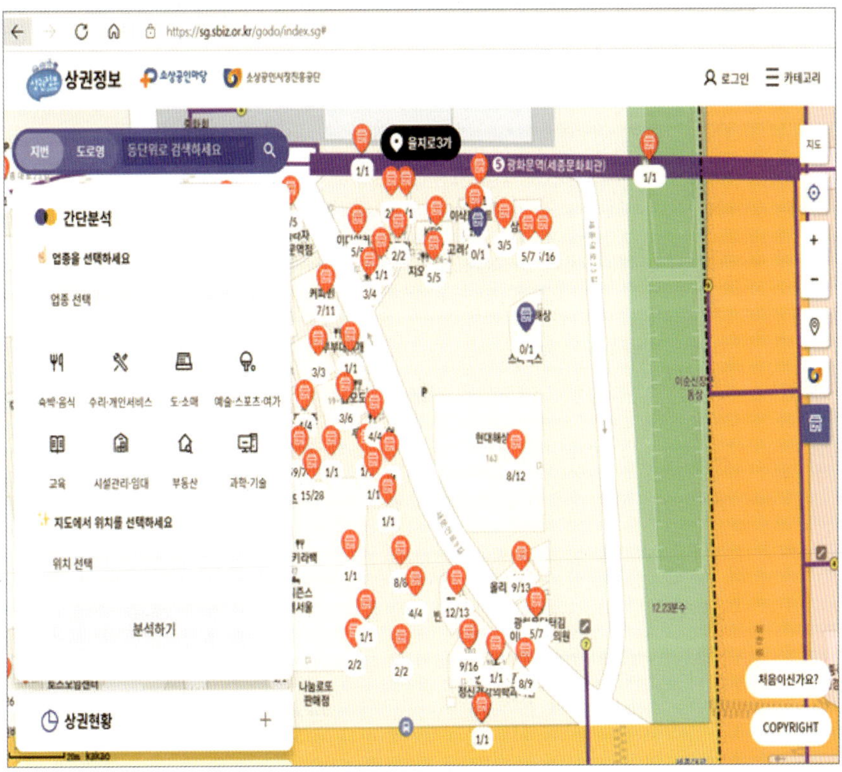
https://sg.sbiz.or.kr/godo/index.sg#
상권정보
소상공인마당
소상공인시장진흥공단
로그인
카테고리
지번
도로명
동단위로 검색하세요
을지로3가
광화문역(세종문화회관)
간단분석
업종을 선택하세요
업종 선택
숙박·음식
수리·개인서비스
도·소매
예술·스포츠·여가
교육
시설관리·임대
부동산
과학·기술
지도에서 위치를 선택하세요
위치 선택
분석하기
상권현황
지도
처음이신가요?
COPYRIGHT

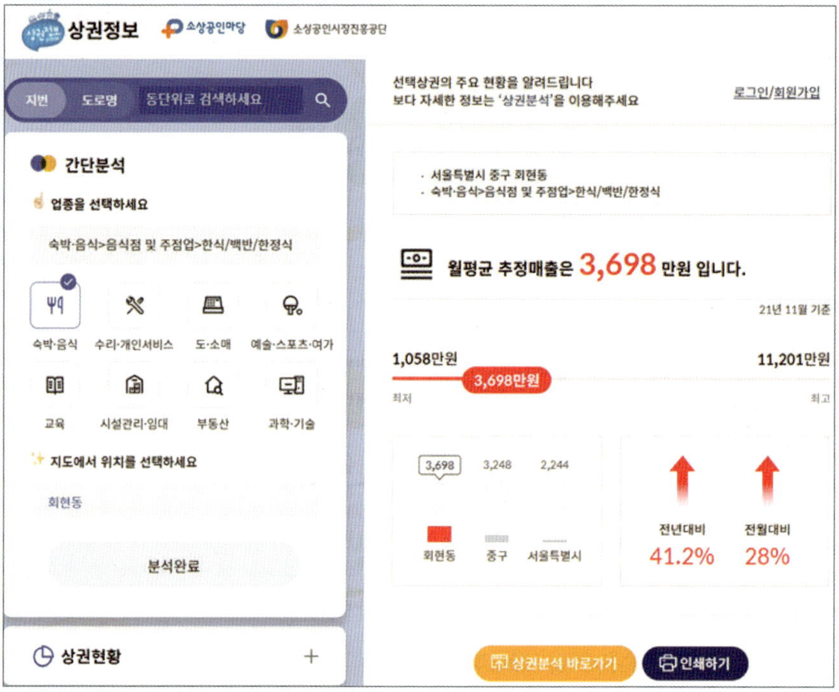
상권정보
소상공인마당
소상공인시장진흥공단
지번 도로명 동단위로 검색하세요
간단분석
업종을 선택하세요
숙박·음식>음식점 및 주점업>한식/백반/한정식
숙박·음식 수리·개인서비스 도·소매 예술·스포츠·여가
교육 시설관리·임대 부동산 과학·기술
지도에서 위치를 선택하세요
회현동
분석완료
상권현황
선택상권의 주요 현황을 알려드립니다
보다 자세한 정보는 '상권분석'을 이용해주세요
로그인/회원가입
· 서울특별시 중구 회현동
· 숙박·음식>음식점 및 주점업>한식/백반/한정식
월평균 추정매출은 3,698 만원 입니다.
21년 11월 기준
1,058만원
3,698만원
11,201만원
최저
최고
3,698 3,248 2,244
회현동 중구 서울특별시
전년대비 41.2%
전월대비 28%
상권분석 바로가기
인쇄하기

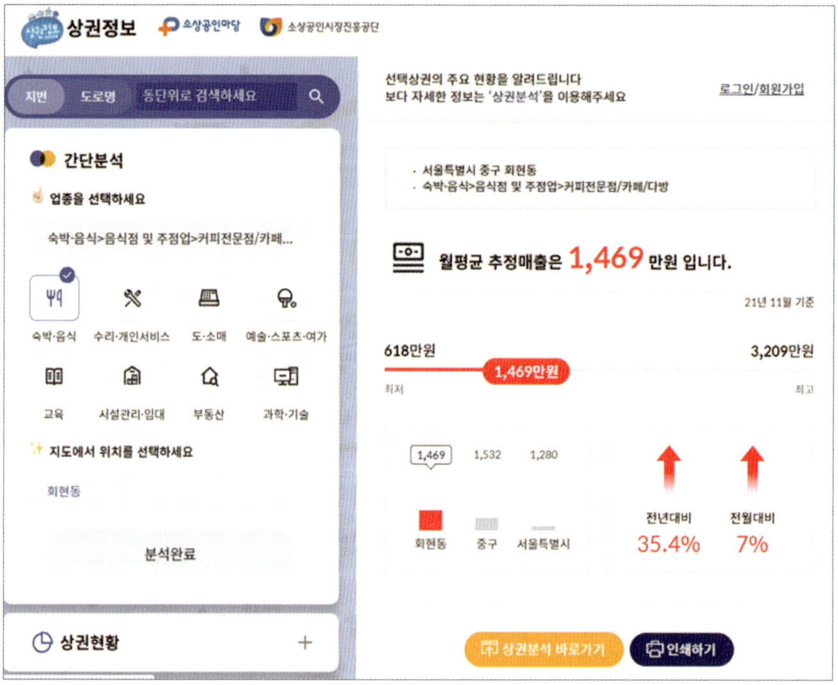
상권정보
소상공인마당
소상공인시장진흥공단
지번 도로명 동단위로 검색하세요
간단분석
업종을 선택하세요
숙박·음식>음식점 및 주점업>커피전문점/카페...
숙박·음식 수리·개인서비스 도·소매 예술·스포츠·여가
교육 시설관리·임대 부동산 과학·기술
지도에서 위치를 선택하세요
회현동
분석완료
상권현황
선택상권의 주요 현황을 알려드립니다
보다 자세한 정보는 '상권분석'을 이용해주세요
로그인/회원가입
· 서울특별시 중구 회현동
· 숙박·음식>음식점 및 주점업>커피전문점/카페/다방
월평균 추정매출은 1,469 만원 입니다.
21년 11월 기준
618만원
1,469만원
3,209만원
최저
최고
1,469 1,532 1,280
회현동 중구 서울특별시
전년대비 35.4%
전월대비 7%
상권분석 바로가기
인쇄하기

상권정보시스템의 세부설정 영역을 선택한 뒤 상권분석을 위한 2단계 영역 선택방법에는 4가지가 있다. 원형, 반경, 다각, 상권 단일 선택방법 중에서 선택하여 분석할 수 있다.

- **원형**: 중심점을 클릭해 드래그해서 반경 50~150m의 영역을 선택할 수 있습니다.
- **반경**: 중심점을 클릭해서 나오는 설정 창에서 반경 100~1500m의 영역을 설정해 상권 분석을 할 수 있습니다.
- **다각**: 창업을 희망하는 지역의 영역을 다각형으로 설정할 수 있습니다.
- **상권**: 클릭 후 나오는 지역 설정 창에서 광역시, 도 및 시, 군, 구를 지정할 수 있고 업종 지정도 가능하며 세부 설정을 할 수 있습니다.

또는 업종선택을 하여, 음식, 생활 서비스, 소매, 관광, 여가, 오락, 스포츠, 학문/교육, 부동산 카테고리 중 창업을 희망하는 업종을 선택하여, 업종 분석을 할 수 있다.

업종별 상권의 범위

구 분	1차 상권	2차 상권	3차 상권
커피숍	반경 100m	반경 500m	반경 1km
패스트푸드	반경 500m	반경 1km	반경 5km
패밀리레스토랑 및 고급한식	반경 1km	반경 2.5km	소도시의 경우 전 지역 중도시의 경우 5km
디너하우스 및 스페셜 레스토랑	반경 2.5km	반경 5km	반경 15km

출처: 최병호, 글로벌외식산업창업론, 백산출판사

2. 입지

입지는 상권 내에 있는 점포의 위치를 의미한다. 점포의 입지는 점포가 위치하고 있는 위치를 뜻하며, 특정 장소에 위치한 정적이고, 한정적인 공간을 지칭한다. 상권이 고객층이 거주하는 권역을 뜻한다고 하면, 입지는 그곳 안에 개별 점포가 위치한 작은 곳이라고 할 수 있다.

입지는 기본적으로 1급지, 2급지, 3급지로 나눌 수 있는데, 1급지는 시내 중심가, 대규모 단지, 대규모 상가의 입구, 대로변 버스 정류장, 사거리 등이며, 2급지는 유동인구를 일부 흡수하며, 배후지에 거주하는 주민들을 흡수하는 것이 1급지와 같으며, 유동인구를 상대로 하는 판매업보다 품질로 승부하는 외식업종이 적합하다.

외식창업의 성공은 입지 선정이라고 해도 과언이 아니므로, 객관적인 보고서 작성 및 빅데이터들을 참고해서 입지 선정하는 것이 외식창업의 성공 포인트라고 하겠다.

상권과 입지

출처: 매경 비즈

● 시장조사 보고양식

년 월 일 시 날씨( )

<table>
<tr><th>점포이름</th><th colspan="2">업종</th><th colspan="3">주소</th></tr>
<tr><td></td><td colspan="2"></td><td colspan="3"></td></tr>
<tr><th>조사기간</th><td colspan="5">년 월 일 ( ) 時부터 ( ) 時까지</td></tr>
<tr><th rowspan="2">영업시간</th><td colspan="5">시부터 시까지</td></tr>
<tr><td colspan="5">피크타임 시부터 시까지 ( )시간</td></tr>
<tr><th rowspan="2">인원수</th><td rowspan="2">보통 영업시간
명</td><td rowspan="2" colspan="2">피크타임
명</td><td colspan="2">직원수
명</td></tr>
<tr><td>주방 명</td><td>홀 명</td></tr>
<tr><th rowspan="2">점포규모</th><td>점포규모</td><td colspan="2">객석수</td><td colspan="2">설비개요</td></tr>
<tr><td>객 석( )평
주차장( )대</td><td colspan="2">ROOM 개
TABLE 2인석 개
4인석 개</td><td colspan="2"></td></tr>
<tr><th>중요메뉴
및 단가</th><td colspan="5"></td></tr>
<tr><th>판촉내용</th><td colspan="5"></td></tr>
<tr><th>특기사항</th><td colspan="5"></td></tr>
</table>

출처: 김헌희·이유경, 외식창업실무, 백산출판사

패밀리레스토랑 입지(상권)조사 사례

상권의 범위	상권거리	도보객	자전거객	자동차객	기타	합계
도보(5분) 도보(10분), 자전거(5분)	0.5km 1km	5.5% 3.5%	1.0% 1.5%			11.5%
도보(15분), 자전거(10분) 도보(20분), 자전거(15분) 자동차(5분)	2km 3km	1.0%	0.5% 0.5%	11.0%		11.0%
도보(20분), 자동차 10분 자동차 15분 자동차 20분	5km 7km 10km			19.5% 13.5% 8.0%		1.0%
자동차 20~30분 자동차 30분 이상						
TOTAL		**12.0%**	**5.0%**	**82.0%**	**1%**	

	도보 10분권	자전거 15분권	차 10분권	
자택에서, 지인 집에서	5.4%	2.3%	18.2%	
근무처에서	2.5%	0.6%	6.8%	
	7.9%	2.9%	25.0%	35.8%
	도보 10분권 자택, 지인, 근무처에서	자전거 15분권 자택, 지인, 근무처에서	차 10분권 자택, 지인, 근무처에서	5km 권내에
주 1회 이상 이용객	2.6%	1.0%	8.4%	12%~ 안정적
월 2회 정도 이용객	2.1%	0.8%	6.7%	9.6%~ 고정객

내점이유

주차장 보유 45%
점포 가까이 있어서 38%

분위기가 좋아서 20%
기분 좋고 마음이 안정되므로 21% — **점포 내의 환경**

아침 개점 16%
심야 운영 10% — **영업시간**

간판이 눈에 뜨이므로 10%, 가끔 자주 지나가는 참에 13%,
가족과 함께 갈 곳이므로 15%, Group으로 갈 수 있으므로 10%

- ■ 상권은 넓지 않다!!
  - 1km 권내(도보, 자전거)
    내지 3km 권내(차) 등 → 25%로
    내점객의 1/4

  ※ 차를 포함해서 10분 권내 → 45%
    - 5km권
    - 차를 포함해서 20분권에는 67%
  - 1km권(도보, 자전거) 내지 5m권
    (차)의 사람은
    - 자택, 지인 댁에서 26%
    - 근무처에서 거리
      → 36%
      가까운 곳의 사람이
      이용도가 높다. 10%
  - 특히 편리성, 점내의 환경, 영업시간이 고객 흡인력의 커다란 point
    free객의 흡인력 point는 간판 sign pole

➡

1. 도보, 자전거상권(1km권), 차상권(3km권 또 5km권)의 표준화, 기준 설정 필요
2. 상권의 자기 점포 경쟁을 고려하는 경우 동일 도로연장선상에 있어서 점포배치는 10km 간격이 가늠자 차상권(표준으로서의 고려할 점)

1. free객, 고정객의 고객을 위해 효과적-효율적인 간판류의 설치 내지 기존물 수정수리의 check가 필요
   - 점포, 주차장의 approach간판의 위치와 수량(시계성)
   - 간판의 종류, 색 등의 재검토도 필요
2. 점포 Interior는 가족적(서민적)으로 가벼운 분위기 필요
   - row cost 점포건설, 디자인, 조명, 의장 등
   - 신형점포 건설도 동일함

패밀리레스토랑 입지(상권)조사 사례

년 월 일 시 날씨( )

<table>
<tr><th>점포명</th><th colspan="8">업종-업태</th><th colspan="8">소재지</th><th colspan="8">점포형태</th><th colspan="8">일 기</th><th colspan="8">기 타</th></tr>
<tr><td></td><td colspan="8"></td><td colspan="8"></td><td colspan="8"></td><td colspan="8"></td><td colspan="8"></td></tr>
<tr><td rowspan="2">점포
규모</td><td colspan="8">총면적</td><td colspan="8">객실면적</td><td colspan="8">객석구성</td><td colspan="8">총 수용인원</td><td colspan="8">주차대수</td></tr>
<tr><td colspan="8">평</td><td colspan="8">평</td><td colspan="8">입석 석
좌석 석</td><td colspan="8"></td><td colspan="8"></td></tr>
<tr><td rowspan="3">영업
현황</td><td colspan="8">영업시간</td><td colspan="32">아침 시부터 저녁 시까지</td></tr>
<tr><td colspan="8">계산방법</td><td colspan="4"></td><td colspan="4"></td><td colspan="4"></td><td colspan="4"></td><td colspan="4"></td><td colspan="4"></td><td colspan="4"></td><td colspan="4"></td></tr>
<tr><td colspan="8">추정매상고</td><td colspan="11">평일 원</td><td colspan="11">휴일 원</td><td colspan="10">추정 객단가 원
1일 객수 원</td></tr>
<tr><td rowspan="2">영업
장비</td><td colspan="8">샘플케이스</td><td colspan="8">메뉴북</td><td colspan="8">오더시스템</td><td colspan="4"></td><td colspan="4"></td><td colspan="4"></td><td colspan="4"></td></tr>
<tr><td colspan="4">유</td><td colspan="4">무</td><td colspan="4">유</td><td colspan="4">무</td><td colspan="4">유</td><td colspan="4">무</td><td colspan="4">유</td><td colspan="4">무</td><td colspan="4">유</td><td colspan="4">무</td></tr>
<tr><td rowspan="2">종업원</td><td colspan="10">정규사원(홀)</td><td colspan="10">정규사원(주방)</td><td colspan="10">P/A</td><td colspan="10">합 계</td></tr>
<tr><td colspan="5">남</td><td colspan="5">여</td><td colspan="5">남</td><td colspan="5">여</td><td colspan="5">남</td><td colspan="5">여</td><td colspan="5">남</td><td colspan="5">여</td></tr>
<tr><td>고객층</td><td colspan="40"></td></tr>
</table>

서비스 수준	
청소 청결 상태	
메뉴	총메뉴 수 주메뉴 수 기타 메뉴
총평	

▶ 주평에는 인테리어, 냉난방시설 상황도 기록한다.

외식창업은 입지와 상권분석에 있다고 해도 과언이 아니다. 외식창업 성공에 다양한 요소들이 존재하지만, 점포 개설 후 영업 시작 시에 점포의 입지조건, 상권으로 귀결되기 때문이다. 창업주가 직접 조사할 수 있고, 빅데이터를 통해 정보를 취합 · 조사하여, 창업의 위험도를 줄이는 것이 중요하다.

● 입지 분석

입지탐색	자료 조사 및 정보 취합
일반적 위치 선정	① 지역 선정 ② 지구 선정 ③ 지점 선정
상권분석	① 인구 통계 조사 ② 구매 현황 조사 ③ 상권 영향도 조사
특정 점포 설정	① 교통 / 도로 조사 ② 경쟁 점포 조사 ③ 교통 통행량 및 유동인구 조사 ④ 주변 상가 조사 ⑤ 가시성 조사
상권분석 및 평가	입지 선정 및 결정

입지는 점포가 위치한 곳의 외형적 조건을 말하며, 구체적으로 입지조건을 말한다. 상업지구에 속하는지 일반 주거지에 속하는지, 도로와의 거리가 얼마나 되는지, 중심부로부터 얼마나 떨어져 있는지, 가시성은 좋은지, 아파트단지와의 거리가 얼마나 되는지의 조건이 입지조건을 평가하는 기준이 된다.

여기서 지점(Point)은 평가척도로 작용한다. 1급지, 2급지, 3급지로 상권을 평가하는 것은 임대료, 권리금 수준의 토대가 되기도 한다. 임대료, 권리금은 중심부로부터 멀어질수록 낮아지게 된다. 고객의 입장에서 중심에 가까울수록 접근성이 좋아지기 때문에 경쟁관계에 놓여 있는 판매자의 선택은 중심부를 향할 수밖에 없다.

성공 창업을 위한 입지 선정

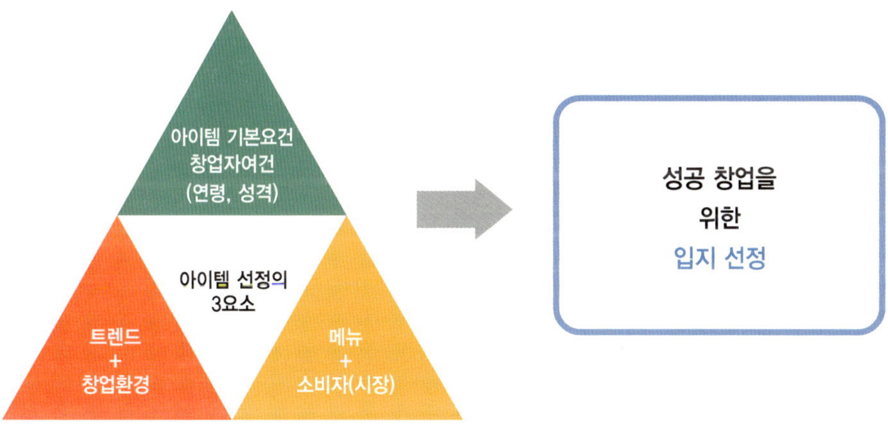

출처: 외식경영컨설팅, ㈜핌코리아

외식창업이란 시장 환경, 점포 수익성, 성공가능성을 높이는 것이 중요하며, 이러한 과정은 외식 시장의 현재, 미래를 예측하며, 향후 변화 가능성에 대한 정확한 정보 조사 및 인식이 중요하다. 입지 선정도 외식 아이템과 업종별, 아이템별 특징과 진행 방향에 맞는 입지 선정이 중요하다.

상권과 라이프스타일의 상관관계

상권은 라이프스타일과도 밀접한 관계가 있다. 직업이나 거주지 특성, 소득과 소비특징, 문화에 대한 가치, 학력수준, 지역연대감 등도 상권 특징을 파악하는 데 도움이 된다. 이런 부분은 지역성(locality)이라고 하며, 아파트단지상권, 일반주거지상권은 특징 면에서 다른 차이를 보인다. 예를 들어 같은 아파트단지라 해도 일산에 있는 신도시와 분당 신도시는 다른 라이프스타일 특징을 보인다. 고객의 특성이 상권의 특징을 좌우하는 것이다.
상권의 범위· 특성을 제대로 이해하려면, 지형적 조건과 지역의 역사 변천과정, 중심 소비세력의 가치, 만족도 습관, 쇼핑스타일 등 넓은 접근법이 필요하다. 그러므로 상권 특성에 따라 고객과 고객 특성에 따라 상권의 특성이 결정되는 것이다. 이러한 부분들을 반영하여, 마케팅전략을 수립해야 한다는 것이다.
생활용품을 판매하는 점포의 생명력은 판매 품목의 소비주기와 제품목록의 다양성에 따라 상권이 달라진다. 일반적으로 주방용품은 내구성이 강한 제품이므로 자주 구입하는 품목이 아니고, 소비 회전도 느린 편이다. 주방용품은 상권 반경을 넓게 잡아야 하기 때문에 3천 세대 이상의 아파트단지 상권에 입점해야 한다. 좋은 입지조건을 갖고 있다고 해도 수익성을 확보하기 위해서 새로운 수요를 창출해야 하는데, 아파트단지 특성상 단지 간 이동이 어려워 신규 고객확보가 어렵기 때문이다.
생활관련 업종이라 해도 얼마나 자주 구입하는 품목인가에 따라 입점지역이 달라져야 한다. 이런 경우 가능한 대로변 위치에 가까운 것이 좋으며, 가능하다면 전면이 넓은 점포가 좋으며, 외부로부터의 신규고객을 확보할 수 있다. 가끔 아파트단지 입구에 화장품 전문점, 속옷 전문점, 침구 전문점이 들어서게 되는 이유가 바로 여기에 있다.

생각해 보기

- 상권의 개념에 대해 서술하세요.

- 상권분석의 필요성에 대해 서술하세요.

- 신 메뉴 개발과 메뉴관리에 대해 서술하세요.

- 입지의 개념에 대해 서술하세요.

- 입지 분석 절차에 대해 서술하세요.

문제은행

01 상권에 관한 내용 중 틀린 것은?

① 어떤 점포 또는 일정한 상업 집적지역에서 고객을 동원할 수 있는 범위로 고객의 80% 이상이 거주하거나 통근하고 있는 지역을 말한다.

② 우리 마을 가게 상권분석 서비스는 서울시에서 운영하는 홈페이지이다.

③ 서울시 우리 마을 가게 상권분석 서비스는 유료이다.

④ 서울시에서 영세 소상공인들을 위해 빅데이터 기반으로 정보를 제공한다.

02 상권의 개념에 관한 내용 중 틀린 것은?

① 상권분석은 창업 전에 사업성이 있는가를 검토하는 것이 좋다.

② 작은 점포들은 상권분석을 하지 않아도 좋다.

③ 상권분석은 창업자가 직접 실시하는 것이 바람직하고, 부족하면 전문가의 도움을 받는 것이 바람직하다.

④ 1차 상권 같은 경우 핵심 상권이라고 할 수 있다.

03 입지에 관한 내용 중 바른 것은?

① 외식창업 성공은 입지 선정이 별로 중요하지 않다.

② 객관적 보고서 작성 및 빅데이터들을 참고해서 입지 선정하는 것이 외식창업 성공 포인트이다.

③ 입지 조사 시 영업 시간, 점수, 메뉴만 조사하면 된다.

④ 입지는 점포가 위치한 곳을 뜻하고, 무한적인 공간을 뜻한다.

04 외식 점포 입지로 좋은 곳의 내용 중 틀린 것은?

① 점포 가까운 곳에 주차장을 보유하는 곳이 입지가 좋은 곳이다.

② 점포 접근이 편리한 곳이 입지가 좋은 곳이다.

③ 고객 접근성을 위해 점포 환경, 영업시간 및 점포 이미지를 돋보이게 하는 간판 및 사인이 한눈에 띄는 곳이 입지가 좋은 곳이다.

④ 점포 인테리어가 서민적이고, 고객이 지나갈 때 수수해 보이는 곳이 좋다.

05 입지 및 상권에 대한 내용 중 틀린 것은?

① 입지는 점포가 위치한 외형적인 조건을 말한다.

② 외식창업 시 창업 위험도를 줄이는 것이 입지 조사이다.

③ 1급지, 2급지, 3급지로 상권을 평가하는 것이 입대료, 권리금, 수준의 토대가 될 수 있다.

④ 창업 시 입지는 고객 입장에서 중심에 가까울수록 접근성이 좋기 때문에 인구 통계, 구매현황, 상권 조사를 하지 않아도 된다.

정답 01 ③ 02 ② 03 ② 04 ④ 05 ④

Chapter 6

학습목표

- 창업 시 외식 점포 공간 구성을 할 수 있다.
- 외식 점포 창업 시 익스테리어, 내부 인테리어, 주방 설계를 할 수 있다.
- 외식 점포 객석 설계를 할 수 있다.
- 외식창업의 일정에 맞춰 인테리어 시공 일정을 관리할 수 있다.

창업점포 인테리어와 익스테리어

1. 창업점포 인테리어 디자인

창업점포의 인테리어 설계는 특별한 지식을 갖는 전문가의 일이라고 생각하고 전문가에 맡기는 경향이 많다. 그러나 전문가에게 전부를 맡겨버리면 정말로 원하는 점포가 되지 않기도 하고 예산도 초과될지 모른다. 점포설계 전문가에게 부탁하는 것은 당연하나 발주하는 창업자가 확실한 점포설계의 방침을 가지고 구체적인 지시를 하는 것이 기본적으로 필요하다.

물론 점포 설계의 세부적인 실무지식까지는 필요 없으나 점포의 목적을 명확하게 표현하여 인식시키는 것이 중요하다. 창업하려는 점포 유형에 따라 메뉴, 메뉴의 가격대, 맛 등 점포 콘셉트와 창업자의 경영철학 등이 담겨 있어야 하며, 창업 점포의 인테리어 디자인이 조화롭게 이루어져야 한다.

또한 인테리어 디자인은 외부 익스테리어, 내부 인테리어 디자인, 테이블 · 의자 등 가구, 음식의 스타일링이 조화롭게 이루어져 목표 고객이 한눈에 파악할 수 있도록 통일감 있게 디자인되어야 한다.

레스토랑 인테리어 디자인 요소

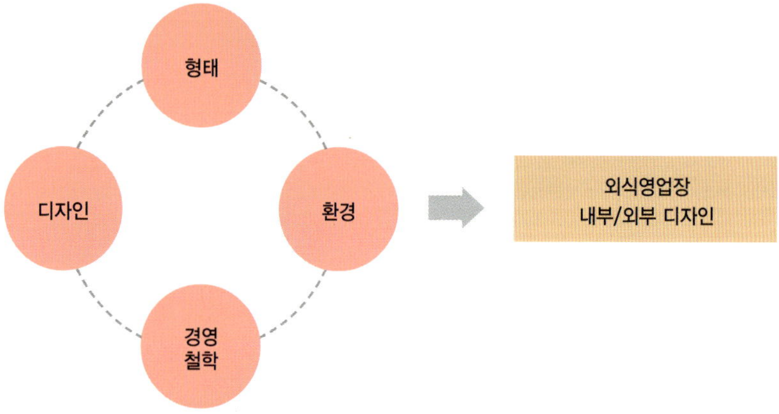

출처: 김은숙 외, 최신외식산업의 창업 및 경영, 백산출판사

외식업 인테리어 과정

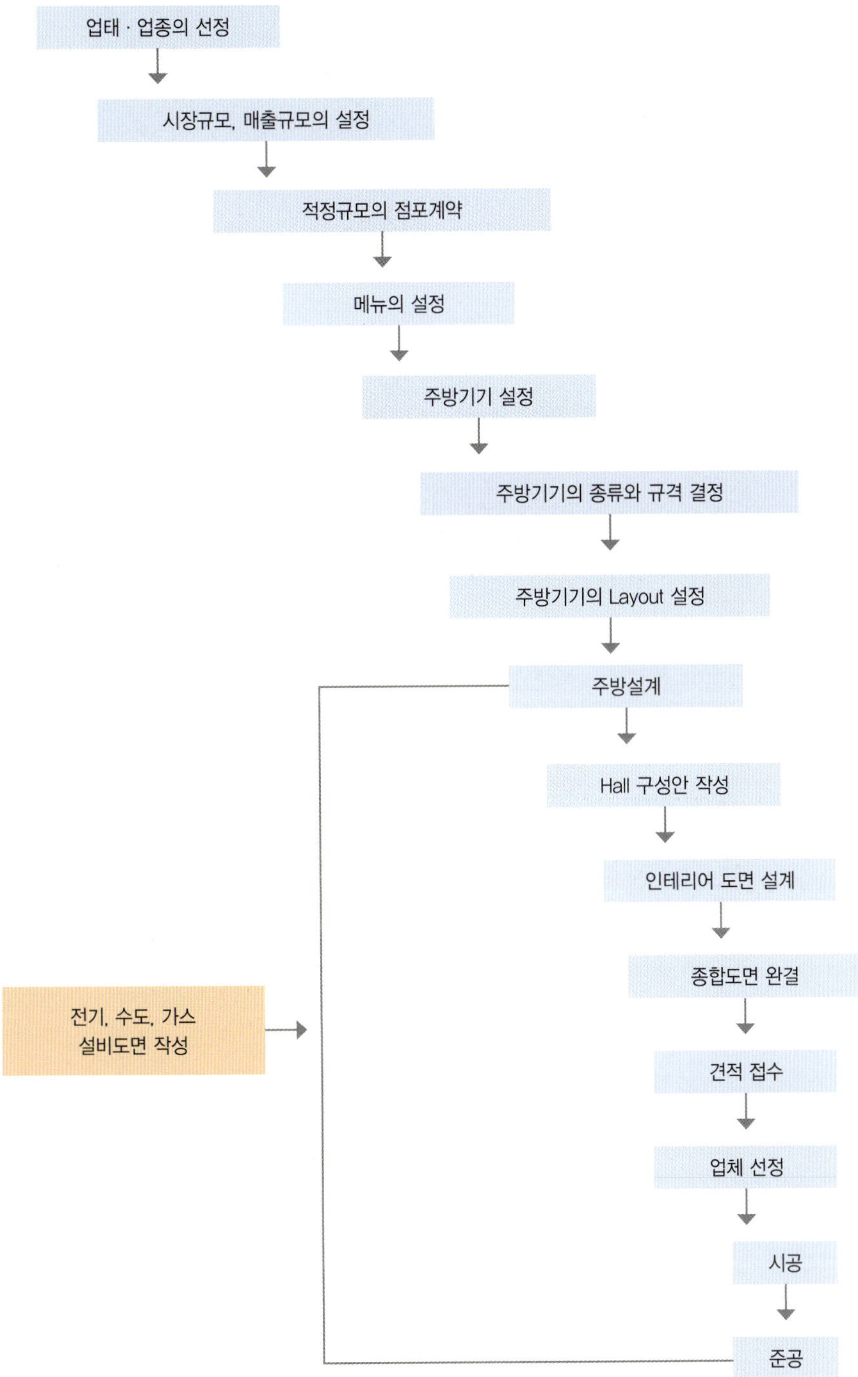

출처: 김헌희·이유경, 외식창업실무, 백산출판사

1) 외식 점포 공간 구성

레스토랑 공간은 주방과 홀, 부속시설(창고, 준비실 등)로 구성된다. 업종 · 업태가 결정되면 거기에 따르는 적절한 주방기기를 선정하고, 선정된 주방기기의 규격을 결정하여, 주방면적을 확정하고, 메뉴 객단가에 따라 홀 분위기, 테이블, 파티션, 의자 등으로 홀 인테리어를 구상하여야 한다. 레스토랑 공간은 고객 접객 서비스 공간, 주방 설비 공간, 동선으로 이어지는 통로로 나눈다. 이렇게 세 가지 존(zone)으로 나누어 놓으면 집기의 위치가 금방 드러나고 쉽게 접근할 수 있다는 이점이 있으며, 그 후 주방설계를 구상하는 것이 좋다. 주방이 설정된 후 객석설계가 이루어지는 것이 순서다. 외식 점포는 특별히 비용이 많이 들어가거나 주변 상황에 영향을 받을 수도 있기 때문에 눈에 보이지 않는 설비도 철저히 체크해야 한다.

2) 익스테리어 디자인(exterior design)

외식 점포의 외부는 고객에게 강하게 어필해야 한다. 창업을 준비하는 데 있어 업종과 점포 위치 지역이 결정되면 바로 접하게 되는 것이 점포 인테리어이며, 외부 익스테리어는 고객을 효과적으로 유인하기 위한 좋은 방법이 될 수 있다.

점포 인테리어는 외부와 내부로 나눌 수 있는데, 점포 외부는 고객들에게 음식점의 성격과 외식창업자의 아이덴티티를 표현하는 것이다. 고객들이 안심하고 식사할 수 있도록 신뢰성을 심어주어야 하며, 개방성, 활기, 안정, 일관성이 있다는 점을 인테리어 디자인을 통해 표현해야 한다. 기존의 외식업체에 있어서 동일한 지역에서 동일한 가격으로 같은 메뉴를 제공하는 데 매출이 크게 차이가 난다면 한번쯤 외식업체의 인테리어를 점검해 볼 필요성이 있다.

또한 타깃고객에 대하여, 외식점포의 특별한 이미지를 전달할 수 있어야 하며, 외식점포 인테리어에서 외부적으로 고려해야 할 사항에는 간판, 입구, 주차장 등이 있다. 외식업체의 외부는 잠재고객이 별다른 노력을 기울이지 않더라도 쉽게 찾을 수 있도록 디자인해야 하며 다양한 계층 고객을 대상으로 하는 외식업체는 앞을 지나는 고객이 내부의 분위기를 느낄 수 있도록 디자인되어야 한다.

고객이 언뜻 보아도 식욕을 돋울 수 있도록 시선을 끌 수 있는 인테리어 디자인이 필요하다. 특히 다른 점포들 속에 묻히지 않도록 디자인하는 것이 좋다. 고객들이 부담을 느낄 정도로 화려하거나, 비싼 인테리어 디자인이 좋은 것도 아니므로, 판매하는 메뉴에 따라 개성과 특성을 살리면서, 친근하고 대중적으로 꾸며야 하며, 특정한 타깃고객 대상으로 하는 경우에는 타깃고객만이 점포 안으로 들어올 수 있도록 인테리어 디자인을 하는 것이 좋다.

오사카의 점포 익스테리어

가) 점포의 간판

간판은 고객이 점포를 발견하고, 확인하게 하는 기능과 점포에 대한 이미지를 알리는 역할을 한다. 간판은 잠재적 고객이 점포와 접촉하게 되는 첫인상 같은 것이라 생각하고, 신경을 많이 써야 한다. 간판은 외식 창업자의 아이덴티티를 나타낼 줄 수 있는 컬러, 형태, 디자인이 잘 드러날 수 있도록 전문가와 상의하여, 외부 · 내부 인테리어와 조화롭게 디자인하는 것이 좋다.

나) 고객 출입이 용이한 출입구 설계

출입구는 고객이 출입을 용이하게 할 수 있도록 설계되어야 하며, 고객이 출입할 때 심리적, 물리적 부담이 가지 않게 설계해야 한다. 출입구는 손님을 맞이하는 첫 공간이므로, 작은 외식 점포라도 최대한 출입이 불편하지 않도록, 공간을 확보하는 것이 좋으며, 손님의 회전이 빠른 점포인 경우 출입문을 쉽게 여닫을 수 있는 있는 편리하고, 가벼운 소재의 출입문이 좋다. 출입구 설계 시 출입구 수, 출입구 크기, 출입방식(전후 미닫이, 좌우 미닫이, 회전문, 자동문 등), 위치와 방향, 비상구 등을 고려해야 한다.

다) 주차장 입구

외식 창업 시 고객의 성향, 라이프스타일에 따라 주차장은 아주 중요한 부분이라고 할 수 있다. 업종과 메뉴에 따라 주차장의 설계, 접근성이 고려되는 시대라고 생각할 수 있지만, 스타벅스의 드라이브 스루(DT)매장이 전체 매장의 20% 이상에 달하고, 스타벅스 DT매장 수는 2013년 4개에서 2017년 134개, 2020년 281개, 2021년 330개가 생겼으며, 한 해 50여 개의 드라이브 스루(DT)매장이 오픈한 것이다. 드라이브 스루매장은 자동차가 출입해서 출차할 수 있는 대지 면적 규모가 충족돼야 하는 제약이 있지만, 유동인구가 없는 상권에도 자동차를 이용해 방문하는 신규 고객 유입과 수요를 창출할 수 있다. 그러므로 외식 점포 창업 시 주차장 설계나 접근의 용이성이 필수가 된 시대이다.

3) 주방 설계

외식창업에서 가장 중요한 부분이 주방 설계라 해도 과언이 아닐 만큼 중요한 것이 주방 설계이다. 메뉴 조리의 효율성, 코로나19 이후 더 중요해진 주방의 위생, 안전 이슈로 더욱 중요한 부분이 주방 설계이다. 또한 오픈 주방의 경우 조리 시 더욱 위생에 신경 쓰이는 부분도 있겠지만 고객에게 신뢰를 주는 부분도 있다는 점을 명심해야 한다.

주방은 외식 점포 면적의 몇 %를 차지해야 한다는 제안은 없지만 미국, 일본 등 선진국의 주방 설계 부분을 살펴보면 패밀리레스토랑은 40~45%, 주점이나 Bar는 18~25%, 식음료 카페 등은 15~18%, 패스트푸드 전문점은 20~25% 정도로 설계하고 있다.

우리나라 외식점포들은 업종과 메뉴 수에 따라 다르지만 대략 25~35%로 설계하고 있다. 주방 설계 이전에 대략적으로 건물 전체의 구조를 살펴보아 급수, 배수 라인과 출입구 배치나 상황을 살펴보고, 주방의 위치와 크기를 설계해야 한다.

주방 설계 시 고려사항

- 주방과 홀의 위치는 스태프들이 서비스하기 편리한 동선으로 결정한다.
- 메뉴 수, 메뉴 종류, 메뉴 조리방법을 먼저 결정한다.
- 조리방법에 따라 주방에서 조리할지 객석에서 서비스하면서 조리할 것인지를 결정한다.
- 예상 최대 판매 개수를 설정하고, 1시간 기준 최대 판매개수 생산량을 설정해 본다.
- 메뉴 판매량에 따라 냉장고, 냉동고, 창고 스페이스 등을 결정한다.
- 조리를 효율적으로 할 수 있는 주방기기들을 선정한다.
- 주방기기와 기기 사이 작업 동선을 1.2~1.3m 이상 확보한다.
- 위의 사항으로 주방 Layout을 만들어본다.
- 주방 바닥은 미끄럽지 않은 마감재로 하고, 바닥, 벽체 마감재들은 직접 샘플을 보고 결정한다.
- 온수공급라인을 확보하고, 배수시설을 확보해야 한다.
- 주방설비에 따른 전기전압 및 전력의 용량을 충분히 확보한다.
- 도시가스 설치 여부, 후드, 흡기, 배기 설비 등을 확인한다.
- 주방기기의 종류, 규격을 기록한 List를 도면 뒤에 첨부한다.
- 주방기기들의 Layout이 합리적인지 체크한다.

4) 점포 객석 설계

외식창업 시 내부 인테리어 부분인 객석 설계부분은 메뉴의 가격결정요소에 중요한 영향을 끼칠 뿐 아니라 메뉴와 서비스가 같다면, 분위기가 고객들의 레스토랑 결정 시 많은 부분을 차지할 것이다.

시각적인 요소들이 음식의 맛을 좌우하는 아주 중요한 요인이 되기도 하는 만큼 창업 점포의 특성에 따라 "어떤 메뉴를 고객에게 제공하고, 어떠한 고객층에서 얼마에 팔까?"를 결정한다면 고객의 입장에서 편히 이용하고, 셰프들이 메뉴를 조리하기 쉬운 레이아웃(Lay-Out), 또는 홀에서 고객에게 메뉴나 식음료를 제공하기 쉬운 동선으로 직원들의 효율성을 높일 수 있는 내부 인테리어 설계가 중요하다.

가) 의자와 테이블

고객이 식사할 때 가장 오랜 시간 가까이하는 가구가 있다면, 의자와 테이블일 것이다. 의자와 테이블은 고객의 식사 시간 내내 기분과 컨디션을 좌우하는 아주 중요한 요소이다. 메뉴의 코스에 따라 식사 시간이 길어지게 되면, 의자와 테이블이 안락해야 매출을 높일 수 있기 때문이다.

의자의 크기, 높이, 형태, 배열, 소재 등이 중요하고, 테이블 사이즈는 메뉴와 객단가에 따라 달라져야 하기도 한다. 의자와 테이블의 형태와 치수는 쾌적한 식사의 기본적인 요소이며, 인체공학적인 설계로 고객이 식사 시 불편하지 않게 설계되어야 한다.

또한 객석의 의자와 테이블의 배열은 고객들의 성향에 따라 커플의 이용이 많은지 그룹의 모임이 많은지, 혼자 이용하는 고객이 많은지에 따라 고객 성향에 따라 배열하는 것이 좋으며, 특수한 상황이나 영업 중 배열이 용이할 수 있는 의자와 테이블 디자인을 선택하는 것도 중요하다. 외식점포 성격에 따라 마주 보고 앉을 수 있게 하거나, 바깥을 향해 원심적으로 앉을 수 있게 배열하거나 점포 성격에 따라 배열하는 것이 좋다.

의자와 테이블은 고객들의 물리적인 편안함을 주는 기능도 있지만, 심리적인 안정감을 주는 배열도 중요하다. 고객들의 심리적인 부분들을 배려하여, 외식점포의 객석을 설계하는 것도 중요한 요소이다.

점포의 기능도 중요하지만, 공간의 경제성도 중요한 부분이므로, 적절하게 설계할 필요가 있다. 객단가가 높은 점포일 경우 고객들의 심리적 안정감을 위해 의자에 앉았을 경우 시선에서 옆 테이블을 살짝 가려주는 파티션이 있거나 오브제들의 역할도 필요할 것이고, 내부 인테리어와 객석 배열의 조화가 중요하다.

객석의 구성별 밀도

객석의 구성	각 열 정사각형 테이블			각 열 직사각형 테이블	
	평행 2석	평행 4석	대각 4석	평행 4석	평행 6석
좌석 패턴		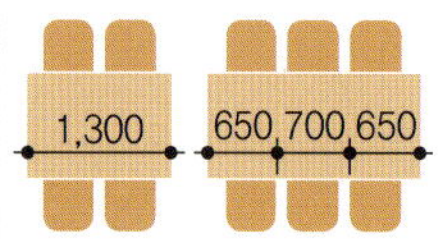	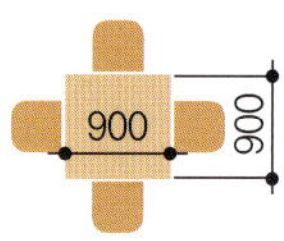	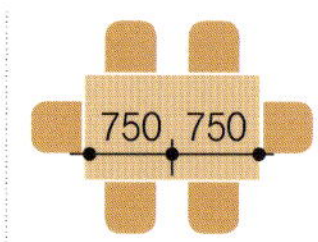	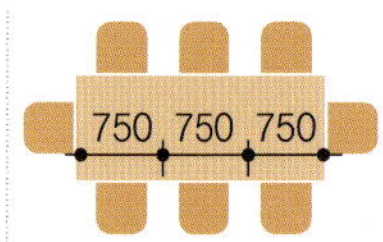
밀도 (m²/인)	1.7~2.0	1.3~1.7	1.0~1.2	1.3~1.5	1.0~1.3

객석의 구성	원형식탁	박스형
	원주 4석	대면 4석
좌석 패턴		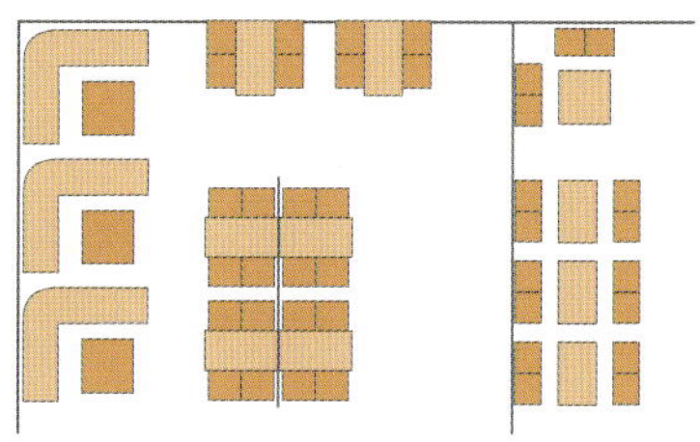
밀도 (m²/인)	0.9~1.4	0.7~1.0

의자와 테이블의 크기는 점포의 크기나 형태, 업종, 고객층, 입지에 따라 차이가 있겠지만 식음료 점포의 경우는 최소한의 사이즈로 설계하며, 메뉴의 객단가가 높을수록 테이블의 사이즈가 커지는 것이 일반적이다.

식사 중심의 점포 4인용 테이블의 사이즈는 가로 최소 110cm, 세로 80cm 이상 설계하는 것이 좋다. 한 사람의 어깨 사이즈를 평균 45cm로 볼 때 최소 공유 공간 15cm를 감안한 사이즈이다. 편안한 좌석을 확보하고 싶다면, 공유 공간을 늘릴수록 고객과 고객들의 마주보는 시선들이 편안해질 수 있다.

나) 동선 계획과 통로

외식점포는 고객에게 주방에서 메뉴가 나와 음식이 식지 않은 채 빠르게 고객에게 서비스할 수 있는 동선이 필요하며, 직원들이 고객에게 원활하게 서비스

할 수 있는 동선과 통로 설계가 필요하다.

서비스 동선을 단순화하고, 직원 보행 거리를 단축시킬 수 있는 효율적인 동선 계획이 필요하다. 점포의 규모에 따라 달라지지만 주요 통로는 직원들이 혼자 다닐 수 있는 최소 60cm 이상이 필수이고, 바쁜 매장이라면, 2명의 직원이 동시에 지나갈 수 있는 통로 확보가 필수이다. 메인 메뉴와 식음료 메뉴의 서비스 동선이 겹치지 않는 것도 중요하며, 주요 통로는 90~120cm 이상 확보하고, 갈라진 부통로는 최소 60~90cm로 설계하는 것이 좋다.

2. 인테리어 업체 선정

인테리어 업체를 고를 때는 그 업체가 시공한 매장을 먼저 방문해 보고 회사에도 직접 가보는 것이 좋다. 창업자가 인테리어 가격정보에 정확한 지식이 없으면 인테리어업체의 견적서를 2~3개처 이상 받도록 해야 하며 업체 간의 가격 경쟁으로 인하여 싼 금액의 업체를 선정했을 경우 공사기간을 단축할 목적으로 공사를 진행하면서 설계도를 작성하는 경우가 발생하기도 하여 공사비를 증가시키는 요인이 되기도 한다.

점포 꾸미기에 앞서 창업자가 인테리어 업체에게 개략적으로 시공기간 등을 물어 잠정적인 스케줄을 잡아둔다. 중소규모 식당은 20~40일, 대형 점포는 60~90일 정도의 시일이 걸린다. 점포설계는 인테리어 업체가 설비도면을 작성하여 일정계획 아래 공사를 진행시켜야 하며 창업자가 전문적인 지식이 부족한 경우 최소한 어느 곳의 무슨 점포가 좋다는 의견을 제시하는 정도의 노력은 필요하다.

1) 외식업 점포 인테리어 점검 포인트

공사 전 체크리스트

• 외식업의 점포 인테리어 포인트

① 업종별 특징과 차별화 전략을 세운다.

② 주방을 어느 쪽에 배치할 것인가를 먼저 결정한다.

③ 실내공간의 여유, 즐거움, 기능성 등을 고려하여 객석을 구성한다.

④ 감각적인 분위기를 연출하고 마무리 재질, 색채, 구성 등으로 손님의 기호를 맞춘다.

⑤ 마감재와 조명과의 조화를 고려해 어두운 이미지보다는 밝고 경쾌한 디자인으로 꾸민다.

⑥ 제공하는 음식의 가격, 품위, 속도에 따라 각각의 특징을 살려서 구성한다.

☞ 음식이 값싸고 스피드를 요구하는 것과, 고가이며 품위를 중요하게 생각하는 것을 고려하고 백열등은 음식이나 사람을 맛있고 아름답게 조명하나 더운 느낌이 있고, 형광등은 찬 느낌이 있으니 수나 위치에서 조화롭게 사용한다.

⑦ 전반적인 위생에 대한 충분한 배려가 있어야 한다.

건축적 요소	전기적 요소	위생적요소	기타 요소
• 평면의 형태 • 면적 • 천장 높이 • 천장 매입 등 설치여부, 천장 내부의 상태 • 아래층 유무상태 • 기존구조와 마감상태 • 채광상태, 방음상태 • 기존공간의 법적 용도	• 해당 전기용량 확인 비상전력공급여부 전화 설비상태, 전기요금 산출방식	• 위생 배관의 위치 냉·난방 설비의 위치 가동 시간대 확인 • 급배기 등 환기상태 소방설비의 방식	• 건물주와 설계자와의 관계 확인 • 건물의 등기상 문제 • 건물주측의 요구사항 여부 • 해당 관공서 위치 확인

공사 인테리어 시 주의사항

• 외식업의 점포인테리어 포인트

① 주방, 계단, 화장실 등 공유면적을 제외한 순수한 전용면적의 엄밀한 실측이 필요하다.

② 천장자재, 벽체, 바닥, 전등의 형태, 위생변기 등 어떤 자재와 제품을 사용하는지를 파악

③ 특수한 경우를 제외하고는 인테리어 비용을 추가시켜서는 안 된다.

④ 빨리 개업할 생각으로 공기를 단축하면 하자공사가 되어 영업을 중단할 경우도 발생

⑤ 점포는 어디까지나 영업에 필요한 기능으로 설계되고 건축되어야 한다.

⑥ 인테리어 업자에게도 일정표를 작성케 하여 중간중간 공사진행 현황을 체크한다.

⑦ 중소규모 점포는 유사점포를 인테리어 업자와 함께 방문하는 것이 좋다.

프랜차이즈 카페 브랜드 C.I 및 내부 인테리어와 외부 인테리어 사례

	외부전경	내부 인테리어	C.I(로고)	벽면	Table	커피잔	홈페이지
스타벅스							
이디야							
탐앤탐스							
할리스							
카페베네							
폴바셋							
엔제리너스							
투썸플레이스							
파스쿠찌							
커피빈							

2) 인테리어 실시 설계의 항목별 체크사항

중요항목	체크해야 될 포인트
특기사양서	• 도면에 표시할 수 없는 부분이나 공사에 관한 상세한 내용을 정리하기 위하여 도면에 특기사항을 확인한 내용 • 도면에 이러한 표시가 없을 때 계약서에 명시
공사보증	• 공사완료 후 하자보증기간 확인, 특히 설비기구가 노후화되어 누수 등 긴급한 사항의 발생 시 대처방법 등을 체크
화재보험 및 산재보험의 가입	• 인테리어 공사 총집행예산을 참고하여, 시공업자에게 화재보험에 가입 권유 • 건축공사인 경우는 낙반사고, 기타 안전사고 등이 빈번히 발생하므로 산재보험에 가입하는 것이 좋음
공사지연 책임	• 공사스케줄에 따라 공사가 시행되지 않고 공사를 지연시킨 경우 천재지변 등 불가항력의 요인 이외에는 거의가 시공업자의 책임 • 명확히 하지 않는 경우 개점일자 지연으로 인한 건물임대료, 인건비 부담, 대외 신용도 등에 막대한 지장을 초래하므로 이 조항을 명확히 기입 필요(예를 들면, 공사지연 1일마다 전 공사비의 몇 %를 삭감한다는 내용을 계약서에 명확히 삽입해 둔다.)
도로 사용권 및 인근 주택사무실과의 업무조정	• 건축공사나 인테리어 공사를 시행할 때 반드시 공사에 따르는 소음과 원자재 입고 및 구축물 철거에 따르는 먼지 등으로 이웃과 문제가 발생하는 경우가 많으므로 미리 공용도로 사용허가가 필요할 때는 해당관청에서 허가를 받아 공사를 집행하는 것이 좋으며 소음, 먼지 등에 대해서는 철저한 칸막이 공사와 민원이 발생하지 않도록 하는 모든 업무는 인테리어 업자의 책임하에 진행하도록 업무 조정
입면도	• 입면도는 건물의 모양을 사방에서 본 도면이다. 또한 실내의 벽을 중심으로 표시한 도면을 검토
도어	• 각 창호의 개폐 방향과 규격, 사무실이나 주방출입구, 화장실 출입구의 규격 등을 확인
벽 디자인	• 벽면의 내장디자인과 건축자재를 확인. 특히 주방의 벽면에는 주방기기가 위치하므로 방수부문과 일정높이의 타일작업이 되어 있는지는 반드시 확인(주방 벽 타일은 일반적으로 흰색을 사용)
높이	• 판토리, 디쉬업, 카운터의 높이 확인. 일반적으로 판토리는 85cm, 디쉬업은 100~125cm, 카운터는 75~100cm가 일반적임
바닥의 단차	• 기존건물에 주방을 만들 때 급배수라인(트렌치)을 설치해야 하므로 보통 플로어보다 15~20cm의 단차가 생김. 서빙 시에 왜건 등을 사용할 때에는 판토리 에리어나 디쉬업 에리어까지 왜건이 들어올 수 있도록 했는지 확인
의자와 테이블	• 의자와 테이블의 높이와 규격을 확인 • 테이블의 규격과 위치 설정도 명확히 체크(객석 수와 객석의 분위기가 여기에서 결정되기 때문이다.)

천장 도면	• 천장의 마감자재, 모양, 조명 등(샹들리에) 공조기기 점검구, 배기, 흡기 위치, 닥터 등의 설비도면이 포함되어 있는지 확인 • 지붕에 배기부로아를 설치할 때에는 동력(마력수)도 확인
조명	• 조도와 조명기구 수, 모양을 도면에 표시하거나 샘플, 카탈로그를 확인
냉난방 공조기기	• 냉난방 공조기기의 위치, 객석과의 관계가 합당한지의 확인, 천장의 요철부문에 직접 닿지 않는지 여부를 확인
창호도	• 출입구, 창문의 규격 일람표와 위치-종류별, 기자재명, 스텐 혹은 스틸(금속)물의 두께표시 등을 체크 • 창호의 폭, 위치, 개폐방향, 방식 등을 확인
문	• 뒤쪽이나 주방에 연결된 문은 종업원의 통로이기 때문에 더러움 용이(흰색보다는 손때가 잘 묻지 않는 자재를 사용하는 편이 좋으며 최소한 폭은 70~90cm는 되어야 할 것이다.)
설비도면	• 전기, 급배수, 냉난방 공조, 가스 등 점포의 설비에 관한 내용을 확인
전기	• 콘센트 위치, 주방, 사무실, 객석별로 전압과 와트수가 명확히 설정되었는지 분전반의 위치는 정확한지를 확인
레지스터	• 전화나 레지스터(금전등록기) 배선공사는 사전에 설계자에게 의뢰해서 누락되지 않도록 확인
배수	• 주방의 배수방식은 어떻게 되어 있는지? GT(그리스트랩)의 위치는 주방의 작업에 지장 없도록 설정되어 있는지? 확인
화장실	• 악취방지 장치나 환풍기, 통기관이 계획되어 있는지 확인
방수공사	• 방수공사 담당자(회사)의 보증서 확인
미터기	• 수도, 가스, 전기 등의 미터기 설치장소를 확인
주방공사	• 주방의 각종 기기를 표시한 도면, 주방업체가 작성한 도면 확인
레이아웃	• 메뉴에 따른 주방 레이아웃이나 생산능력을 체크
배치	• 주방기기가 작업동선에 맞도록 배치되어 있는지 체크
주방기기	• 내장공사와 같이 견적서를 2개처 이상 받아 비용 견적 검토
공사범위	• 주방공사 범위를 확실히 하고, 주방기기 설치공사까지를 포함시켰는지 확인

출처: 김헌희·이유경, 외식창업실무, 백산출판사

시공 완료 시의 최종 체크항목

항목	체크항목
간판	• 간판의 부착상태가 최초에 약속대로 정해진 위치에 부착되어 있는지 확인
입구 출입문	• 입구의 자동도어나 문의 개폐상태가 합리적이며, 문의 설치가 튼튼하게 작업되어 있는지 확인
벽, 천장	• 구석의 공사가 말끔하게 마감되었는가? 벽과 천장 끝의 마감자리, 벽과 플로어의 마감자리 특히 걸레받이 처리는 잘 마감되어 있는지 확인
테이블 위치	• 테이블과 의자를 평면에 놓았을 때 비뚤어지거나 흔들거리지 않는가? 테이블 높이는 설계도면대로 만들어졌는지 확인
조도	• 외식 점포의 밝기는 적당한지 확인
설비	• 전기, 가스, 수도(수압), 배수구, 배기 등은 모든 계기가 정상 작동되고 설비에 제대로 배선이 되었는지 확인
화장실	• 좌변기, 양변기, 페이퍼홀더, 비누곽, 기타 제품은 제대로 놓여 있는가? 특히 거울은 그 면이 깨끗한지를 확인
각종 계기	• 가스, 전기, 수도의 미터기, 스프링클러 설비는 완벽한지를 확인
공조기	• 정상 가동되는지, 계절에 관계없이 가동되는지 확인
배기	• 난방배기는 정상 가동되는지 확인
배수	• 그리스트랩 배수경로는 제대로 경사되어 있고 배수의 역류현상이 일어나지는 않는지 확인

출처: 김헌희·이유경, 외식창업실무, 백산출판사

3) 인테리어 계약서 사례

인테리어 디자인 표준설계 계약서 sample

인테리어 디자인 표준설계 계약서

설계명	
위치	
용도	
설계면적	

위 용도의 인테리어 설계를 하기 위하여 설계의뢰자 " "(이하 '갑'이라 한다.)는 인테리어 디자이너 " "(이하 '을' 이라 한다.)에게 설계 업무를 위촉함에 있어서 사단법인 한국 인테리어 디자이너 협회의 인테리어 업무 및 보수기준과 윤리 강령, 윤리규정에 의거하여 다음과 같이 계약을 체결한다.

제1조 설계보수액은 일금 원정(₩)으로 한다.

제2조 '갑'은 계약을 체결할 때에 '을'에게 계약금으로 제1조의 설계보수액의 30%를 지불하고 설계업무 진행에 따라 30%를 중간불로 지불하여야 하며 잔액은 설계완료 시 지불한다.(인테리어 디자이너 협회 보수기준 3조 5항 참조)

제3조 설계업무의 실행기간은 계약일로부터 일간으로 한다.

(1998년 월 일부터 1998년 월 일까지)

단, 다음 각호의 경우에는 설계기간을 '갑'과 '을'이 협의하여 업무실행기간을 연장할 수 있다.

1. 천재지변 또는 이에 준하는 부득이한 사유가 발생한 때
2. 갑이 계획을 변경하거나 또는 관계법규가 개정되었을 때

제4조 '갑'이 '을'에게 위촉하는 설계업무는 인테리어 디자이너 협회 보수기준 제2조사항 중 다음 각호의 내용 중에서 '갑' '을' 쌍방이 협의하여 채택하고 그 이외의 부분은 삭제한다.

1. 기획설계
   - 가. 의뢰자의 의도, 목적, 기본방침에 관하여 일반적인 협의, 필요한 자료의 조사검토
   - 나. 입지조건, 건물의 상태, 이용자 등 제 조건의 조사, 검토 및 계획의 조정
   - 다. 관계법령에 따라 기술적 제 문제에 관한 협의 조정
   - 라. 기본구상, 운영방침, 시설개요, 공기, 예산배분 등을 표시하는 계획도서의 작성
2. 기본설계
   - 가. 설계 이미지 스케치
   - 나. 평면도, 전개도, 천장평면도, 일반 단면도
   - 다. 설계 설명서
   - 라. 공사비 계산서 및 공정 개요서

3. 실시설계

가. 평면도, 전개도, 상세도의 작성

나. 상품, 전시품들의 배치, 공간구성, 연출에 따르는 도서 작성

다. 가구 집기구의 배치 및 선정

라. 공사비 명세서

마. 공사 시방서 및 특기 시방서

바. 관계법령에 따른 허가 수속에 따른 협력

제5조 '갑'은 '을'이 설계업무를 수행하는 데 필요한 다음 각호의 자료를 요구할 때에는 즉시 제공하여야 한다.

1. 설계업무에 필요한 제반자료
2. 각종 관련도면(건축, 설비, 전기, 조경)

제6조 '을'이 설계업무를 수행하는 동안 '갑'이 이 계획을 변경하거나 관계법규의 개정으로 인하여, 이미 진행한 설계업무의 상당한 수정 또는 재설계를 요할 때는 '갑'은 '을'에게 한국 인테리어 디자이너협회 보수기준(3조 3항)에 의하여 보수액을 추가로 지불하여야 한다.

제7조 '을'이 작성한 설계도서의 하자로 인하여 실내공사 진행 중 문제점이 발생되었을 때에는 '을'의 책임하에 이를 해소시켜야 한다.

제8조 '갑'은 '을'에게 다음 각호의 사항을 의뢰하고자 할 때에는 실제 소요경비를 별도로 우선 지급하여야 한다.

1. 제5조의 자료를 위탁하는 경우
2. 본 업무수행을 위하여 출장할 경우
3. 본 업무수행을 위하여 각종 시험 등이 필요한 경우
4. 해외 기술자문을 필요로 할 경우
5. 실내 모형, 투시도의 제작을 요하는 경우
6. 제9조의 납품도서 이외에 추가로 요하는 경우

제9조 '을'은 '갑'에게 완성된 설계도서를 청사진으로 3부 작성하여 계약기간 내에 납부하여야 한다.

제10조 설계도서의 저작권은 '을'에게 귀속되며 '갑'은 본 설계도서로서 다른 위치에 재사용할 수 없다.

제11조 '갑'은 제1조의 보수 금액을 완불하지 아니하고는 본 계약에 의한 도서를 행사하거나 사용할 수 없다.

제12조 '갑'은 설계계획의 전체 또는 일부의 실시를 중지하거나 폐지하는 경우라도 이미 수행한 업무에 대한 보수는 한국 인테리어 디자이너 협회 보수기준에 의하여 '을'에게 지불해야 한다.

제13조 '을'이 정당한 사유 없이 설계업무를 지연시켰을 때에는 설계보수액에 대하여 매 1일마다 1000분지 2에 해당하는 지체상금을 '갑'에게 지불하여야 한다.

제14조 본 계약에 의하여 발생되는 권리의무는 상호 간의 승인 없이 제3자에게 양도 또는

해지할 수 없다. 단, '갑' '을' 공히 고의적으로 계약이행을 태만히 하거나 계약이행의 능력이 없어졌다 인정되었을 때에는 상대방에 문서로 통지한 후 협의하여야 하며 통지일로부터 30일 이내에 협의가 되지 않았을 때에는 일방적으로 계약을 해지할 수 있다.

제15조 본 계약에 기재되지 아니한 필요한 사항은 별지에 명시하여 첨부하고, 업무진행중 이의가 발생될 때에는 법상 해석이나 관례에 따라 '갑' '을'이 협의하여 결정한다.

상기 계약을 증빙하기 위하여 본 계약서 2통을 작성하여 '갑' '을'이 서명, 날인하고 각 1통씩 보관한다.

년 월 일

설계의뢰인(갑)
성 명 : (인)
주 소 :
주민등록번호 :

인테리어디자이너(을)
사 무 소 명 :
사무소소재지 :
대 표 자 명 : (인)

생각해 보기

- 외식업 인테리어 과정에 대해 서술하세요.

- 외식 점포 공간 구성에 대해 서술하세요.

- 익스테리어 디자인(exterior design)에 대해 서술하세요.

- 주방설계 시 고려사항에 대해 서술하세요.

- 외식업 점포 인테리어 공사 전 체크리스트에 대해 서술하세요.

문제은행

01 **외식창업 시 인테리어 설계 내용 중 바른 것은?**

① 외식창업 점포의 인테리어는 특별한 지식 분야이므로 전문가에게 전부 맡기면 된다.

② 점포 설계는 전문 영역이나 창업자가 점포 설계의 방향을 가지고, 전문가와 협업하는 것이 좋다.

③ 창업 점포 유형에 따라 메뉴, 가격대, 맛 등과 관련없이 예쁜 인테리어가 중요하다.

④ 인테리어 디자인은 외부 인테리어가 가장 중요하다.

02 **외식업 인테리어 과정 중 틀린 내용은?**

① 인테리어 과정에서 업태, 업종 선정을 가장 먼저 해야 한다.

② 업태, 업종 선정 후 시장 규모, 매출 규모의 설정 후 적정 규모의 점포 계약을 하는 것이 좋다.

③ 주방 기기 종류와 규격을 결정 후 메뉴를 설정한다.

④ 메뉴 설정 후 주방 기기를 전정한다.

03 **익스테리어 디자인(exterior design) 내용 중 틀린 것은?**

① 외식 점포의 외부는 고객에게 강하게 어필하는 것이 좋다.

② 점포 외부는 고객들에게 음식점의 성격과 외식창업자의 아이덴티티를 표현하는 것이 좋다.

③ 비싸 보이는 익스테리어 디자인이 좋다.

④ 고객들이 안심하고 식사를 할 수 있도록 신뢰성을 심어주어야 하며, 개방성, 활기, 안정, 일관성이 있다는 점을 인테리어 디자인을 통해 표현하는 것이 좋다.

04 주방 설계 시 고려해야 하는 내용 중 틀린 것은?

① 주방과 홀의 위치는 스태프들이 서비스하기 편리한 동선으로 결정한다.

② 메뉴 판매량에 따라 냉장고, 냉동고, 창고 스페이스 등을 결정한다.

③ 주방기기와 기기 사이 작업 동선을 2~3m 이상 확보한다.

④ 주방 바닥은 미끄럽지 않은 마감재로 하고, 바닥, 벽체 마감재들은 직접 샘플을 보고 결정한다.

05 외식업 점포 인테리어 공사 전에 체크해야 할 내용 중 틀린 것은?

① 주방을 어느 쪽에 배치할 것인가를 먼저 결정한다.

② 감각적인 분위기를 연출하고 마무리 재질, 색채, 구성 등으로 손님의 기호를 맞춘다.

③ 실내공간의 여유, 즐거움, 기능성 등을 고려하여 객석을 구성한다.

④ 전반적인 위생보다 메뉴 가격이 비싸게 나갈 수 있도록 인테리어하는 것이 좋다.

정답 01 ② 02 ③ 03 ③ 04 ③ 05 ④

카페부터 레스토랑까지

따라 하기 쉬운

외식 창업

Chapter

7

학습목표

- 창업 시 필요한 창업소요자금의 종류를 이해한다.
- 업장 운영으로 인한 손익계산서를 이해한다.
- 부가가치세와 종합소득세의 개념을 이해한다.

외식창업자금과 세금관리

부가가치세 절세하는 카드 사용요령

1) 매출은 제대로 신고한다

- 매출 누락 발견 시에는 가산세를 부담하여 납부해야 하므로 매출은 누락 없이 제대로 신고하는 것이 유리

2) 매입세금계산서 받는 시기가 있다

- 돈을 먼저 주는 것보다 세금계산서를 받고 돈을 주는 경우가 사업에 있어서는 월등히 유리
- 돈을 지급하고 세금계산서를 못 받으면, 매입비용이 인정되지 않아 부가가치세와 소득세를 더 내야 하기 때문

3) 사업과 관련한 비용을 쓰는 카드 정하기

- 국세청 현금영수증 사이트에 등록한 사업용 카드를 쓰는 것이 좋다
- 카드를 등록해 놓으면, 사업과 관련해서 쓰는 비용에 대해 부가가치세 신고 시에 놓치지 않고 비용인정이 가능

구분	현금만 지급	영수증 수령	사업자 지출증빙
부가가치세	공제 안 됨	공제 안 됨	공제 가능
소득세	비용인정 안 됨	비용인정 가능	비용인정 가능

4) 현금으로 쓰는 비용은 사업자 지출증빙 요청

- 부가가치세 공제와 소득세 비용인정이 가능하므로 제대로 된 증빙을 받는 것이 유리함

출처: 이데일리(2019.7.6)

1. 외식창업자금

1) 외식창업자금

외식창업자금이란 외식업을 창업하는 데 들어가는 준비단계, 창업단계, 창업 후 6개월 정도를 유지할 수 있는 운전자금을 포함한다. 창업을 준비하는 예비창업자는 창업을 위한 아이템 및 입지, 임대계약, 인테리어, 조리기물, 조리도구, 아이디어 등 여러 가지 준비를 해야 하지만 창업에 필요한 자금도 반드시

준비해야 한다. 보통 창업자금의 50% 이상은 자기자금으로 하는 것이 바람직하다. 외부에서 너무 많은 자금을 조달하면, 창업 초기부터 부채상환 및 자금 압박이 일어날 수 있기 때문이다. 또한 창업 초기에는 뜻하지 않은 곳에 자금이 필요한 경우가 많기 때문에 창업을 시작하기 전부터 은행 등 금융기관의 자금, 정부지원자금에 대한 정보를 수집해 자금마련과 수지계획을 세워둬야 한다. 창업 시 여윳돈을 남겨놓고 창업에 투자해야 하는데, 창업 후 6개월 동안 자금이 동원될 수 있도록 운전자금을 남겨놓아야 한다. 운전자금이 넉넉하면 좋겠지만 최소 기본생계비는 최소 3~4개월 정도를 비축해 두어야 하며, 투자금을 모두 초기투자비로 투자하지 말고 최대한 절약해서 창업을 시작해야 한다. 아래 표는 창업 시에 필요한 소요자금을 정리한 것이다.

창업 시 필요한 소요자금

항목		비고
사업장	보증금, 권리금	• 보증금: 점포 임대인에게 지급하는 돈으로 나중에 돌려받음 • 권리금: 토지 또는 건물의 임대차에 부수해서 그 부동산이 가지는 특수한 장소적 이익의 대가로 전 사업자에게 지급하는 금액. 장사가 잘 되지 않아 나올 경우 돌려받지 못할 가능성도 있음
시설비	인테리어	철조공사, 목공, 조명, 페인트, 금속, 바닥, 유리, 후드, 네온, 주방, 화장실, 가스, 주방작업대, 홀작업대 등
	간판비	간판
	설비시설비	전기, 가스, 난방, 냉방 등
	익스테리어	외관, 파사드, 사인물 등
설비 및 비품구입비	전산비용	포스, 키오스크 등
	비품	냉장고, 냉동고, 열원, 살균기, 식탁, 의자, 식기, 조리도구, 메뉴판, 청소용품, 사무용품, 기타
기타	초기 상품비	식재료, 포장용품, 소모품
	홍보, 광고비, 개업준비비	개업기념품, 현수막, 전단지 등
	초기운전자금	
	예비비	
	종사원 선발 및 교육비	
	집기 부품비	

창업자들은 대부분 첫 사업이라 시설 설비를 규모 있게 하고, 설비나 기물을 새것만 고집하는 경우가 많은데, 주방집기나 비품은 중고제품을 활용하는 것도 좋은 방안이다. 중고제품은 구매 첫해나 2년째의 가치 하락이 매우 크다. 외식업은 개점과 폐점, 업종 전환이 많은 산업이므로 중고시장으로 유입되는 신품 같은 중고 기기들이 많기 때문에 이를 활용하는 지혜가 필요하다.

● 중고제품 구입 시 주의사항

중고기기 기물 구매 시 주의사항
• 중고기기를 탐색하기 전에 신제품에 대한 정보를 수집
• 제품과 모델의 수리 내역서를 요청
• '개조된 기기', '재제작된 기기'의 의미 파악
• 기물의 제작연도와 내역을 확인
• 중고기기 공급업체의 거래 방침 확인
• 온라인 검색 활용
• 견본품 구매가능성 확인
• 중고품 구매로 시간 절감
• 녹슨 제품, 짜깁기한 기기, 외관상 흠집이 심한 제품은 구매하지 말아야 함

2) 창업자금

가) 창업자금의 조달

창업자금은 다양한 경로로 확보할 수 있다. 창업자금의 종류를 알아보자.

(1) 본인부담

창업자가 창업자 자신의 돈을 투자하는 것으로 가장 일반적인 창업자금 동원 방법이다. 부동산, 연금, 저축, 주식, 기타 자산 중 현금을 동원하고, 부족한 돈은 대출을 받기 위한 담보로 활용할 수 있다. 이때 주의할 것은 외식업 창업 시 창업 초기에 자금이 계속 들어갈 수 있고, 수익이 나지 않아 경제적 어려움에 빠질 수 있으므로 본인의 모든 재산을 동원하여 창업하는 것은 바람직하지 않다.

(2) 가족이나 지인

창업자의 가족이나 친구에게 돈을 빌려 창업자금을 마련하는 방식이다. 창업 초기 오픈만 하면 많은 수익이 날 것 같아 가족이나 지인에게 돈을 융자하여 투자하지만 생각보다 장사가 잘 되지 않거나, 이익이 남지 않는다면 서로 곤란한 상황에 놓일 수 있다. 돈을 빌리는 사람이나 빌려주는 사람 모두를 보호할 수 있도록 대금 융자에 대한 계약서를 문서화하고, 이자나 원금상환에 대한 약속을 지켜 서로 얼굴 붉힐 일이 없어야겠다.

(3) 일반대출

은행이나 제2금융권에서 대출을 받는 형태이다. 은행은 직장인들에게는 연봉에 해당하는 금액 정도의 신용대출이 가능하지만, 그렇지 않은 신규창업자에게는 담보를 요구할 수 있다. 은행이나 제2금융권의 대출을 받기 위해서는 집, 토지, 건물 등의 담보를 가지고 있어야 하며, 금액이 클 경우에는 사업계획서를 요구할 수 있다.

(4) 투자자

투자자들은 큰 자금을 동원해 투자를 통하여 얻는 이익을 공동 배분하는 이익구조를 가진다. 일반적으로 작은 규모의 투자보다는 큰 규모의 투자를 주로 하고, 사업투자 회수성, 시장성, 성장성, 이익실현가능성을 주요 투자 지표로 본다. 투자자들에게 투자를 받기 위해서는 철저한 사업 분석과 성장가능성, 실현가능한 사업계획서가 필요하다. 요즘은 개인 투자자들도 외식업 창업에 투자하는 경우가 많으므로 좋은 아이템이 있는 경우에는 적극적으로 투자자를 찾아보는 것도 좋은 자금마련의 한 방법이다.

3) 창업자를 위한 정부정책

정부에서는 소자본창업과 청년창업을 육성하기 위하여 창업 시 지원하는 정책을 운영하고 있다. 신규창업자나 재창업자일지라도 정부지원혜택을 받을 수 있도록 지원 정보를 확인하여 혜택을 활용해야 한다. 지원조건들은 그때그때 바꿔기 때문에 정기적인 인터넷검색이나 상담을 통하여 지원여부를 계속 확인해 보는 것이 좋다.

가) K스타트업 창업지원포털

창업과 관련된 다양한 정보제공 및 지원을 받을 수 있다. 창업아이템 사업화, 창업교육, 시설 · 공간 · 보육, 멘토링 · 컨설팅, 행사 · 네트워크, R&D 등을 지원하고 있고, 창업경진대회 등을 통하여 청년창업을 독려하고 있다.

K스타트업 창업지원포털

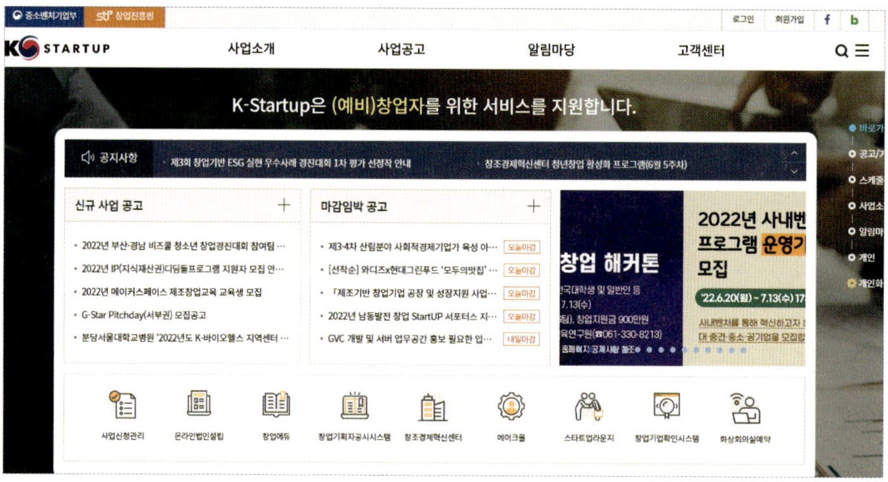

비즈쿨 청소년 창업경진대회 포스터와 평가기준

평가항목	평가기준	배점
1. 창업아이디어(아이템) 및 사업계획서 관련	아이디어 및 사업 모델의 창의성	20
	아이디어에 대한 구체성 및 적합성	20
	사업 모델에 대한 현실성	15
	사업화 가능성	15
2. 창업역량 관련	창업에 대한 관심도 및 열정	10
	학업 및 프로그램 병행 등 참여 및 발전 의지	10
	경진대회 활동에 대한 적극성	10
합계		100

출처: 비즈쿨

나) 소상공인시장진흥공단

소상공인시장진흥공단은 소상공인들의 창업활성화 및 경영개선을 촉진하기 위하여 1999년부터 소상공인정책자금, 소상공인교육신청, 소상공인상권정보, 소상공인 컨설팅 등을 운영하고 있다. 자금지원 대상에는 외식업이 포함되며, 창업에 필요한 컨설팅, 상권정보 및 법률지원, 대출 등의 도움을 지원해 주고 경영개선을 위한 시설 개보수자금도 지원받을 수 있다.

● 소상공인시장진흥공단 홈페이지

또한 소규모 신규창업자를 위한 1인자영업자 고용보험을 지원하고 자영업자의 고용보험료 납부보험료 일부(20~50%)를 최대 5년간 지원해 줌으로써 소자본 창업자들에게 실질적인 도움을 주고 있다.

다) 신사업창업사관학교

창업을 준비하는 사람들의 교육공간을 운영하고 있다. 국내외 다양한 신사업 아이디어를 발굴 · 보급하고 성장 가능성이 높은 융합 아이템을 중심으로 예비 창업자를 선발하여 이론교육, 경영체험교육, 멘토링, 창업자금, 사업화지원 등을 지원하고 있다.

예비창업자 교육공간

출처: 신사업창업사관학교

신사업창업사관학교 꿈이룸 분포현황

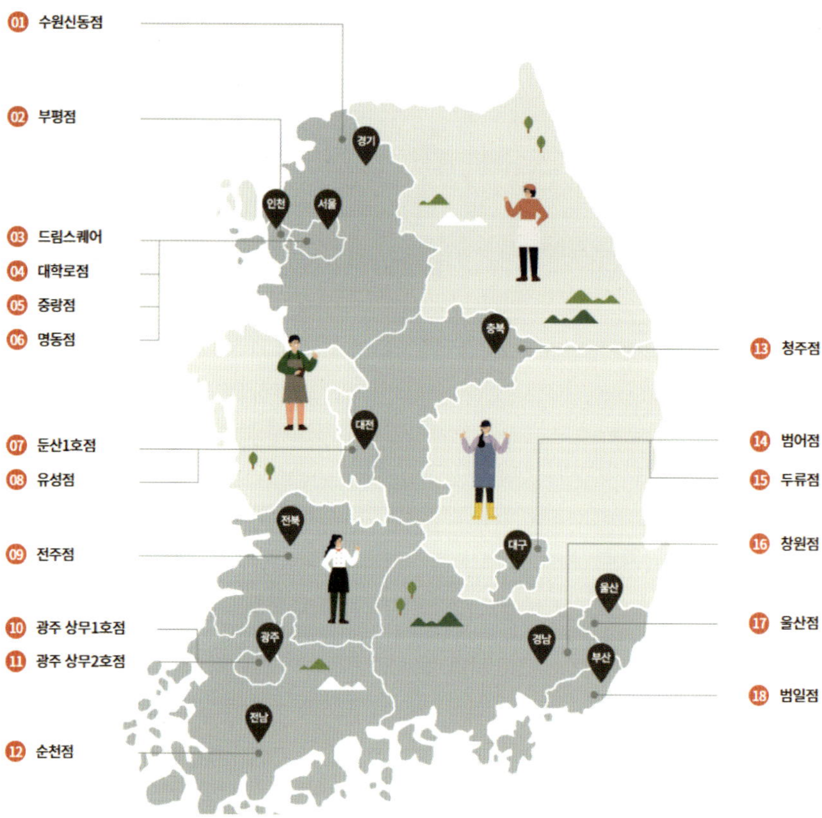

출처: 신사업창업사관학교

라) 서민금융진흥원

서민금융진흥원은 서민 · 취약계층의 서민금융을 지원해 주고, 금융종합 상담 역할을 수행한다. 서민금융진흥원의 미소금융 창업 · 운영자금은 신용등급이 낮거나, 기초생활수급자나 차상위계층, 근로장려금 신청대상자들에게 창업자금, 운영자금, 시설개선자금, 긴급생계자금을 지원해 준다.

미소창업 운영자금

지원 대상

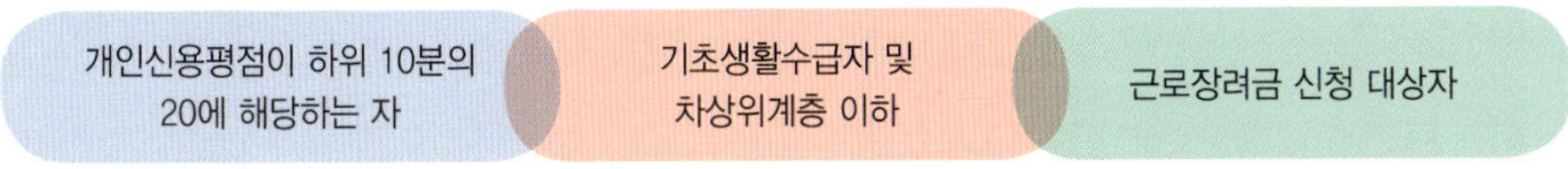

지원 내용

구분	창업자금	운영자금	시설개선자금	긴급생계자금
대출한도	7천만 원	2천만 원	2천만 원	1천만 원
대출기간	6년 이내	55년 이내	55년 이내	5년 이내
금리	4.5%	4.5%	4.5%	4.5%

출처: 서민금융진흥원

마) 한국여성경제인협회

한국여성경제인협회에서는 창업을 희망하는 저소득 여성가장을 대상으로 가계안정, 자활의지 제고, 경제활동을 위하여 지원을 해준다.

신청자가 원하는 점포를 한국여성경제인협회가 계약당사자로 직접 임차하여, 신청자에게 대여해 주는 제도이다. 점포 임차금을 최대 1억 원 이내의 저금리로 지원해 주고, 기타 비용은 창업자가 부담해야 한다. 이 밖에도 여성창업자 발굴 육성 및 활성화를 위한 여성창업경진대회나 창업 여성의 지속적인 성장을 위한 창업보육센터를 운영한다.

2. 외식업의 세금관리

외식업을 창업하여 점포를 운영하다 보면 세금을 납부해야 한다. 대표적인 세금으로 부가가치세와 종합소득세를 들 수 있다. 만약 사업체가 법인이라면 종합소득세 대신 법인세와 부가가치세를 납부하게 되고, 개인사업자라면 종합소득세와 부가가치세를 납부하여야 한다. 요즘에는 대부분의 소비자들이 결제수단을 카드, 온라인결제, 각종 결제 페이 등 공인된 수단을 이용하여 결제하기 때문에 매출액이 국세청에 거의 노출된다. 외식업 운영 시 세금신고와 납부를 성실히 이행해야 하며 창업자가 기본적인 세무지식을 가지고 영업을 해야 지혜롭게 세금을 줄일 수 있다.

1) 부가가치세

21 표준국어대사전

부가가치세[21]란 국세 중 소비세의 하나로 거래 단계별로 상품이나 용역에 새로 부가하는 가치에 대하여 매기는 세금이다. 이는 이익에 대해서만 부과하는 일반소비세이고 우리나라의 부가가치세율은 10%이다. 부가가치세는 사업체의 규모에 따라서 일반과세자와 간이과세자로 나뉜다.

우리나라 일반과세자의 부가가치세는 매출의 10%를 납부하게 되는데, 만약 음식가격이 6,000원이면 이 중에 음식 값은 5,455원이고 세금이 545원이 포함된 것이다. 영업 후 외식업주는 545원의 부가가치세 세금을 납부해야 한다.

이때 음식을 제조하기 위하여 사용한 식재료비나 소모품 등의 비용에서 미리 낸 세금은 공제를 해준다. 만약 음식 한 그릇에 해당하는 세금이 545원이고 이를 만드는 데 식재료를 구입하는데 1,000원을 사용하였다면, 식재료 구매비용의 10%에 해당하는 100원은 음식점 업주가 세금을 지불한 것이므로 545원에서 100원을 제외한 445원만 부가가치세로 납부하면 되는 것이다.

부가세를 절세하기 위하여 외식업주는 영수증 및 지출증빙을 철저히 챙기고,

세금에서 공제받을 수 있는 영수증들을 미리미리 챙겨 지출을 증빙하여 부가세를 줄여야 한다.

납부해야 할 부가가치세 = 매출세액 - 매입세액
예) 445원 = 545(원) - 100(원)

부가가치세는 개인사업자의 경우 1년에 2번 신고(1기: 1~6월 매출분-7월 25일 납부, 2기: 7~12월 매출분-익년 1월 25일 납부)하고 납부한다.

구분	내용
매출세액	음식가격에 포함된 10% 금액
(-)매입세액	물품 등을 구입한 다음 세금계산서, 신용카드매출전표, 현금영수증 등 증빙서류를 받은 것에 포함된 10%
(-)의제매입세액	농수산물 등을 구입하고 계산서를 받은 것의 8/108
(-)신용카드 발행세액공제	음식가격을 신용카드로 결제받은 경우 음식가격의 1.3%
(-)납부할 부가가치세	연간 2회 신고, 납부(1월 25일, 7월 25일)

출처: 중기 이코노믹, 2017년 9월 기사

2) 종합소득세

종합소득세는 사업자 개인이 1년간 경제활동으로 얻은 소득에 대하여 납부하는 세금으로 모든 소득을 합산하여 계산하고 1년 동안 영업을 하고 다음해 5월 1일부터 5월 31일까지 주소지 관할 세무서에 신고 · 납부하여야 한다.

개인사업자의 종합소득세는 외식업장의 부가가치세를 많이 내게 되면 그것이 소득에 반영되어 종합소득세도 납부금액이 커진다. 그렇기 때문에 최대한 부가가치세를 방어할 수 있는 영수증이나 자료를 제출하고, 세액공제받을 수 있는 금융상품이나 연금을 납입하여 세금을 공제받는 것이 좋다.

청년창업자를 위한 종합소득세 감면 정부정책

청년창업 세액감면정책이란 청년창업자가 종소세 신고 시 세금을 50~100% 감면해 주는 청년창업 세액감면 정책이다. 청년창업 세액감면은 청년들의 창업을 촉진하기 위해 마련됐다. 청년이 비수도권에 지정된 업종의 중소기업을 창업하면 종소세를 최대 100%까지 5년간 감면해 주는 제도다.

- 청년창업 세액감면에서 말하는 청년의 기준은 "2018년 5월 29일 이후 창업했고 개업 당시 만 15세 이상 34세 이하 내국인을 말한다. 만약 군 복무기간이 있다면 최대 6년 한도로 창업 당시의 연령에서 빼고 계산한다. 예를 들어 지난해 5월 20일에 창업했다면 1986년 5월 20일 이후부터 2006년 5월 20일 이전에 출생한 사람이 감면 대상이 된다. 군대를 다녀온 사람이라면 그 기간을 빼고 나이가 되면 적용 가능하다.
- 청년창업 세액감면 모든 업종은 음식점업, 이용·미용업, 통신판매업, 관광숙박업, 건설업, 물류산업, 정보통신업, 학원운영사업 또는 직업능력개발훈련시설을 운영하는 사업, 사업지원서비스업, 금융·보험업 중 전자금융업, 전문 과학과 기술서비스업, 광업, 제조업, 사회복지서비스업, 예술스포츠·여가 관련 서비스업, 노인복지시설 운영사업, 전시사업, 수도 하수 및 폐기물처리, 원료재생업 등의 업종에 한정해 창업 시 감면 혜택이 적용된다.

3. 수익분석

창업 후 창업자는 매출 극대화를 위해 노력해야 한다. 하지만 매출은 많은데, 노력에 비해 수익이 얼마 되지 않으면 음식점 경영자의 사기는 떨어질 수밖에 없다. 개업 초기에는 수익이 나기 힘들지만 꾸준한 노력 후에는 수익이 따라야 한다. 충분한 이익이 보장되어야 식당은 생존하고 장기적으로 유지될 수 있다. 창업자는 창업의 과정에서 매출극대화전략과 이익극대화전략을 동시에 추구해야 한다. 수익을 분석하기 위해서는 외식업장의 고정비와 변동비를 구분하고, 업장의 손익분기점을 이해하고 있어야 한다.

1) 고정비

고정비(fixed cost): 고정비란 일정한 기간 동안 매출액의 변동에 관계없이 항상 발생하는 원가로 판매량과는 상관없이 고정적으로 들어가는 비용을 말한다. 고정비의 항목으로는 임대료, 렌트비, 직원급여, 보험, 감가상각비, 광고비, 이자비 등이 있다.

고정비의 그래프

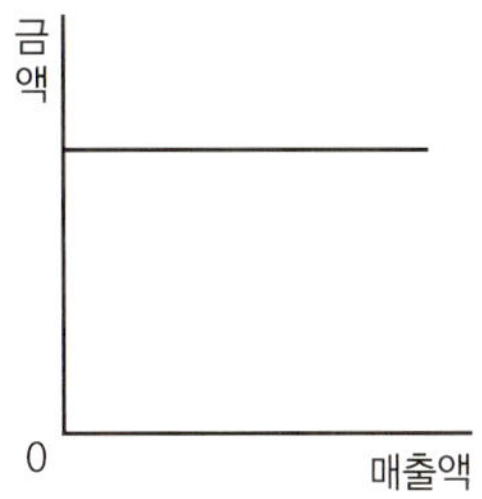

2) 변동비

변동비(variable cost) : 변동비는 매출액의 변화에 비례하여 증가하는 비용으로 판매량이 증가하면 같이 증가되는 비용을 의미한다. 변동비의 항목으로는 식재료비, 소모품비, 연료비, 마케팅비, 수선비, 급여, 직접영업비 등이 있다.

변동비의 그래프

3) 매출

매출은 외식업체의 총판매량을 의미한다. 음식 및 음료, 외식기업의 포장제품 매출, 배달매출 등 업장에서 일어나는 총매출을 의미한다. 외식업 경영자는 매출액을 최대치로 끌어올리기 위하여 여러 가지 마케팅, 제품개발, 세트메뉴 개발, 포장상품 개발 등 프로모션을 통하여 매출을 올려야 수익구조가 좋아진다.

4) 손익분기점

손익분기점은 총수익(총매출)과 총비용이 일치하는 시점에서 이익과 손실이 발생하지 않는데, 이 지점을 손익분기점(BEP: Break-even point)이라 한다. 손익이란 손실과 이익을 말한다.

총비용은 고정비+변동비를 합친 금액이고, 매출은 업장 총판매액을 의미한다. 손익분기점을 중심으로 왼쪽부분은 손익이 마이너스인 상태이고 오른쪽으로 갈수록 수익이 플러스가 나는 형태를 보인다. 성공적인 경영을 위해서는 수익과 손실을 결정하는 매출액과 원가 사이의 관계나 금액을 알아야 한다.

손익분기점에 의하면 이들 관계를 알 수 있다. 창업 전에 고정비와 변동비를 계산해 보고 최소 하루에 얼마 이상의 매출을 올리고, 원재료비와 인건비의 비율을 어느 정도 허용할지 미리 시뮬레이션을 해보고 창업을 준비해야 한다.

손익분기점 그래프

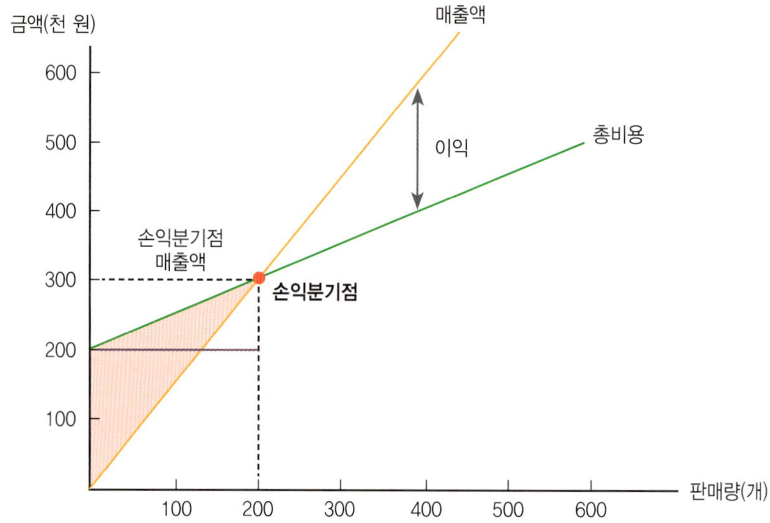

납부해야 할 부가가치세 = 매출세액 - 매입세액
예) 445원 = 545(원) - 100(원)

5) 외식점포의 손익계산서

외식점포의 손익계산은 총매출에서 세부분야의 비용을 빼고 계산한다. 보통 한 달 단위로 매출액과 비용을 정산하는데 이는 인건비, 임대료 등의 지출이 월 단위로 계산되기 때문에 편의상 한 달 단위로 수익계산을 한다.

외식점포에서 손익계산을 쉽게 할 수 있는 방법은 매출에서 고정비와 변동비를 구분하여 비용을 빼주는 것이다. 손익계산서를 작성하여 자신의 업장의 비용을 차지하는 부분의 비율을 보고 타 업장과 비교하여 비용 절감을 고려해야 한다.

외식업장 손익계산서의 예(세금 제외)

항목			
		총액	비율
총매출		33,916,000	100.0%
	카드	28,916,500	85.3%
	현금	3,000,000	8.8%
영업이익		15,132,141	44.6%
비용계		18,783,860	55.4%
고정비계		1,003,432	3.0%
	임대	500,000	1.5%
	전기	130,147	0.4%
	가스	214,128	0.6%
	수도	54,157	0.2%
	엠프	50,000	0.1%
	방역	10,000	0.0%
	정수기	8,000	0.0%
	음식업중앙회	7,000	0.0%
	청소(수거)	30,000	0.1%
인건비계		3,415,147	10.1%
	정규직원	2,845,147	8.4%
	아르바이트	570,000	1.7%
변동비계		14,137,281	41.7%
	카드수수료(2.1%)	607,247	1.8%
	육제품	4,833,000	14.2%
	공산품	6,415,834	18.9%
	야채	1,395,700	4.1%
	쌀	37,000	0.1%
	주류	357,100	1.1%

	양념류	260,000	0.8%
	떡	75,000	0.2%
	케이크	110,000	0.3%
	쿠키	10,000	0.0%
	절임류	36,400	0.1%
기타계		228,000	0.7%
	복지비	84,000	0.2%
	이체수수료		0.0%
	커피		0.0%
	슈퍼		0.0%
	새우젓		0.0%
	문구/철물	144,000	0.4%

생각해 보기

- 창업하려는 외식업장의 가상의 고정비항목과 고정비를 구해보시오.

- 창업하려는 외식업장의 가상의 인건비항목과 인건비를 구해보시오.

- 창업하려는 외식업장의 가상의 매출을 작성해 보시오.

- 창업하려는 외식업장의 가상의 수익분석을 해보시오.

- 보증금이란 무엇인가?

- 권리금이란 무엇인가?

- 외식창업 시 시설비 항목으로 들어가는 사항에는 어떤 것들이 있는가?

- 부가가치세란 무엇인가?

- 고정비로 들어가는 외식업종 비용에는 어떠한 것들이 있는가?

창업하려는 외식업장의 가상의 손익계산서를 작성해 보시오.

항목			
		총액	비율
총매출			
	카드		
	현금		
영업이익			
비용계			
고정비계			
	임대		
	전기		
	가스		
인건비계			
	정규직원		
	아르바이트		
변동비계			
	카드수수료(2.1%)		

기타계			

문제은행

01 다음 중 고정비에 해당하는 것은 무엇인가?

① 임대료 ② 식재료비
③ 카드수수료 ④ 소모품비

02 다음은 무엇을 설명하는 용어인가?

> 토지 또는 건물의 임대차에 부수해서 그 부동산이 가지는 특수한 장소적 이익의 대가로 전 사업자에게 지급하는 금액. 장사가 잘 되지 않아 나올 경우 돌려받지 못할 가능성도 있는 금액

① 인건비 ② 인테리어비용
③ 권리금 ④ 보증금

03 다음 중 변동비에 해당하는 것은 무엇인가?

① 권리금 ② 식재료비
③ 감가상각비 ④ 임대료

04 손익분기점이란 무엇인가?

① 총수익과 총비용이 일치하는 시점에 이익과 손실이 발생하지 않는 지점
② 총수익이 총비용을 넘어 이익이 나기 시작하는 시점
③ 총비용이 총수익보다 적어 손해가 나기 시작하는 시점
④ 수익이 많이 나서 투자금을 회수하는 시점

05 일반과세자의 부가가치세 세금은 몇 %인가?

① 12% ② 11%
③ 10% ④ 8%

06 다음은 무엇에 대한 내용인가?

소비세의 하나로서 거래 단계별로 상품이나 용역에 새로 부가하는 가치에 대하여 매기는 세금. 이익에 대해서만 부과함

① 특별소비세 ② 종합소득세
③ 양도소득세 ④ 부가가치세

07 다음 중 시설투자비에 속하지 않는 것은?

① 비품 ② 인테리어
③ 설비 ④ 간판

08 다음 빈칸에 들어갈 말은?

납부해야 할 부가가치세 = 매출세액 – (   )

① 특별소비세 ② 매입세액 ③ 양도소득세 ④ 부가가치세

09 다음은 무엇을 설명한 것인가?

사업자 개인이 1년간 경제활동으로 얻은 소득에 대하여 납부하는 세금으로 모든 소득을 합산하여 계산하고 1년 동안 영업을 하고 다음해 5월 1일부터 5월 31일까지 주소지 관할 세무서에 신고·납부하여야 한다.

① 특별소비세 ② 종합소득세 ③ 양도소득세 ④ 부가가치세

10 다음은 무엇을 설명한 것인가?

매출에 상관없이 고정적으로 발생하는 비용으로 임대료, 관리비 등의 비용이다.

① 변동비 ② 준고정비 ③ 준변동비 ④ 고정비

정답 01 ① 02 ③ 03 ② 04 ① 05 ③ 06 ④ 07 ① 08 ② 09 ② 10 ④

카페부터 레스토랑까지
따라 하기 쉬운

외식 창업

Chapter 8

학습목표

- 외식업 창업절차를 이해한다.
- 외식업 창업과 관련된 필수 인허가 사항을 이해한다.
- 외식창업을 위한 체크리스트 사항을 이해한다.

창업절차와 인허가

1. 창업의 절차

외식창업을 하는 것은 창업자들의 많은 준비와 노력이 필요하고, 실제 창업까지는 많은 준비와 체계적인 절차가 필요하다. 예비창업자들은 창업과 관련된 아이템, 상권, 메뉴, 인테리어, 집기 비품 등 신경 써야 할 부분이 매우 많지만, 무엇보다 중요한 것은 행정적인 부분과 법적인 부분까지 같이 진행해야 한다. 음식점 개업에는 관련된 인허가 사항과 해당하는 관청과 협회가 있으므로 미리미리 체크하여 오픈일정에 차질이 없어야 한다.

창업의 흐름도

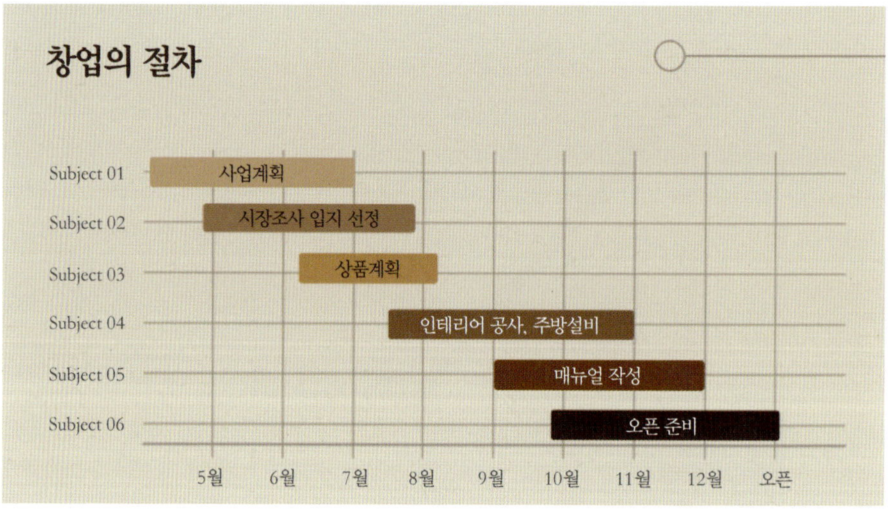

식당 창업 개점 준비사항과 준비과정은 준비할 것이 많고, 절차를 지켜서 진행해야 할 것들이 많다. 전체적인 창업의 흐름도는 위와 같고, 자세한 과정을 살펴보면 다음과 같다.

1) 사업계획

- 사업의 목표 설정: 사업의 장기적 · 단기적 목표 설정
- 경영방침 설정: 창업 이후의 경영형태나 방향성 설정
- 기본사업플랜 설정: 창업을 위한 단계별 계획 준비

2) 시장조사

- 입지, 상권, 목표고객에 따른 입지와 상권조사
- 경쟁업체 분석: 시장조사에 따른 경쟁업체 현황파악, 경쟁업체의 메뉴 마케팅 분석
- 점포콘셉트 설정: 시장조사를 바탕으로 메뉴에 어울리는 점포콘셉트 개발
- 타당성 분석: 시장조사에 따라 점포의 수익 및 이익실현 가능성 분석

3) 창업 결정

- 브랜드 및 고로, 슬로건 결정

4) 사업계획서 작성

- 사업계획의 구체화
- 표준사업계획서, 자금, 손익, 판촉, 오픈일정계획서 작성

5) 상품계획

- 메뉴콘셉트 결정
- 메뉴제조방법 결정
- 식자재 조달방법 결정
- 메뉴 가격결정
- 식기류 결정

6) 인테리어공사 및 실외공사

- 인테리어 콘셉트 결정
- 인테리어 실시
- 실외공사 실시

7) 주방설비

- 주방레이아웃 설정
- 조리기구, 조리기물 설정

8) 매뉴얼 작성

- 메뉴 및 사이드메뉴 표준레시피 작성
- 교육매뉴얼, 업장운영 매뉴얼, 청소매뉴얼, 서비스 매뉴얼 등 작성

9) 조직 관리

- 전체인원 결정
- 급여, 근로계약서, 인사규정, 근무시간, 수당, 점포 내 규정 등 준비

10) 인력 구인 및 교육훈련

- 인력충원계획
- 교육계획, 현장교육, 조리교육, 서비스교육 등

11) 매장관리

- 매장관리자료 준비, 영업일보, 재고 조사표, 일일스케줄표, 메뉴분석표, 식자재관리표
- 원가계산, 판매가, 손익분기점 산출, 식재료 단가조사, 손익계산서 등 작성

12) 프로모션 계획

- 개업준비 인쇄물, 기념품, 판촉물, 초대장 등
- 현수막, 온라인, SNS홍보, 이벤트 계획
- 블로그, 체험단 진행계획

13) 비품 구입

- 인쇄물, 메뉴북, 테이블커버, 장부, 냅킨
- 청소도구, 장식물, 사무용품 등

2. 개점 준비와 행정절차

1) 개점 준비를 위한 점검사항

개점을 위하여 점검해야 할 사항들은 매우 다양하지만 포괄적인 개점 준비사항과 법률적인 인허가 사항으로 나눌 수 있다. 창업 브랜드의 콘셉트와 메뉴, 로고, 마케팅, 개점판촉 등 많은 준비가 필요하다. 개점을 위한 포괄적인 점검사항은 다음과 같다.

● 개점을 위한 창업 준비사항

구분	고려사항
브랜드와 로고	브랜드, 로고, 상표 및 서비스 출원
경영방침	비전과 경영전략, 영업일 및 영업시간, 브레이크타임
마케팅전략	촉진전략의 구체적 내용(광고, 전단지, 마일리지카드, 홍보기사 의뢰, 점포명함, 개점안내 현수막, P.O.P)
상품개발	메뉴의 재료비 원가, 메뉴북, 벽면사진, 메뉴샘플, 조리레시피, 재료 구입처 결정과 발주 시스템구축, 소모품 준비
종업원 채용과 교육훈련	종업원 수 결정, 근무조건(휴일, 급여, 복리후생비, 퇴직금 등), 업무분석, 유니폼, 근로계약서, 서비스매뉴얼, 종업원 채용, 보건증 등
개점행사준비	초대장, 이벤트 계획, 판촉물 준비
법률 및 인허가 체크	위생교육, 영업허가, 사업자등록증, 식품위생법, 소방법, 신용카드 가맹점등록, 원산지표시, 음식업중앙회 회원가입
기타	POS설치, 사무용품, 청소용품, 전표류, 각종 관리용 자료, 전화, 카드체크기

출처: 임영서(2006), 음식점 경영 이렇게 성공한다

2) 개점을 위한 준비서류

개점과 관련된 계약이나 준비사항이 매우 많다. 상가 임대차계약서, 인테리어 계약서, 위생교육수료증, 건강진단결과서, 영업 신고증, 사업자 등록증, 주류통장발급 등 매우 다양한 서류들을 준비해야 한다.

● 음식점 창업 시 준비해야 하는 서류

단계	고려사항
창업준비	상권분석 메뉴선정 및 개발
상가권리 및 임대차 계약	해당점포의 건축물대장상의 용도(1종/2종 근린생활시설) 확인 휴게음식점/일반음식점/제과점 개설여부 확인 정화조 용량 체크 권리금이 있는 점포는 전 임차인과 상가권리양도·양수계약을 체결 상가 건물주와 임대차계약 체결

인테리어 공사	2~3개의 공사업체를 선정, 사전에 가견적을 받아 서로 비교함 하자보수와 관련하여 공사계약사항에 분명히 명시함
위생교육 수료 (온라인교육 가능)	휴게음식점(술판매 불가): 한국휴게음식업중앙회 일반음식점(술판매 가능): 한국외식업중앙회
건강진단결과서 발급 (구 보건증)	관할지역 보건소 5일 정도 소요됨
식품영업신고증 발급	관할구청 위생과 발급 시 준비서류: 위생교육수료증, 건강진단결과서, 식품영업신고신청서, 가스검사필증, 소방시설완비필증(66㎡ 이상의 지하, 100㎡ 이상의 2층 이상), 신분증, 도장, 임대차계약서
사업자등록증 발급 및 확정일자 신청	사업장소재 관할 세무서 사업자등록신청서, 영업신고증사본, 임대차계약서, 신분증, 도장, 사업자도면
시업자통장 개설	신용카드대금 입금통장 개설 주류통장
전화, 인터넷, 신용카드 단말기 신청	인터넷, POS설치, 키오스크 설치

가) 식품영업신고

외식업 영업을 하기 위해 식당은 일반음식점, 카페는 휴게음식점 등의 사업자등록증과 함께 식품위생 영업신고를 진행해야 한다.

일반음식점, 휴게음식점, 제과점 영업신고를 위한 구비서류

- 식품영업신고서
- 신분증
- 위생교육수료증(위생교육필증): 한국외식업중앙회, 한국외식산업협회, 한국휴게음식업중앙회 등
- 건강진단결과서(구 보건증)
- 임대차계약서
- 영업신고수수료: 약 28,000원

식품접객업에 속하는 외식업종은 일반음식점(부수적 음주행위의 허용), 휴게음식점, 제과점 영업을 하려는 창업자는 「식품위생법」 36조 및 동법 37조(영업의 허가 등)에 관한 내용에 따라 시설기준을 갖추고 허가를 받아야 한다.

영업허가는 식품안전처장 또는 특별자치시장, 특별자치도지사, 시장, 군수, 구청장의 허가를 받아야 한다. 이러한 허가는 각 구청 및 보건소의 보건위생과에서 주로 진행하고 있다.

일반음식점, 휴게음식점, 제과점 영업신고를 하기 위해서는 구비서류가 필요한데, 구비서류를 미리 갖추기 위해서 위생교육, 건강진단결과서 등을 미리 준비하여야 한다.

식품영업신고서 양식

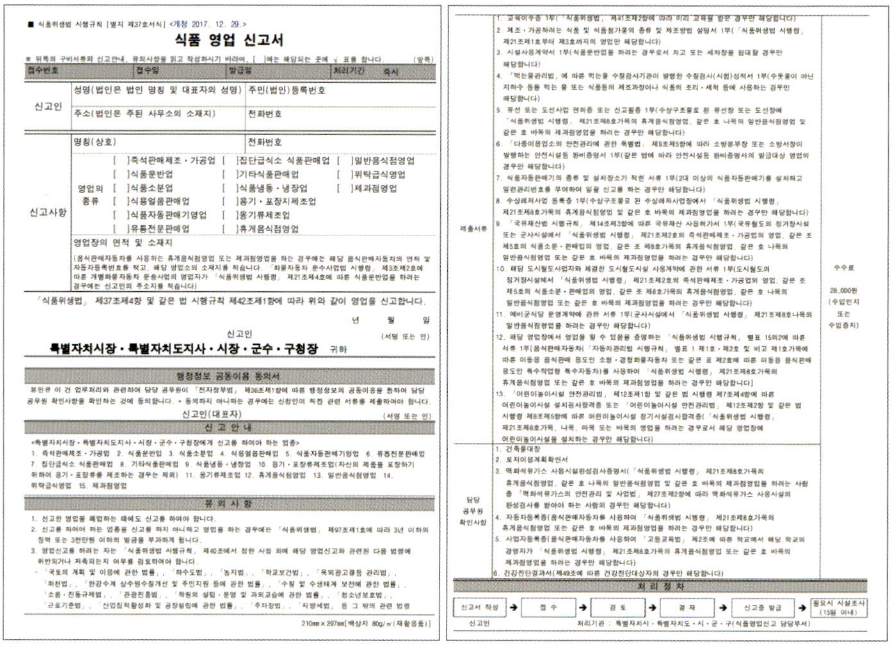

■ 식품위생법 시행규칙 [별지 제37호서식] <개정 2017. 12. 29.>

식품 영업 신고서

※ 뒤쪽의 구비서류와 신고안내, 유의사항을 읽고 작성하시기 바라며, [ ]에는 해당되는 곳에 √ 표를 합니다. (앞쪽)

접수번호	접수일	발급일	처리기간 즉시
신고인	성명(법인은 법인 명칭 및 대표자의 성명)	주민(법인)등록번호	
	주소(법인은 주된 사무소의 소재지)	전화번호	
신고사항	명칭(상호)	전화번호	
	영업의 종류	[ ]즉석판매제조·가공업 [ ]식품운반업 [ ]식품소분업 [ ]식용얼음판매업 [ ]식품자동판매기영업 [ ]유통전문판매업 [ ]집단급식소 식품판매업 [ ]기타식품판매업 [ ]식품냉동·냉장업 [ ]용기·포장지제조업 [ ]옹기류제조업 [ ]휴게음식점영업 [ ]일반음식점영업 [ ]위탁급식영업 [ ]제과점영업	
	영업장의 면적 및 소재지 (음식판매자동차를 사용하는 휴게음식점영업 또는 제과점영업을 하는 경우에는 해당 음식판매자동차의 면적 및 자동차등록번호를 적고, 해당 영업소의 소재지를 적습니다. 「화물자동차 운수사업법 시행령」 제3조제2호에 따른 개별화물자동차 운송사업의 영업자가 「식품위생법 시행령」 제21조제4호에 따른 식품운반업을 하려는 경우에는 신고인의 주소지를 적습니다)		

「식품위생법」 제37조제4항 및 같은 법 시행규칙 제42조제1항에 따라 위와 같이 영업을 신고합니다.

년 월 일

신고인 (서명 또는 인)

특별자치시장·특별자치도지사·시장·군수·구청장 귀하

행정정보 공동이용 동의서

본인은 이 건 업무처리와 관련하여 담당 공무원이 「전자정부법」 제36조제1항에 따른 행정정보의 공동이용을 통하여 담당 공무원 확인사항을 확인하는 것에 동의합니다. • 동의하지 아니하는 경우에는 신청인이 직접 관련 서류를 제출하여야 합니다.

신고인(대표자) (서명 또는 인)

신 고 안 내

<특별자치시장·특별자치도지사·시장·군수·구청장에게 신고를 하여야 하는 업종>

1. 즉석판매제조·가공업 2. 식품운반업 3. 식품소분업 4. 식용얼음판매업 5. 식품자동판매기영업 6. 유통전문판매업 7. 집단급식소 식품판매업 8. 기타식품판매업 9. 식품냉동·냉장업 10. 용기·포장류제조업(자신의 제품을 포장하기 위하여 용기·포장류를 제조하는 경우는 제외) 11. 옹기류제조업 12. 휴게음식점영업 13. 일반음식점영업 14. 위탁급식영업 15. 제과점영업

유 의 사 항

1. 신고한 영업을 폐업하는 때에도 신고를 하여야 합니다.
2. 신고를 하여야 하는 업종을 신고를 하지 아니하고 영업을 하는 경우에는 「식품위생법」 제97조제1호에 따라 3년 이하의 징역 또는 3천만원 이하의 벌금을 부과하게 됩니다.
3. 영업신고를 하려는 자는 「식품위생법 시행규칙」 제40조에서 정한 사항 외에 해당 영업신고와 관련된 다음 법령에 위반되거나 저촉되는지 여부를 검토하여야 합니다.
- 「국토의 계획 및 이용에 관한 법률」, 「하수도법」, 「농지법」, 「학교보건법」, 「옥외광고물등 관리법」, 「하천법」, 「한강수계 상수원수질개선 및 주민지원 등에 관한 법률」, 「수질 및 수생태계 보전에 관한 법률」, 「소음·진동규제법」, 「관광진흥법」, 「학원의 설립·운영 및 과외교습에 관한 법률」, 「청소년보호법」, 「근로기준법」, 「산업집적활성화 및 공장설립에 관한 법률」, 「주차장법」, 「지방세법」 등 그 밖의 관련 법령

210mm × 297mm[백상지 80g/㎡(재활용품)]

구분	내용	수수료
제출서류	1. 교육이수증 1부(「식품위생법」 제41조제2항에 따라 미리 교육을 받은 경우만 해당합니다) 2. 제조·가공하려는 식품 및 식품첨가물의 종류 및 제조방법 설명서 1부(「식품위생법 시행령」 제21조제1호부터 제3호까지의 영업만 해당합니다) 3. 시설사용계약서 1부(식품운반업을 하려는 경우로서 차고 또는 세차장을 임대할 경우만 해당합니다) 4. 「먹는물관리법」에 따른 먹는물 수질검사기관이 발행한 수질검사(시험)성적서 1부(수돗물이 아닌 지하수 등을 먹는 물 또는 식품등의 제조과정이나 식품의 조리·세척 등에 사용하는 경우만 해당합니다) 5. 유선 또는 도선사업 면허증 또는 신고필증 1부(수상구조물로 된 유선장 또는 도선장에 「식품위생법 시행령」 제21조제8호가목의 휴게음식점영업, 같은 호 나목의 일반음식점영업 및 같은 호 바목의 제과점영업을 하려는 경우만 해당합니다) 6. 「다중이용업소의 안전관리에 관한 특별법」 제9조제5항에 따라 소방본부장 또는 소방서장이 발행하는 안전시설등 완비증명서 1부(같은 법에 따라 안전시설등 완비증명서의 발급대상 영업의 경우만 해당합니다) 7. 식품자동판매기의 종류 및 설치장소가 적힌 서류 1부(2대 이상의 식품자동판매기를 설치하고 일련관리번호를 부여하여 일괄 신고를 하는 경우만 해당합니다) 8. 수상레저사업 등록증 1부(수상구조물로 된 수상레저사업장에서 「식품위생법 시행령」 제21조제8호가목의 휴게음식점영업 및 같은 호 바목의 제과점영업을 하려는 경우만 해당합니다) 9. 「국유재산법 시행규칙」 제14조제3항에 따른 국유재산 사용허가서 1부(국유철도의 정거장시설 또는 군사시설에서 「식품위생법 시행령」 제21조제2호의 즉석판매제조·가공업의 영업, 같은 조 제5호의 식품소분·판매업의 영업, 같은 조 제8호가목의 휴게음식점영업, 같은 호 나목의 일반음식점영업 또는 같은 호 바목의 제과점영업을 하려는 경우만 해당합니다) 10. 해당 도시철도사업자와 체결한 도시철도시설 사용계약에 관한 서류 1부(도시철도의 정거장시설에서 「식품위생법 시행령」 제21조제2호의 즉석판매제조·가공업의 영업, 같은 조 제5호의 식품소분·판매업의 영업, 같은 조 제8호가목의 휴게음식점영업, 같은 호 나목의 일반음식점영업 또는 같은 호 바목의 제과점영업을 하려는 경우만 해당합니다) 11. 예비군식당 운영계약에 관한 서류 1부(군사시설에서 「식품위생법 시행령」 제21조제8호나목의 일반음식점영업을 하려는 경우만 해당합니다) 12. 해당 영업장에서 영업을 할 수 있음을 증명하는 「식품위생법 시행규칙」 별표 15의2에 따른 서류 1부[음식판매자동차(「자동차관리법 시행규칙」 별표 1 제1호·제2호 및 비고 제1호가목에 따른 이동용 음식판매 용도인 소형·경형화물자동차 또는 같은 표 제2호에 따른 이동용 음식판매 용도인 특수작업형 특수자동차)를 사용하여 「식품위생법 시행령」 제21조제8호가목의 휴게음식점영업 또는 같은 호 바목의 제과점영업을 하려는 경우만 해당합니다] 13. 「어린이놀이시설 안전관리법」 제12조제1항 및 같은 법 시행령 제7조제4항에 따른 어린이놀이시설 설치검사합격증 또는 「어린이놀이시설 안전관리법」 제12조제2항 및 같은 법 시행령 제8조제5항에 따른 어린이놀이시설 정기시설검사합격증(「식품위생법 시행령」 제21조제8호가목, 나목, 마목 또는 바목의 영업을 하려는 경우로서 해당 영업장에 어린이놀이시설을 설치하는 경우만 해당합니다)	수수료 28,000원 (수입인지 또는 수입증지)
담당 공무원 확인사항	1. 건축물대장 2. 토지이용계획확인서 3. 액화석유가스 사용시설완성검사증명서(「식품위생법 시행령」 제21조제8호가목의 휴게음식점영업, 같은 호 나목의 일반음식점영업 및 같은 호 바목의 제과점영업을 하려는 사람 중 「액화석유가스의 안전관리 및 사업법」 제27조제2항에 따라 액화석유가스 사용시설의 완성검사를 받아야 하는 사람의 경우만 해당합니다) 4. 자동차등록증(음식판매자동차를 사용하여 「식품위생법 시행령」 제21조제8호가목의 휴게음식점영업 또는 같은 호 바목의 제과점영업을 하려는 경우만 해당합니다) 5. 사업자등록증(음식판매자동차를 사용하여 「고등교육법」 제2조에 따른 학교에서 해당 학교의 경영자가 「식품위생법 시행령」 제21조제8호가목의 휴게음식점영업 또는 같은 호 바목의 제과점영업을 하려는 경우만 해당합니다) 6. 건강진단결과서(제49조에 따른 건강진단대상자의 경우만 해당합니다)	

처 리 절 차

신고서 작성 → 접 수 → 검 토 → 결 재 → 신고증 발급 → 필요시 시설조사(15일 이내)

신고인 / 처리기관 : 특별자치시·특별자치도·시·군·구(식품영업신고 담당부서)

나) 사업자등록증 발급

영업신고를 하였으면 사업개시일 20일 이내에 사업장 관할 세무서에 사업자등록 신청서를 신청해야 한다. 음식점 사업자 등록을 하기 위해서 필요한 서류는 임대차계약서 사본, 영업신고증 사본, 신분증, 사업자등록증신청서 등을 가지고 관할세무서에서 하거나 국세청 홈페이지 홈택스에서 신청할 수 있다.

사업자등록번호를 부여받으면 사업자로서 세금 납부의 대상이 된다. 개인사업자는 연간 매출이 8,000만 원 미만이면 간이과세자로 등록되고, 8,000만 원

이상이면 일반 과세자가 된다.

국세청 홈텍스

출처: 국세청 홈텍스 홈페이지(www.hometax.go.kr)

3) 외식업 개점을 위한 체크리스트

외식업 개점을 위한 준비사항은 매우 다양하지만 주요한 체크리스트는 다음 표와 같다.

점검사항	2달 전	1달 전	3주 전	2주 전	1주 전	3일 전	2일 전	1일 전	오픈 당일
위생교육									
건강진단결과서									
영업허가증									
사업자등록증									
인테리어(가스, 전기)									
전화번호 신청									

집기비품 구입 및 배치									
POS, 카드단말기									
조리·서비스 교육									
주류카드 발급									
개점기념품 준비									
개점행사 준비									
오픈 리허설									
최종점검									

4) 개점 전 최종 체크리스트

음식점 개점을 위한 체크리스트는 오랜 기간 창업을 준비했더라도 미처 생각지 못하고 놓친 부분이 있지 않도록 체크하기 위한 리스트이다. 최종 개점일을 맞아서 준비되지 않은 돌출변수가 의외로 튀어나온다면 큰일이 아닐 수 없고, 실제 창업을 준비하는 과정에서 이러한 변수는 항상 생기게 마련이다. 마지막으로 최종 확인할 리스트를 살펴보자.

개점 최종 체크리스트

	점검사항	○	△	×
1	보험은 확실히 가입했는가?			
2	인테리어 수정작업은 완료되었는가?			
3	가스, 전기 등의 허가 설치는 완료되었는가?			
4	주방기기 실험테스트 결과 온도 및 열관리상 하자가 없는가?			
5	냉난방설비의 기기에 이상은 없는가?			
6	음향기기, 비디오, 냉장고, 케이스, 급배기, 전화, 와이파이에 문제가 없는가?			
7	개업오프닝 준비는 다 되었는가?			
8	직원 유니폼은 준비가 되었는가?			
9	식기, 조리기구, 서비스용 비품, 청소용품, 공구, 사무용품, 소화기는 이상 없는가?			
10	간판점 등은 최종 확인했는가?			
11	샘플용 쇼케이스의 유리청소는 깨끗하며 가격표시가 제대로 되었는가?			
12	테이블 좌석번호는 제대로 부착되어 있는가?			
13	음식점 영업허가는 이상 없는가?			
14	메뉴북의 메뉴와 가격이 알맞게 인쇄가 잘 되었는가?			
15	전기 스위치에 문제는 없는가? 용량은 부족하지 않은가?			
16	주방기기의 가스 압력은 알맞은가?			
17	냉난방장치의 온도는 알맞게 가동되는가?			
18	전단지는 입고되었는가?			
19	테이블 위 소금, 간장, 소스, 냅킨, 수저 등이 잘 준비되었는가?			
20	개점일의 재료들은 충분히 입고되었는가?			
21	포스기(키오스크)에 메뉴명, 단가, 좌석번호 연계가 잘 완료되었는가?			
22	배달업체 등록를 완료하였는가?			
23	주류통장은 개설되었는가?			
24	점포 내 청소는 완전한가?			
25	화장실 청소는 완전한가?			
26	개점준비 포스터, 광고물은 잘 준비되었는가?			
27	테이블, 의자들이 흔들리거나 이상하지 않은가?			
28	개점일의 역할분담을 확실히 해두었는가?			
29	영업시간 표시는 잘되었는가?			
30	원산지 표시는 잘되었는가?			

음식점 개점을 위한 체크리스트를 작성하여 보시오.

점검사항	2달 전	1달 전	3주 전	2주 전	1주 전	3일 전	2일 전	1일 전	오픈 당일

생각해 보기

- 상품계획과정에서 해야 할 일들은 주로 무엇인가?

- 외식업 오픈 전 프로모션계획을 세워보시오.

- 외식업장에서 사용하는 비품에는 어떠한 것들이 있을까요?

- 개점과 관련된 법률 및 인허가 사항에서 필요한 서류에는 어떠한 것들이 있나요?

- 개점 전에 체크해야 할 마지막 체크사항에는 어떠한 것들이 있는가?

문제은행

01 다음은 창업의 단계 중 어느 단계에 하는 업무인가?

> 입지, 상권, 목표고객조사, 경쟁업체분석

① 시장조사 ② 사업계획서 작성
③ 상품계획 ④ 조직관리

02 개점을 위한 점검사항이다. 다음은 어떠한 사항인가?

> 위생교육, 영업허가, 사업자등록증, 식품위생법, 소방법,
> 신용카드 가맹점 등록, 원산지 표시

① 브랜드와 로고 ② 법률 및 인허가 체크
③ 개점행사 준비 ④ 상품개발

03 영업신고 시 일반음식점과 휴게음식점을 구분하는 기준은?

① 매장의 넓이 ② 주류판매 여부
③ 매장근무인원 ④ 프랜차이즈가맹점 유무

04 사업자등록증은 어디에서 신청하는가?

① 관할세무서 ② 관할구청 ③ 관할동사무소 ④ 관할보건소

05 외식업 영업신고 시 필요한 서류가 아닌 것은?

① 위생교육수료증 ② 건강진단결과서 ③ 사업자등록증 ④ 신분증

정답 01 ① 02 ② 03 ② 04 ① 05 ③

카페부터 레스토랑까지
따라 하기 쉬운

외식 창업

Chapter 9

학습목표

- 인적자원의 개념에 대해 학습하고, 인적자원관리에 대한 전반적인 흐름을 이해한다.
- 인적자원관리를 마케팅의 차원에서 인지할 수 있도록 포괄적으로 이해한다.
- 채용의 중요성과 채용 이후의 관리기준에 대해 이해한다.

외식 인적자원 관리

1. 인적자원 관리의 개념

성공적인 레스토랑의 공통요인 중 하나는 고객에게 최고 수준의 서비스를 제공하기 위해 끊임없이 노력하는 신뢰할 수 있는 직원들이 있다는 것이다.

음식점을 찾는 고객은 단순히 음식이 아닌 외식경험을 위해 방문한다. 외식산업의 치열한 경쟁, 높은 임대료, 상승하는 비용 등으로 올바른 직원을 고용하고 레스토랑을 위한 올바른 인적자원 구조를 만드는 것은 레스토랑 관리자에게는 무척 중요한 일이다.

채용된 인재(직원)들이 퇴사하지 않고 내부에서 개발되고 성장하여 레스토랑의 중요한 인재가 될 수 있도록 이를 관리하고 개발하는 것은 레스토랑 관리자라면 누구나 가장 중요하게 생각해야 하는 문제이다.

인적자원관리	
정의	종사원을 채용하여 교육, 훈련시켜 적시에 적절한 위치에 배치하는 관리활동
중요성	외식산업은 무형의 서비스를 판매하는 서비스산업으로, 인적자원관리는 외식창업활동에 필요함

출처: 안종기(2018), 외식창업과 프랜차이즈, 두남

외식산업에 있어 인적자원관리는 목표달성에 필요한 인적자원을 확보, 개발, 보상, 유지하여 조직 내 인적자원을 활용하는 것을 말한다. 이러한 인적자원 관리활동을 마케팅의 개념을 적용하여 내부마케팅이라고 부르기도 한다.

내부마케팅	
정의	내부고객인 직원을 외식업체의 제품과 서비스를 경험하는 최초의 고객으로 인정하고, 고객지향적인 사고와 서비스 마인드를 심어주며 동기를 부여함으로써 더 좋은 성과를 내도록 지원 및 관리하는 활동
목표	내부고객이 외식업체의 서비스 문화를 개발 및 유지하며, 새로운 제품과 서비스 마케팅 활동에 대해 직원의 역할을 적절하게 수행할 수 있는 분위기를 조성하는 것

출처: 김영갑(2017), 외식사업 마케팅, 교문사

● 필립 코틀러의 서비스 삼각형(Service triangle)

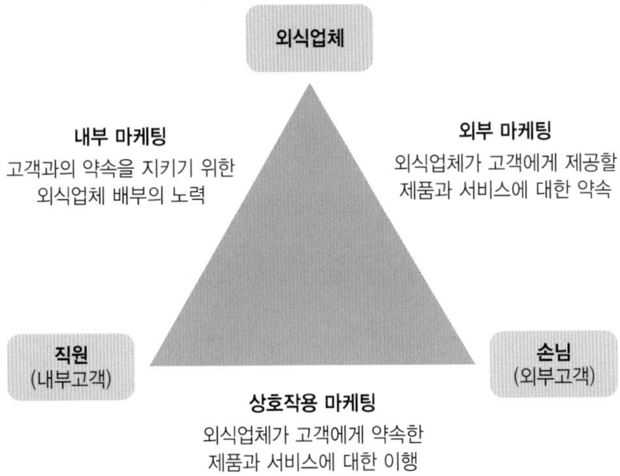

출처: 김영갑(2017), 외식사업 마케팅, 교문사

외부마케팅은 고객을 내부로 불러들이고, 한 번 방문한 고객이 기대에 미치지 못하는 서비스를 제공받으면 외부마케팅의 효력은 사라진다. 음식이 아무리 고품질을 유지한다고 하더라도 서비스 제공자인 직원의 태도가 불량하거나 형편없으면 고객은 불만족하게 되고 외식업체에 대한 경험의 만족도 하락하게 된다. 서비스가 불량하면 고객을 만족시키기가 불가능하므로 내부고객 만족은 마케팅의 성패를 좌우하는 중요한 요인이라고 할 수 있다. 즉, 내부고객으로서의 직원은 기업의 가치를 고객에게 전하는 전달자이므로 직원의 만족도를 높여 우수한 제품과 서비스를 제공하도록 하여야 하며, 이를 위해 직원 조사, 직원 세분화, 홍보활동을 실시할 수 있다.

내부마케팅 프로세스

직원 조사		
직원, 태도, 관심, 제안 사항에 대한 조사	고객욕구에 대한 직원의 인식	직원교육 프로그램 개발

↓

직원 세분화		
직원, 욕구, 라이프스타일 등에 따른 세분화	직원의 숙련도에 따른 세분화	고객접촉 유형에 따른 세분화

↓

홍보활동	
사내에서의 우수직원에 대한 홍보	직원의 만족도 향상

출처: 김영갑(2017), 외식사업 마케팅, 교문사

적절한 시간 동안 최선을 다해 근무하는 직원은 고품질의 서비스를 제공하며, 장시간 근무하며 항상 피로를 느끼는 직원은 조악한 서비스를 제공할 확률이 높다. 일부 경영진은 인건비를 절감하기 위한 목적으로 직원들의 근무 일정을 조정한다. 가능하다면 직원들의 감정적 건강상태를 양호한 상태로 관리할 수 있도록 일정을 짜는 것이 좋다. 직원들이 고객 앞에서 즐거운 표정을 보일 때 최상의 서비스가 나오게 되어 있다. 모든 마케팅의 출발은 그 기저에 내부마케팅의 성공을 전제로 하고 있는 것이다. 경영자의 역할은 직원들에게 최적의 근무환경을 조성해 주는 것이 그 첫째임을 잊어서는 안 된다.

리츠칼튼 호텔의 내부마케팅

THE RITZ-CARLTON®
HOTEL COMPANY, L.L.C.

리츠칼튼의 서비스 황금 표준 (Golden standard)

모토(Motto):
"우리는 신사 숙녀에게 서비스를 제공하는 신사 숙녀입니다.
(We are Ladies and Gentlemen serving Ladies and Gentlemen)"

직원과의 약속(The Employee Promise):
"리츠칼튼에서는 우리의 (직원인)신사 숙녀 여러분이 우리의 고객에게 약속된 서비스를 제공하는데 가장 중요한 자원입니다. (At The Ritz-Carlton, our Ladies and Gentlemen are the most important resource in our service commitment to our guests)"

"신뢰, 정직, 존중, 성실 및 헌신의 원칙을 적용함으로써 우리는 각 개인과 회사 모두의 성장과 능력을 극대화합니다. (By applying the principles of trust, honesty, respect, integrity and commitment, we nurture and maximize talent to the benefit of each individual and the company)"

미국의 세계적인 호텔 체인 〈리츠칼튼〉은 단 한 문장으로 직원들에게 자부심과 긍지를 심어주고 있다.
이처럼 직원만족에 가장 큰 영향력을 미치는 것은 금전적 보상이 아닌 정서적 보상이다.

출처: 김영갑(2017), 외식사업 마케팅, 교문사

2. 직무와 직무기술서, 직무명세서의 정의

인적자원의 분류를 위해 영업상 필요한 직무가 중복되지 않으며 수행 측면에서 분리가 가능한 직무단위를 직무(job)라고 하며 영업장 단위에서는 크게 서비스와 생산(조리)으로 나눌 수 있다. 직무단위가 정의되면 직무기술서와 직무명세서를 통해 종업원과 관리자에게 정보를 제공한다.

1) 직무기술서

맡은 업무와 책임의 내용을 구체적으로 기술한 문서로서 직무분석의 기초자료가 된다. 문서의 내용은 직무명칭, 소속 · 직종, 직무내용, 직무수행에 필요한 각종 도구, 직무수행 방법 및 절차, 작업조건 등이며 직무의 목적과 표준성과를 제시해 줌으로써 직무에서 기대되는 결과와 직무수행 방법에 대한 정보를 제공해 준다.

직무기술서는 기본적인 책임사항과 업무에 대한 내용을 명료하게 기술하여 직원들이 자신의 업무가 무엇인지 명확히 알도록 해야 하며, 변화하는 환경에 적응할 수 있도록 직무내용을 지속적으로 수정 및 보완해야 한다. 직무기술서가 갖춰야 할 요건은 다음과 같다.

첫째, 명확성이다. 그 직무를 처음 접하는 사람도 쉽게 알아볼 수 있어야 한다.

둘째, 간결성이다. 직무기술서의 내용은 단순하고 건조한 표현을 사용해야 한다.

셋째, 안정성이다. 그 직무에 관한 모든 내용이 빠짐없이 있어야 한다.

넷째, 일관성이다. 상호 모순된 의미나 용어를 피하고 통일감 있게 기술해야 한다.

레스토랑 매니저의 직무기술서

Restaurant Manager Job Description

Job Title

Restaurant Manager

Employee Duties & Responsibilities

1) Manage all areas of the operations during scheduled shifts includes on the spot decision making, supporting the staff, full interaction with the guest, ensuring that the guest needs are our main focus while enforcing standards for personal performance.

2) Assess staffing needs recruit staff.

3) Monitor purchasing, storage, preparation, cooking, handling and serving of all food beverage products to make sure correct recipe, portion and specification standards.

4) Act as support system for all areas of the restaurant.

5) Organize direct training programs within the restaurant.

6) Maintain spotlessly clean safe restaurant at all times.

7) Ensure highest quality levels of products hospitality.

출처: Jobdescriptionsandduties.com

2) 직무명세서

직무분석의 결과를 외식사업의 인적자원 목적에 맞게 직무의 내용과 직무에 요구되는 자격요건에 중점을 두어 기술한 문서이다. 직무명세서에 기록되는 사항은 직무기술서와 중복되는 내용도 있으나 주로 직무명칭, 소속 · 직종, 지식, 기술, 능력, 기타 신체적 특성과 인성 등의 인적 요건이 강조된다. 직무명세서의 목적은 직무 수행을 위한 경력이나 특별교육 규정을 정의하기 위함이며 개인적인 자질에 대한 부분은 측정이 매우 어려우므로 주로 면접에 의해 측정된다.

가) 직무기술서와 직무명세서의 차이

직무기술서가 직무내용과 직무요건을 각각 다루고 있는 데 비하여 직무명세서는 직무내용보다는 직무요건 중 특히, 인적 요건(지식, 기술, 능력, 기타 신체적 특성과 인성 등의 인적 요건)에 큰 비중을 두고 있다는 점에서 차이가 있다.

즉 직무기술서는 직무의 특성이 강조되며, 직무명세서는 인적 요건을 중점적으로 다룬 문서이다.

나) 직급

직급은 직무에 대한 등급으로 업무의 종류, 난이도, 책임 정도를 단위수준으로 묶은 것을 말하며 직급에 따라 급여, 복리후생 및 처우가 다르게 제공된다.

직무명세서

직 무 명 세 서

★ 작성일자 : 0000000 ★ 작성자 : 000 대리 ★ 확인자 : 0000

직군	관리	직렬	마케팅	직무 (Job)	신규사업 기획, 홍보, 프로모션, 가맹영업
직무개요(목적)	저비용 고효율의 마케팅활동을 통한 리치푸드 브랜드 경쟁력 강화 및 매출확대에 관한 기획, 실행, 운영				

★ 직무수행 자격

필요 선행 경험 직무	매장운영관리, 프로모션 기획 및 운영	선행 경험 직무수행기간	49 개월
직무숙련 도달기간	24개월	향후 이동가능 직무	신사업팀, 개발팀
관련 전공	마케팅	관련 자격증	

★ 직무수행 역량

공통역량	탁월한 팀워크, 타인신뢰 및 존중, 책임감 및 자신감, 커뮤니케이션 능력, 업무분석능력
리더십역량	마케팅/영업지식 활용, 전략적 기획, 문제해결능력, 비전제시
직무역량	창의성, 전문성, 성실성, 유연성, 명확한 소통능력, 빠른 대처능력

★ 주요 과업 및 프로세스 (Task & Process)

단위업무(Task : 과업)	업무 프로세스		업무목표 (성과물)	필요지식 및 기술			업무발생빈도
	업무수행절차	중요도(상중하)		필요지식 및 기술명	중요도(상중하)	필요수준(상중하)	
1. 신사업 개발	1) 사회 트렌드 및 소비성향 분석	상	조사 보고서	분석능력, 전문성	상	상	런칭 시
	2) 브랜드 컨셉 등 전반에 대한 기획	상	기획서	기획력, 전문성, 설득력, 추진력	상	상	
	3) 최적의 직영점 사이트 발굴 및 개설	상	결과 보고서	전문성, 설득력	상	상	
	4) 브랜드 런칭 홍보 계획 수립 및 진행	상	조사 보고서	분석능력, 전문성, 기획력	상	중	
	5) 매장 매출 안정화를 위한 마케팅 실행	상	기획서	기획력, 전문성, 설득력, 추진력	상	상	
2. 신사업 확장	1) 브랜드 강점 파악 및 경쟁사 약점 파악를 통한 홍보물 기획, 제작	상	브로셔	분석능력, 편집력, 전문성	상	상	수시
	2) 예비창업자 모객 채널 확보 및 모객활동	상	모객 수	분석능력, 전문성	상	상	수시
	3) 최상의 효과를 낼 수 있는 가맹점 사이트 발굴 및 가맹예정자에 소개	상	가맹점 개설 수	관찰력, 분석력	상	상	수시
3. 마케팅 분석	1) 마케팅 성과창출						
	① 업계 및 경쟁사 동향, 이슈사항 분석	상	보고서	분석능력, 편집력, 전문성	상	상	수시
	② 사회 트렌드 반영을 통한 마케팅 업무 차별화	상	보고서	분석능력, 전문성	상	상	수시
	③ 지역별, 거점지역 통합 마케팅 활성화 지원	상	교육자료	관찰력, 분석력	상	상	수시
	④ 브랜드채널, 마케팅 자료 기획, 확산 배포	상	매거진, 자료	기획력, 편집력, 분석능력	상	상	연 2회

SPC그룹의 직급체계

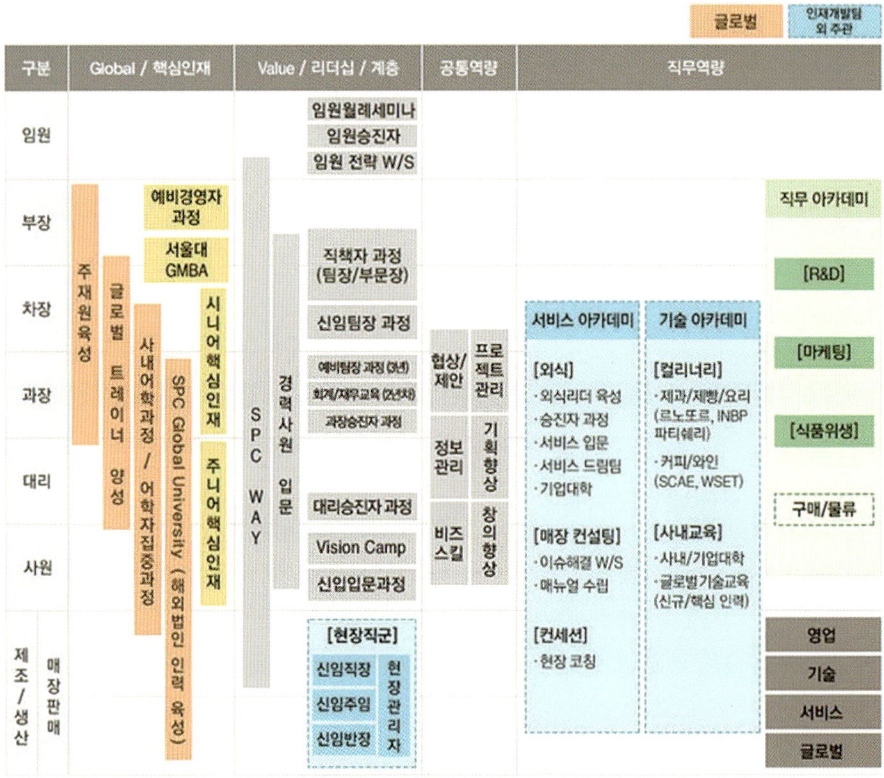

3. 채용관리

외식산업의 인적자원 관리를 위한 채용 프로세스는 일반적으로 다음과 같은 경로로 이루어진다.

채용 프로세스

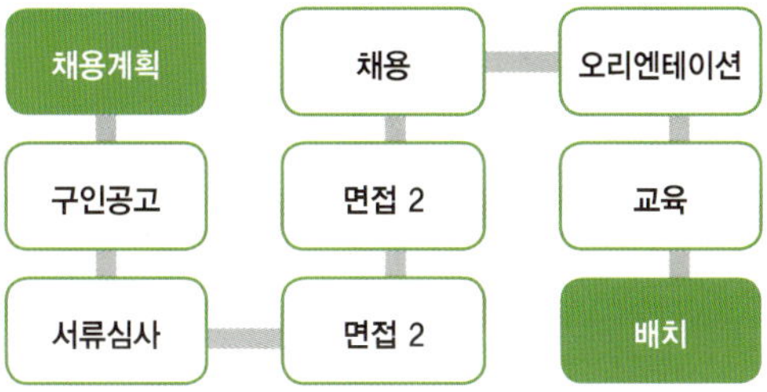

1) 채용계획

영업장에는 부서마다 적정인원이 있다. 인원수급에 대한 적정인원을 일반적으로 par[22]라고 하며 par를 기준으로 인원의 과부족을 파악할 수 있다. par는 기준이 되는 인원을 나타낸다.

아래 인원 현황표는 필요인원을 par로 나타내고 있다. 이 기준인원 대비 현재인원을 비교하면 과부족 인원수가 아래처럼 나오게 되는데 아래의 경우 서버가 10명 par이나 현재인원이 8명으로 2명이 부족하게 나타난다. 이를 통해 구체적인 채용계획을 세우게 된다.

22 스포츠 경기 중 골프에서 말하는 par는 기준타수를 말한다. 기준타수를 기준으로 하여 몇 번 만에 골프코스를 끝냈는지를 비교하여 기준대비 적은 타수로 경기를 끝낸 사람이 승자가 된다.

채용계획표

인원현황					
부서	구분	PAR	현재 인원	과부족	채용계획
FOH	서버	10	8	-2	
	안내	3	3	0	
	바텐더	3	2	-1	
	버서	2	2	0	
	주차	3	3	0	

인력충원은 필요한 인원수를 채용한다고 해결되는 것은 아니다. 채용한 직원들이 충분히 자기 몫을 할 때까지는 교육시간과 숙련시간이 필요하다. 채용은 충분한 시간적 여유를 가지고(lead-time) 채용해야 원하는 시점에 인력을 투

입할 수 있다. 인원이 부족하다고 감지하는 순간 영업시스템에 무리가 오기 시작한다. 이를 파악하고 유지하기 위해서는 항상 근무 중인 직원들을 주기적으로 면담하여 턴오버(turn over)를 방지하고 인원이 부족하기 전에 미리 채용하는 것이 최선의 방법이다.

2) 구인공고와 채용 소스(source)

채용을 위해서는 다양한 경로를 통한 인재 풀(pool)이 있어야 한다. 적은 지원자로 인해 급하게 인원을 채용했다가는 그로 인한 손실이 더 클 수 있다. 그래서 채용은 충분한 지원후보자를 검토하여 최상의 지원자를 채용할 수 있도록 첫 번째는 인력채용 소스(source)의 확보가 중요하다.

인력채용 소스를 확보하기 위해서는 다양한 경로를 개발해야 한다. 다음은 다양한 인력채용 소스의 예이다.

- **학교**: 대학교나 고등학교 졸업 후 취업을 원하는 풀타임 직원들과 학기 중 근무를 원하는 파트타임직원을 채용하기 좋은 소스이다. 관련학과가 있다면 협약(MOU)[23]을 맺고 수시로 입사지원을 받을 수 있게 시스템을 갖춘다면 지속적인 인재pool로 활용할 수 있다. 주로 학과사무실이나 학생게시판에 채용공고를 올리고, 지원자를 모집한다.
- **관공서**: 관공서에서는 인력관리공단, 구청, 동사무소 구직자들의 정보를 얻을 수 있다. 그러나 관공서에 게시되는 인력들은 연령이 높고 다양한 직업군의 인력이 많아 현장에서 요구하는 기준에 맞지 않을 수 있다. 이외에 관공서에서는 취업알선을 위한 다양한 프로그램을 운영하고 있으므로 여러 지원을 받아 인력을 채용할 수도 있다.
- **채용박람회**: 각종 단체에 의한 채용박람회는 다양한 채널의 채용소스를 발견할 수 있는 행사이다. 요즈음은 온라인에서도 채용박람회가 열리고 있어 보다 쉽게 접근할 수 있으며 다양한 정보를 얻을 수 있다. 채용에 따른 지원이나 협조도 받을 수 있다. 온라인을 통해 채용박람회를 검색해 보면

23 양해각서(Memorandum of Understanding, MOU)는 정식계약 체결에 앞서 행정기관 또는 조직 간 양해사항을 확인하기 위해 작성하는 문서로, 보통 법적 구속력은 갖지 않는다.

다양한 채용박람회 정보가 있어 쉽게 접근할 수 있다. 다만 채용박람회는 다양한 연령층을 대상으로 열리기 때문에 외식산업 현장에서 일하는 직원들을 채용하는 도구로 활용하려면 세밀하게 조사하고 검토해야 한다.

부산 벡스코에서 열린 부산시의 채용박람회

출처: 부산시보

서울푸드 잡페어의 온라인과 오프라인 외식인력 채용박람회

출처: 식품외식경영

- **채용사이트:** 구직자를 많이 보유하고 있으며 분야별로 구분되어 있어 검색이 용이한 장점이 있다. 채용을 위해 유료로 회원가입하고 구직자를 검색할 수 있다. 정직원들 외에 파트타이머들의 정보도 많으며, 지원자를 좀 더 많이 뽑기 위해 구인광고를 상단에 노출하고자 할 경우 비용을 추가로 지불하기도 한다.

국내 채용정보 플랫폼 현황(2020)

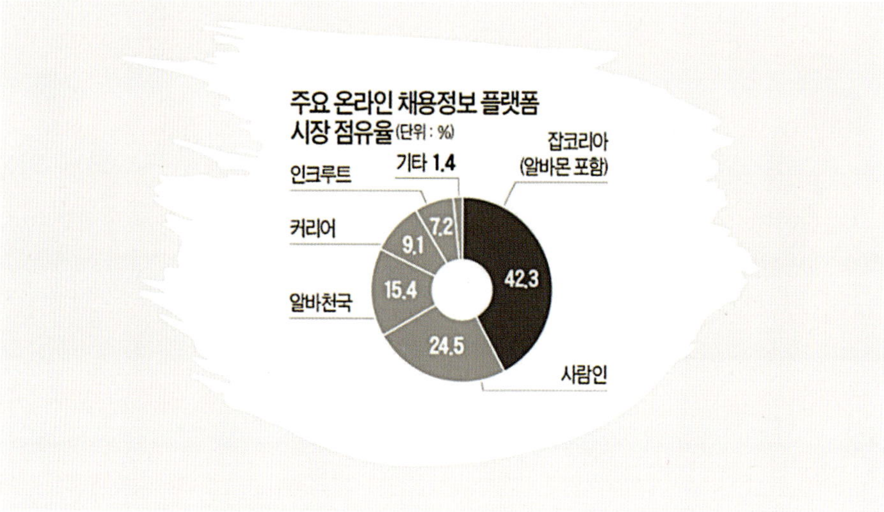

출처: 한경

그 밖에 홈페이지가 있는 외식기업은 구직자들이 홈페이지에서 지원할 수 있도록 상시 취업정보를 공개하여 접수받는 경우가 많다.

선앳푸드의 채용공고

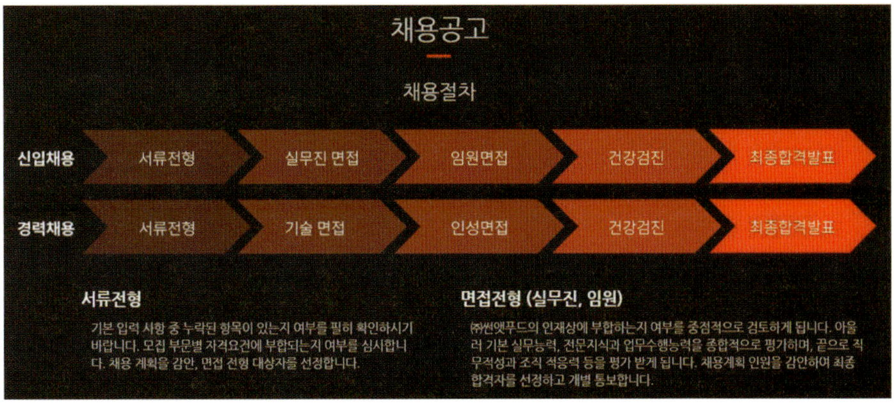

출처: 선앳푸드 홈페이지

직원을 채용하는 것은 모래사장에서 사금을 찾는 것처럼 많은 지원자들 속에서 우수한 인재를 선별할 수 있는 안목이 필요하다. 좋은 지원자를 선별하려면 비교할 수 있는 여러 입사지원자들의 이력서를 확보해야 한다.

다른 산업에 비해 비교적 이직률이 높은 외식산업에 있어 관리자는 채용을 위한 지원자들의 이력서를 늘 검토하고 준비해 두어야 이직으로 인한 영업 손실을 예방할 수 있다.

외식업체의 채용정보를 얻을 수 있는 주요 채용사이트는 다음 페이지에 소개하였다.

외식기업 구인구직 사이트

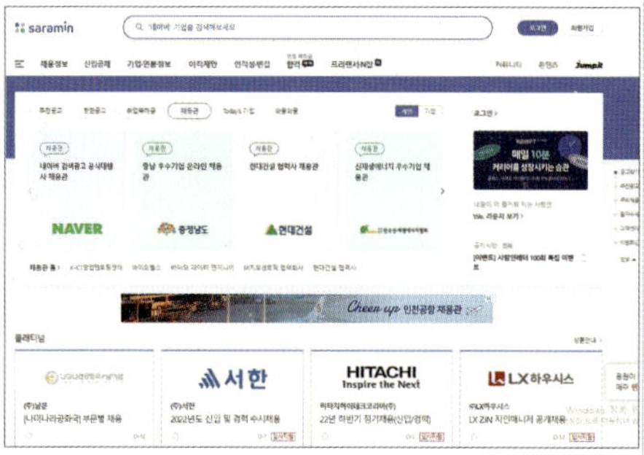

사람인 : https://www.saramin.co.kr

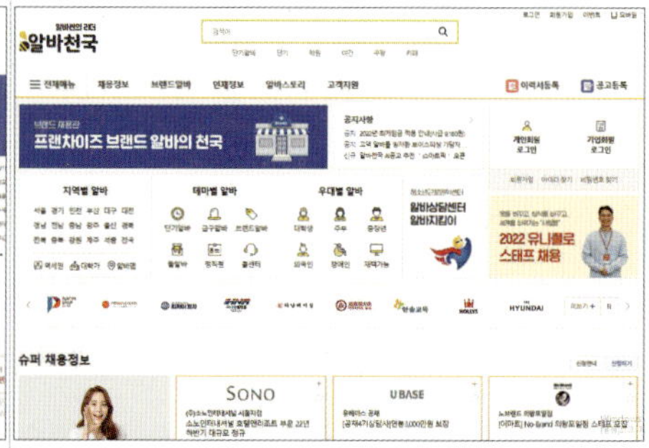

알바천국 : http://www.alba.co.kr

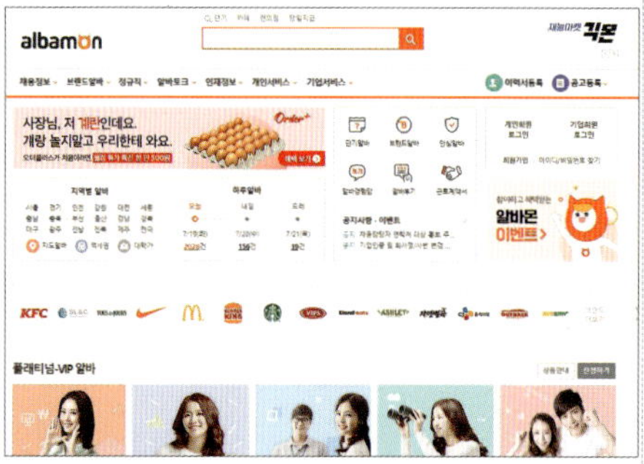

알바몬 : https://www.albamon.com

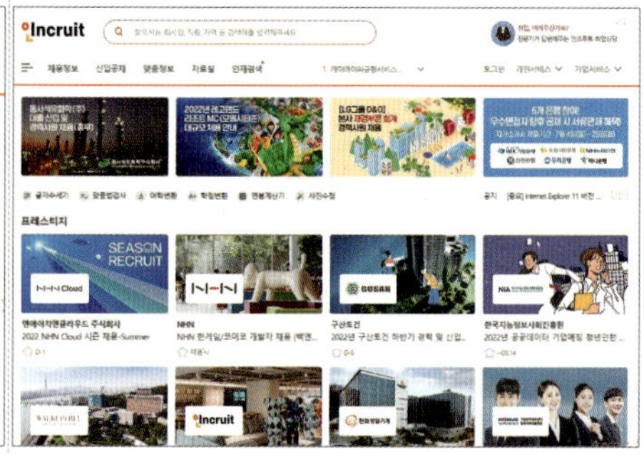

인크루트 : https://www.incruit.com

잡코리아 : https://www.jobkorea.co.kr

외식과사람들 : https://www.foodwork.co.kr

조리사닷컴 : https://www.zorisa.com

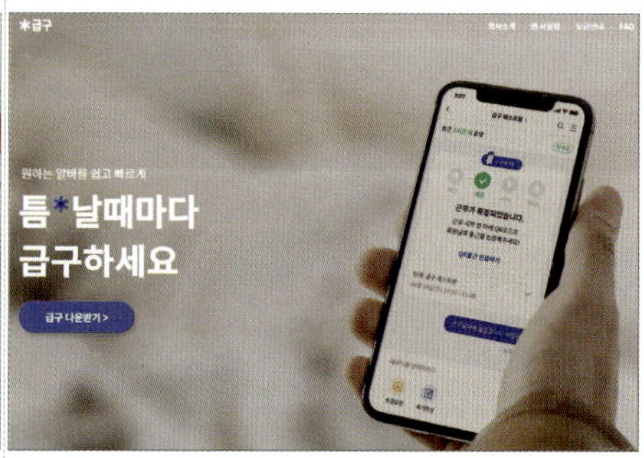

급구 : https://www.gubgoo.com

4. 서류심사와 면접

구인공고를 내고 후보자들이 서류심사와 면접단계에 오면 관리자들의 집중이 요구된다. 앞서 언급한 구인활동의 결과가 이력서로 접수되는데 여기서 옥석을 가려야 하기 때문이다.

서류심사를 통해 1차로 이력서 중 회사와 맞는 입사후보자들을 선발한다. 선발된 입사후보자들에게 개별적으로 연락을 취하고 면접일자를 정한다.

면접은 현장에서 실시하게 될 경우 바쁘지 않은 오전이나, 오후 방해받지 않는 시간을 택해서 실시하며, 1, 2차로 면접을 보는 경우가 많다. 1, 2차로 보게 되는 경우 현장에서는 매니저(manager)가 1차로 면접을 보며 최종면접은 최고관리자(점장, general manager)가 볼 수 있다.

면접에는 구술면접, 필기시험, 적성검사 등의 방법이 사용될 수 있다. 이 중 적성검사는 지원한 후보자의 적성여부를 통계적인 방법을 이용하여 파악하는 도구로 면접자에게 객관적 자료를 제공하는 기초자료로 활용할 수 있다.

● **적성검사**

출처: ORP심리검사센터

면접 후 결과는 개별적으로 통보해 주는 것이 바람직하며, 채용되지 않을 경우 결과에 대하여 정중하게 안내하고 면접참여에 대해 감사인사를 전한다.

5. 채용

후보자들이 채용되었다면 행정적인 업무를 통해 사원으로 등록하게 된다. 회사마다 필요로 하는 서류들이 있는데, 외식 현장에 근로하는 직원들은 보통 주민등록등본, 졸업증명서, 보건증(신체검사), 급여받을 계좌 개설, 신분증 등이 필요하다.

행정적인 등록을 통해 사원으로 입사처리가 완료되면 오리엔테이션(orientation)을 실시해야 한다. 보통 인사담당자가 회사의 전반적인 흐름과 방향, 경력경로(career path), 급여, 복지, 사규 등에 대한 전반적인 안내를 실시하며 교육을 위한 일정을 수립하여 사원들이 교육을 이수할 수 있도록 한다. 보통 외식현장의 교육은 OJT(on the job training)의 형태가 많으며 실물위주의 숙련을 위한 교육이 많다. 교육이 끝나면 교육에 대한 결과를 점검하고 비로소 현장에 배치하여 근무를 시작하게 된다.

유념해야 할 것은 교육을 받고 투입되는 직원들은 아직 100% 숙련된 직원이 아니라는 사실이다. 30% 정도의 역량을 가지고 투입되어 숙련과정까지는 아직 몇 개월이 더 소요될 수 있다는 점을 이해하고 자신감을 가지고 근무할 수 있도록 현장 관리자들이 관심을 갖고 리더십을 발휘해야 한다.

직원들의 개발 정도에 따른 현장 관리자의 관심과 리더십의 차원은 매우 중요하다. 직장인들이 회사를 떠나는 가장 큰 이유는 상사 때문이라고 할 정도로 관리자의 리더십은 매우 중요하다.

신입직원들이 앞에서 여러 단계를 거쳐 입사하였는데 적응하지 못하고 탈락하는 것은 매우 큰 손실(비용)이기도 하며 브랜드에 대한 내부고객의 경험에 좋지 않은 결과를 가져오게 된다.

신입직원들의 적응을 위한 4가지 영역

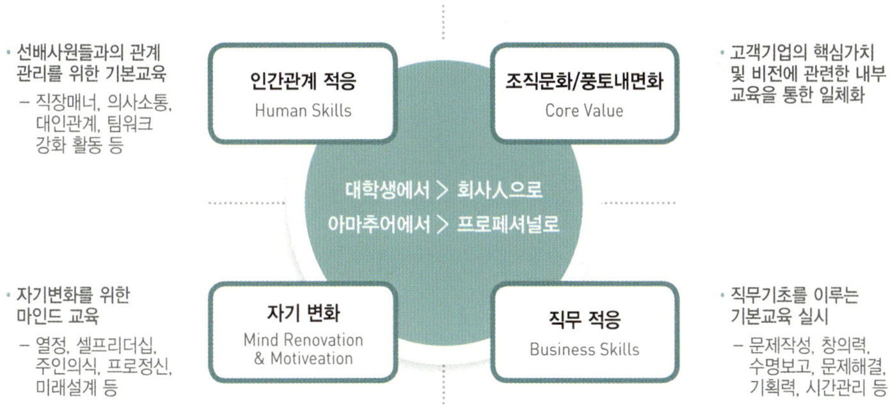

출처: Mega HRD

6. 유지(retention)관리

직원들이 퇴사하지 않고 적응하여 자기 몫을 해내면서 발전하는 것은 회사가 성장하는 것과 같다. 직원들이 퇴사하지 않고 계속 근무하기 위해서는 무엇보다 직무에 만족하는 것이 중요하다. 학문적으로 직무만족에 대한 이론은 많지만 현장에서 일어나는 직무만족요인들은 의외로 사소한 부분부터 시작된다. 인간의 기본적인 욕구와 자아를 실현하려는 욕구는 개별적으로 차이는 있지만 공통된 속성이며 이를 만족시키는 것이 중요하며, 만족하였다고 해도 다른 원인으로 퇴사하게 되는 경우도 있어 현장에서 피부로 느끼면서 실시간 상호작용(interaction)하에 불만족요소를 해소시키는 것이 더 중요하다.

직장 상사에 대한 스트레스가 선배직원의 조언으로 해소되는 경우나, 직원 상호 간의 갈등이 상사의 리더십에 의해 해소되는 것 등, 현장에서 일어나는 갈등요인들은 그 골이 깊어지기 전에 신속히 해결되어야 한다.

직무만족에 대한 연구는 일찍이 미국 산업혁명 이후 호손공장의 실험(Hawthornestudies, 1924~1932)에서 직무만족과 성과와의 관계는 환경보다 내부자들의 관계가 더 중요하다는 결과를 얻었으며 매슬로(Maslow, 1943) 박사는 5단계 욕구설에서 인간은 기초적인 욕구가 해결되면 소속되고 존중받고 자아실현하려 한다는 유명한 이론을 발표하였다.

이처럼 대체로 직장 생활은 일보다 사람(상사, 동료)이 더 힘들다고 이야기하는 경우가 많다. 그러나 적절히 동기부여되고 외식업처럼 현장에서 긍정적인 피드백(고객, 상사, 동료로부터)을 많이 받는 직원들은 대체로 장기근속하며 성장하는 것을 볼 수 있다.

직장인의 욕구는 동기요인과 위생요인[24]의 2차원으로 생각해 볼 수 있으며 이를 잘 나타낸 것이 허츠버그(Herzberg, F., 1965)의 동기 · 위생이론이다. 위생요인의 각 항목들은 직무불만족에 대한 관리요인으로 이 요인들이 불만족으로 작용하지 않아야 비로소 동기요인이 영향을 주어 긍정적인 방향으로 업무수행을 한다는 이론이다.

24 위생요인(hygiene)의 개념은 건강한 상태(정신적, 신체적)를 보존하려는 사례들을 일컫는 말로써 프랑스어 hygiène이 1962년 영어로 사용된 것을 시초로 보고 있다.

허츠버그의 동기·위생요인

동기요인 (긍정적 동기부여요인)	위생요인 (불만족 예방요인)
• 인정 • 성취 • 승진 • 성장가능성 • 책임감 • 직무만족	• 회사정책 • 기술적 감독 • 상사와의 관계 • 급여 • 직무안정 • 대인관계

1) 이직률의 관리

매니저들이 주의 깊게 봐야 하는 관리지표는 이직률이다. 단순히 몇 명이 그만두었다고 이야기하는 것으로는 영업장 이직률의 높고낮음을 알 수 없으며, 동일 사업 기준하여 잘 관리되고 있는 것인지 명확하지 않다.

따라서 그런 기준을 알고 관리가 잘 되는지 확인하는 것은 수치화된 이직률에 의해서이다. 관리(management)는 수치화해야 관리가 가능하기 때문이다.

"측정 가능해야 관리할 수 있다(what gets measured gets managed)"

– 피터 드러커(Peter Drucker), 미국 경영학자

이직률을 관리하기 위해서는 입 · 퇴사자의 수를 파악하는 것이 중요하다. 아래는 이직률을 구하는 공식이다. 여기에 수치를 대입하면 이직률을 구할 수 있으며 수치가 높으면 많은 직원들이 이직하는 것을 나타낸다. 평균직원은 보통 월말에 측정한 근무인원으로 산정하는 경우가 있고 월초와 월말의 현황을 파악하여 평균값으로 산정하는 경우도 있다.

아래 식을 기초로 월별 이직률을 점검하고 아울러 연간 이직률도 관리할 수 있게 된다. 이 수치를 매년 기록 · 관리하면 회사의 히스토리를 이해하는 데 도움이 되기도 한다.

$$\text{Turnover(\%) 월 이직률} = \frac{\text{Emlpoyees turnovered 퇴사직원}}{\text{Average number of employees 평균퇴사직원}} \times 100$$

2) 근로기준법의 준수

채용 후 근무하는 직원들에게 적용되는 근로기준법은 매년 조금씩 변화가 있다. 대표적인 변화는 최저임금의 변화이며 그 외 법률적인 신규조항이 신설 되는 등을 숙지해야 하며 바로 적용되어야 하는 사항들은 직원들에게 바로 적용되어야 한다.

근로기준법의 미준수로 인한 처벌이나 불이익은 대표에게 부가되며 때로는

이로 인한 영업손실이나 브랜드 이미지에 치명적일 수 있으므로 인사관리는 정확하게 적용하여 노사 간 갈등요소가 되지 않도록 하는 것이 관리자의 책임이다.

근로기준법과 임금체불로 인해 브랜드 이미지에 심각한 영향을 주는 기업들의 사례가 아직도 뉴스기사로 올라오고 있으며 심지어 대기업에서도 임금체불에 대한 관리소홀로 법적 처벌을 받는 케이스도 있었다.

고용부가 2016년 12월 26일 발표한 2016년 근로감독 결과에 따르면 '유명 프랜차이즈 감독' '기초 고용질서 감독' '열정페이 감독' 등 3대 감독에서 4,865곳 대상 사업장 가운데 절반에 가까운 2,252곳(46.3%)이 임금체불로 적발됐다.

해마다 업데이트되는 근로기준법은 관리자들이 반드시 숙지하고 현장에 적용될 수 있도록 주기적인 관리가 필요하다.

♣ 2021년 11월 19일부터 사용자는 임금명세서를 교부해야 합니다.

'임금명세서 만들기' 컴퓨터·모바일 프로그램 무상 보급
임금명세서 교부의 현장 안착을 위해 우선 지도·지원

2021년 11월 19일부터 사용자가 근로자에게 임금을 줄 때, 임금의 구성항목 및 계산방법, 공제내역 등을 적은 임금명세서를 함께 주어야 한다.

임금은 근로관계를 이루는 중요한 내용으로 과거부터 임금의 세부내역을 기재한 문서를 주는 것이 일반적이다.
그러나 일부 사업장에서는 근로자에게 임금명세서를 주지 않거나 임금총액만 알려주는 경우가 더러 있기도 하였다.
이에 사용자와 근로자가 임금에 대한 정보를 정확히 주고받고, 임금체불이 발생할 경우 사용자와 근로자 간 액수 등에 대한 다툼의 소지를 줄일 수 있도록, 임금명세서 교부를 의무화하는 내용으로 "근로기준법"이 개정('21.5.18. 공포)되었으며, 11월 19일부터 시행한다.

고용노동부(안경덕 장관)에 따르면 주요 내용은 다음과 같다.
① 사용자는 근로자에게 '임금을 지급할 때' 임금명세서를 주어야 하고, 11월 19일 이후 임금지급분부터 적용된다.
② 임금명세서에는 "근로기준법 시행령" 제27조의2에서 정하는 기재사항을 반드시 포함해야 한다.
임금명세서에 필수적으로 기재해야 하는 사항은 다음과 같다.
성명, 생년월일, 사원번호 등 근로자를 특정할 수 있는 정보, 임금지급일, 임금 총액, 기본급, 수당, 상여금, 성과금 등 임금의 구성항목별 금액(통화 이외의 것으로 지급된 임금이 있는 경우 그 품명 및 수량과 평가총액)
출근일수·근로시간 수 등에 따라 달라지는 임금의 구성항목별 계산방법(연장·야간·휴일근로를 시킨 경우에는 그 시간 수 포함)

임금의 일부를 공제한 경우 공제 항목별 금액과 총액 등 공제내역
③ 임금명세서는 서면 또는 "전자문서 및 전자거래 기본법"에 따른 전자문서로 교부해야 한다. 전자우편이나 휴대전화 문자메시지(SMS, MMS), 모바일메신저 등을 통해 임금명세서를 작성·전송하는 것도 가능하다.
사내 전산망 등에 근로자가 개별적으로 접근해 열람하고 출력할 수 있도록 올리는 것도 가능하다.
④ 임금명세서 기재사항을 모두 적은 문서(전자문서 포함)라면 임금명세서에 해당하며, 반드시 특별한 서식으로 교부해야 하는 것은 아니다.

한편, 임금명세서 교부 의무를 위반한 사용자에게는 "근로기준법" 제116조에 따라 500만 원 이하의 과태료가 부과된다.
다만, 영세 사업장에서는 관련 법령 내용의 숙지가 미흡할 수 있고, 임금명세서 교부를 위한 준비기간이 필요한 점 등을 고려하여, 충분한 시정기한과 추가적인 시정기회를 부여하는 등 과태료 부과보다는 제도 정착에 주안점을 두고 사업장을 지도할 예정이다.

아울러, 임금명세서 교부에 대한 사용자의 인사노무관리 부담을 줄여주기 위해 고용노동부 누리집을 통해 '임금명세서 만들기' 프로그램을 무상으로 보급한다.
사업주는 이 프로그램을 이용하면 손쉽게 전자적 형태의 임금명세서를 작성할 수 있다.

'임금명세서 만들기'는 근로자 1명에 대한 임금명세서를 직접 작성하는 '개별작성'과 다수 근로자의 임금명세서를 한번에 만들 수 있는 '일괄작성' 방식으로 사용 가능하며, 사용자가 편리한 방식을 선택하여 이용할 수 있다.
또한 모바일 고용노동부 누리집을 통해서도 간단한 형태의 임금명세서 작성이 가능하도록 하여 사용자 편의성을 높였다.

임금명세서 작성례 및 작성방법, 자주 묻는 질문 등을 상세하게 담은 설명자료는 고용노동부 누리집(정책자료실)을 통해 확인할 수 있으며, 국번없이 ☎1350으로 문의하여도 상세한 안내와 상담을 받을 수 있다.

최현석 근로기준정책관은 "이미 임금명세서를 주고 있는 기업은 기존의 임금명세서를 활용할 수 있고, 영세사업장에서도 큰 부담없이 임금명세서를 줄 수 있도록 현장의 의견을 최대한 반영하였다."라면서, "제대로 된 임금명세서가 교부될 수 있도록 사업장을 지도하는 한편, 사업주의 부담을 덜어주기 위한 다양한 현장 안착 방안을 강구하여 지원하겠다."라고 밝혔다.

출처: 고용노동부 보도자료 2021-11-16

7. 교육과 개발

1) 개발경로

직원들은 입사 후 일정기간이 경과하면 단계별로 업무의 난이도가 높아지며 직급도 높아지게 된다.

경력 개발경로

출처: https://www.saizeriya.com

진급은 구성원들의 목표이자 동기부여가 되는 중요한 요인이다. 직원들을 진급시키고 더 중요한 임무를 수행하게 하기 위해서는 적절한 교육과 개발이 필요하다. 이 부분은 직원들이 회사의 방향을 이해할 수 있도록 경력경로(career path)를 명확히 해줄 필요가 있다.

교육과 개발을 위한 첫 단계는 직원들의 경력경로에 대한 청사진을 만드는 것이다. 경력경로를 토대로 각 단계마다 필요한 교육과 훈련에 대한 준비를 하게 되고 보통 숙련된 사내 직원들 중 교육능력이 우수한 직원들을 강사로 개발하여 교육하게 된다.

일반적으로 사내강사(in store trainer)를 활용하는 것이 기업문화의 전파 및 실무이해 면에서 효율적이며 직원들에게는 좋은 본보기와 동기부여가 된다.

사내강사의 역할

출처: 동원그룹 블로그

그러나 의사결정능력이나, 리더십 또한 새로운 기술과 지식 등의 외부교육이 필요한 경우는 외부 기관을 이용한 교육에 참석시켜 개발하기도 한다. 외부 위탁기관은 공신력 있는 기관의 교육을 수료하는 것이 바람직하다.

● 한국리더십센터의 리더십교육프로그램

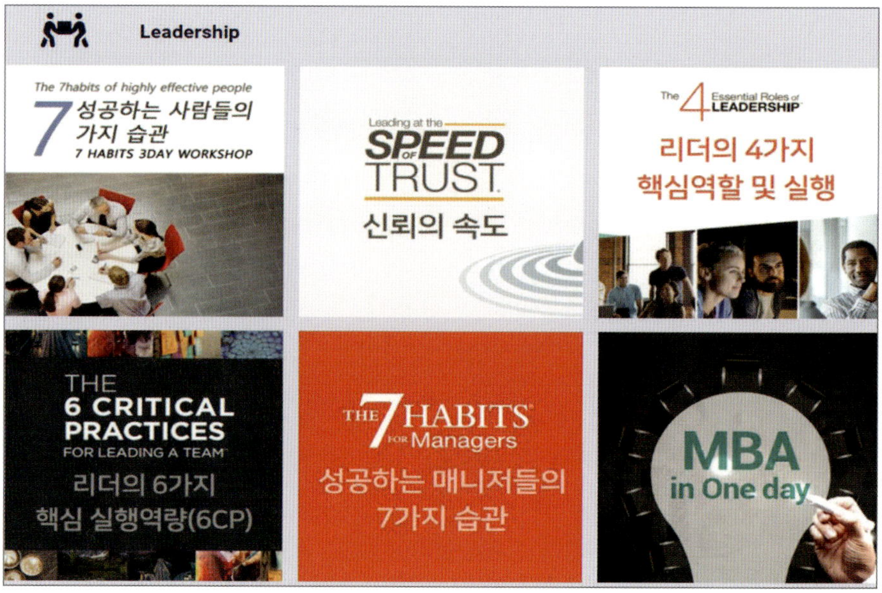

2) 인사고과(人事考課)

인사고과는 조직 내 부서별 직무에 종사하고 있는 직원들의 근무성적과 역량 등을 기업 고유의 방식으로 평가하여 상대적 가치를 조직적으로 결정하는 제도이다. 직무평가는 직무의 평가인 데 비하여 인사고과는 사람에 대한 평가이다.

외식업 현장의 인사고과는 업의 특성상 본사와 영업장의 인력에 대해서는 이원화된 인사고과방식을 채택하는 경우가 많다. 이는 업무의 목표와 가치에 대한 본질에 집중할 수 있는 동기부여를 주기 위함이며, 이를 통한 고과 대상자들의 가치를 본질적인 기준을 근거로 측정하여 합리적인 인사고과를 하기 위함이다.

인사고과 절차

인사고과, 제대로 하고 계십니까?

대부분의 기업들의 인사고과는 연말에 이뤄진다. 연말에 모든 직원들에 대한 인사평가를 마치 숙제하듯 해치우는 모습을 어렵지 않게 볼 수 있다. 그렇다 보니 오래전 일은 기억을 제대로 하지 못해 평가시점을 기준으로 최근의 내용들만 기억이 나 제대로 된 평가를 진행하지 못하는 경우도 있다. 뿐만 아니라 바쁜 연말 혹은 연초에 집중적으로 인사고과를 하다 보니 직원들에게 피드백을 해줄 만한 시간적 여유가 없어 평가와 피드백, 그리고 개선으로 이어지지 못하고 단지 인사고과 평가서 제출로 마무리를 하게 된다.
따라서 인사고과는 매월, 혹은 분기별로 꾸준히 진행해야 하며 이를 기준으로 최종 인사고과를 해야 공정성에 대한 시비를 미연에 방지할 수 있다. 또한 연중 진행하는 인사고과는 최종 인사고과 항목과 동일하게 만들어 진행하는 것이 보다 객관적인 평가를 하는 데 유리할 것이다.
한편 평가자에 대한 교육도 진행해야 할 것이다. 인사고과는 사람이 하는 일이다 보니 어느 정도 주관적인 감정이 포함될 수는 있다. 그러나 이러한 주관적 감정을 최대한 배제한 채 정해진 기준에 따라 평가를 할 수 있는 평가자 교육을 진행하는 것도 필요하다.

▶ 오발탄: 주관적 평가 배제하고 서비스 마인드 중점

성과측정이 모호하고 잦은 이직으로 인사고과를 진행하기 어려운 오발탄은 서비스 마인드에 중점을 두고 있다. 또 주관적인 감정이 개입되지 않는 인사평가의 비결은 설문조사와 독서경영이라고 한다.

기업형 외식업체가 아닌 개인이 운영하는 일반 외식업소는 기업형 업체와는 달리 업무 능력, 기여도 등에 있어 명확한 성과를 측정하기가 애매하고 직원들의 잦은 이직 등으로 제대로 된 인사고과를 진행하기가 쉽지 않다.
6개점의 직영점을 운영 중인 오발탄은 개인업소라는 핸디캡을 극복하고 업소상황에 맞는 인사고과 시스템을 구축하고 있는 중이다.
매장운영이라는 특수성이 있어 매장직원과 본사직원의 인사고과 방식에는 차이가 있다. 매장직원의 경우 일반 직원과 조장, 팀장급까지는 담당 점장이 인사고과를 실시하고 점장부터 주임, 대리까지는 본사 간부협의회를 통해 실시한다.
접객서비스에서 개인적인 실적을 측정하기란 불가능하다. 일반 업소의 매출은 외부적인 영향을 더욱 크게 받기 때문에 따라서 5만 원 이상의 높은 객단가를 형성하며 풀 서비스를 실시하고 있는 오발탄은 홀 직원의 경우 고객 클레임 여부를 인사고과의 중점 포인트로 삼고 있다. 직원 한 명의 실수가 브랜드 인지도에 적잖은 영향을 미칠 수 있기 때문이다. 이에 점장은 항상 홀 서버가 고기를 태우지 않고 제공하고 있는지, 고객들의 질문에 미소를 띠며 즉각적으로 대답하고 필요한 서비스를 제공하는지 등을 수시로 체크하고 이를 인사고과에 반영하고 있다.
주임급 이상의 간부들은 본사의 대표이사, 이사, 직영점 선임부장 등으로 구성된 인사고과위원회에서 수시로 매장을 방문해 매장의 청결상태, 음식의 맛, 서비스 속도 등을 평소 눈여겨보았다가 6개월 단위로 인사고과에 반영한다. 업무방식이나 성과가 잘 드러나지 않는 주방직원은 조리실장에게 인사고과의 전권을 주고 있다.
점장이 매장직원에 대한 인사고과를 하다 보면 주관적인 평가로 흘러가기 쉬운 것이 사실. 이에 오발탄은 매년 업무만족도, 조직분위기, 향후 이직문제 등 직원들이 갖고 있는 생각을 한눈에 알 수 있는 설문조사를 실시, 점장이나 간부들이 공정한 인사고과를 할 수 있도록 유도하고 있다.

외식업의 특성상 사적인 감정이 개입되거나 편파적인 인사고과는 직원들의 이직률과 정비례하기 때문에 이 직률 역시 인사고과의 공정성을 판단할 수 있는 근거가 된다고.

오발탄 마케팅팀의 남궁록 부장은 "외식업소에서는 실질적인 작업성과를 측정할 수 없을뿐더러 점장이나 오너의 개인적인 감정이 인사고과에 반영되기 쉽다"며 "공정한 인사고과를 위해서는 이를 실천하기 위한 경영주의 의지가 가장 중요하다"고 전했다.

또 "대표이사가 수시로 인성 및 경영능력을 함양할 수 있는 도서를 권장해 간부급 이상 직원들이 공정한 인사평가를 할 수 있도록 유도하고 있다"고 말했다.

▶ 썬앳푸드: 개인별 목표제 등 공정성 확보와 동기부여에 주력

썬앳푸드는 인사고과 시 직급별 · 연차별 등에 따른 상대평가 제도를 도입하고 있다. 즉, 모든 사람에게 일률적으로 적용되는 기준을 정한 후

이 틀에 끼워 맞추는 식의 평가가 아닌 개인별 능력 및 목표 가능 기준을 정한 후 이에 대한 성취도를 평가하는 것이다.

평가

인사고과는 크게 업적평가와 역량평가로 구분하며 각각 70:30의 비중으로 평가된다. 평가는 매월, 그리고 분기별로 진행한다.

■ 점포의 인사고과 평가

| 업적평가 | 본인의 업무에 해당하는 능력을 평가하는 것으로 매출, 이익, 고객서비스, 주요 업무 등 직급에 따라 다양한 항목에 의해 평가한다. BOH(주방) 직원들의 경우 조리 스킬뿐 아니라 위생관리 등 주방에서 일어나고 관리해야 하는 전반적인 내용을, FOH(홀) 직원들 역시 고객 서비스부터 미스테리 샤퍼 및 폰 모니터링 평가 등 다양한 항목과 방법에 의해 평가를 진행한다.

한편 홀 직원들의 경우 고객에 의한 평가는 고객 개인의 성향 및 감정상태 등에 따른 주관적인 평가를 하기 때문에 이를 객관화하기가 어렵다. 특히 고객 컴플레인 발생 시에는 점장이 직접 고객과 접촉해서 전후 사정을 들은 후에 해당 직원에게 불이익을 주는 것이 합당한지의 여부를 판단함으로써 이유 없이 불이익 당하는 것을 방지하고 있다.

| 역량평가 | 업무개선, 역량계발, 친화력 등 직무 이외의 다양한 부분을 평가 항목으로 한다. 직무평가에 비해 객관적인 평가가 어려운 역량평가를 위해 점장은 직원들을 상대로 정기적으로 면담을 실시, 직원들이 자기계발을 위해 어떤 노력(학원수강, 자격증 획득 등)을 하는지를 듣고 평가한다.

반영

직원 인사고과 평가 점수에 따라 S, A, B, C, D 5단계로 등급화한 후 연봉조정 및 승진 여부 등에 반영한다. 인사고과 평가는 최대한 객관성을 유지하기 위해 월별, 분기별로 평가를 진행한 후 연말에 이를 평점으로 환산해 적용한다. 일반적으로 S등급은 전체 직원의 10%, A등급은 20%, B등급은 40%, C등급은 20%, D등급은 10% 정도를 차지하며 B등급을 평균으로 S와 A는 평균 이상, C와 D는 평균 이하의 연봉인상을 적용받게 된다.

객관적인 평가, 피드백을 통한 직원능력 향상 도모

썬앳푸드는 현재 새로운 인사고과 시스템을 테스트 중에 있다. 보다 객관적인 평가와 동기부여로 직원들의 능력 향상을 목적으로 하는 이 시스템은 직속 상급자를 통한 평가 및 직원 개인별 능력에 따른 목표 설정을 핵심 툴로 하고 있다.

■ 직속 상급자를 통한 평가로 객관화

직원평가는 점장이 전 직원을 평가하는 시스템이 아닌 바로 상위 상급자가 직원을 평가한다. 점장이 모든 직원을 평가할 경우 자칫 해당 직원에 대해 잘 모른 채 형식적인 평가가 이뤄질 수 있기 때문이다. 따라서 일반 직원은 캡틴이, 캡틴은 매니저가, 매니저는 점장이, 점장은 본사 영업팀장이 평가한 후 매장 직원은 캡틴과 매니저의 평가를 바탕으로 최종 점장이 재평가를 한다.

또한 정기적인 점장 및 영업팀장 회의 시 직원들의 평가결과를 공개, 본인이 아는 직원들에 대한 크로스 체크를 함으로써 평가를 최대한 객관화하고 있다.

한편 상급자는 직원들의 역량을 키워주기 위해 어떤 노력을 했는지에 대한 것도 평가 항목에 포함돼 있다.

■ 개인별 목표 설정으로 동기부여

썬앳푸드는 인사고과에 반영될 직원 목표 설정 시 일률적인 목표가 아닌 개인별 능력에 맞는 목표를 설정하고 있다. 직급, 근무연차뿐 아니라 개인차 등에 따라 목표를 달리 설정해 줌으로써 목표달성에 대한 동기부여를 해주기 위함이다.

올 하반기부터 실시 중인 어학능력 시험에서도 절대적인 점수가 아닌 개인별 향상도에 따라 평가를 한다.

반면 개인별 목표 설정 시 자칫 하향 평준화되는 결과를 초래할 수 있으므로 목표 초과달성 시에는 이에 준하는 플러스 평가를 받게 한다.

출처: 월간식당, 통권 271호

인사고과의 결과로 승진(promotion)을 하게 되는데 승진은 권한과 책임의 영역이 확산되는 수직이동을 의미한다. 인사고과에 의한 공정한 평가와 승진은 구성원들에게 성과에 따른 보상과 동기부여로 작용하며 구성원들에게 성취감을 주는 동시에 회사에 대한 충성도를 높일 수 있는 수단이다.

두찜 (주)기영F&B 외식 프랜차이즈의 채용공고와 승진 조건

출처: 사람인

승진에는 근속연수에 비례하는 연공주의 방식과 성과에 따른 승진이 있으며 외식산업의 영업조직은 역량과 성과에 따른 승진방식이 다른 산업보다 두드러지는 편이다.

현장중심의 영업과 경영관리가 외식산업에서는 다른 어떤 산업보다 중요하기 때문이다.

생각해 보기

- 마케팅과 내부마케팅의 차이점이 무엇인지 자유롭게 적어보시오.

- 직무기술서와 직무명세서의 차이점을 적어보시오.

- 외식기업 구인구직 사이트를 방문해 보고 각 사이트별로 어떠한 특징을 가지고 있는지 적어보시오.

- 직장인의 욕구 중 하나인 동기요인에서 본인이 가장 중요하다고 생각하는 요인을 선택하고 그 선택의 이유를 자유롭게 적어보시오.

- 인사고과의 결과로 직원의 승진을 결정하는 것이 과연 공정한가에 대한 자신의 생각을 적어보시오.

문제은행

01 다음 중 인적자원 관리활동을 마케팅의 차원에서 접근한 용어는 무엇인가?

① 외부마케팅 ② 내부마케팅
③ 네트워크마케팅 ④ 브랜드마케팅

02 다음 중 맡은 업무와 책임의 내용을 구체적으로 기술한 문서이면서 직무분석의 기초 자료이기도 한 문서는 무엇인가?

① 직무기술서 ② 직무명세서
③ 재무제표 ④ 업무분장표

03 다음 중 직무수행에 영향을 미치는 다양한 인지능력 수준을 진단하는 능력검사로 기업의 우수인력 선발 또는 배치 등을 위한 자료로 쓰이는 것은 무엇인가?

① 인성검사 ② 연합고사
③ 적성검사 ④ 구술면접

04 다음 중 사내강사의 역할이 아닌 것은 무엇인가?

① 회사의 경영이념 전파
② 강사 본연의 발전
③ 교육생의 능동적 참여 환경조성
④ 사내 노동조합의 통제관리

05 다음 중 조직 내 부서별 직무에 종사하는 직원들의 근무성적, 역량 등을 기업 고유의 평가방식으로 평가하는 제도는 무엇인가?

① 블라인드 채용 ② 인사고과
③ 미스테리 쇼퍼 ④ 특별감사

06 다음 중 직원을 만족시키는 내부마케팅의 프로세스에 포함되지 않는 것은 무엇인가?

① 직원조사 ② 직원세분화
③ 홍보활동 ④ 특별채용

07 다음 중 리츠칼튼 호텔이 직원만족에 가장 큰 영향을 미친다고 한 것은 무엇인가?

① 금전적 보상 ② 정서적 보상
③ 기술적 보상 ④ 기능적 보상

08 다음 중 직무기술서가 갖춰야 할 요건이 아닌 것은 무엇인가?

① 명확성 ② 간결성
③ 안정성 ④ 다양성

09 다음 표를 보고 각 부서의 채용계획이 몇 명인지 정확히 쓴 것을 고르시오.

인원현황					
부서	구분	PAR	현재 인원	채용계획	비고
FOH	서버	10	7	?	
	안내	3	1	?	
	주차	3	3	?	

① 서비 2, 안내 2 ② 서버 4, 안내 1, 주차 1
③ 서버 3, 안내 2 ④ 서버 1, 안내 3, 주차 3

10 다음 중 일반적인 외식기업의 신입사원 채용절차는 무엇인가?

① 서류전형 – 실무진 면접 – 임원면접 – 건강검진 – 최종발표
② 서류전형 – 실무진 면접 – 건강검진 – 임원면접 – 최종발표
③ 서류전형 – 인성면접 – 기술면접 – 건강검진 – 최종발표
④ 서류전형 – 기술면접 – 인성면접 – 건강검진 – 최종발표

정답 01 ② 02 ① 03 ③ 04 ④ 05 ② 06 ④ 07 ② 08 ④ 09 ③ 10 ①

카페부터 레스토랑까지
따라 하기 쉬운

외식 창업

Chapter 10

학습목표

- 마케팅의 개념에 대해 학습하고, 외식창업과 운영에 있어 마케팅의 중요성을 이해한다.
- 외식 마케팅 도구의 개념과 종류 및 그 활용성을 이해한다.
- 외식 마케팅의 유형을 알아보고 마케팅 성공사례를 고찰한다.

외식창업 마케팅

1. 외식 마케팅의 개념

오늘날 마케팅은 과거 생산자 중심의 마케팅에서 산업혁명과 제2차 세계대전을 거치며 대량생산이 가능해지자 소비자 중심의 마케팅으로 진화하였다. 현대에 와서 마케팅은 소비자를 중심으로 사회지향적 마케팅으로 변화하여 기업에서는 생태 및 자연환경과 사회문화적 환경을 포함하여 생활의 질 향상에 공헌할 수 있는 마케팅방식으로 변화하였다.

판매활동은 많은 기업들이 수행하는 일반적인 시장 접근방식이나, 오늘날까지 판매라는 활동은 부정적 이미지를 가지고 있다. 이는 소비자의 욕구 충족보다는 일방적 매출 극대화를 목적으로 하는 강매와도 같은 판매촉진활동 때문이다. 그러나 마케팅은 표적시장의 기본적인 욕구를 결정하고 경쟁사보다 효율적으로 바람직하게 소비자를 만족시키는 개념이다. 즉, 먼저 잠재고객이 원하는 바를 찾고 그들이 원하는 제품을 공급함으로써 단순한 매출증대가 아닌 고객만족을 창출하는 방법인 것이다. 판매와 마케팅의 차이를 정리하면 아래의 표와 같다.

	시점	초점	수단	목적
판매	공장	제품	판매 및 촉진	판매량을 통한 이익
마케팅	표적시장	고객욕구	통합적 마케팅	고객만족을 통한 이익

출처: 김희철(2021), 실전창업경영론, 두남

● 경영환경의 변화 과정

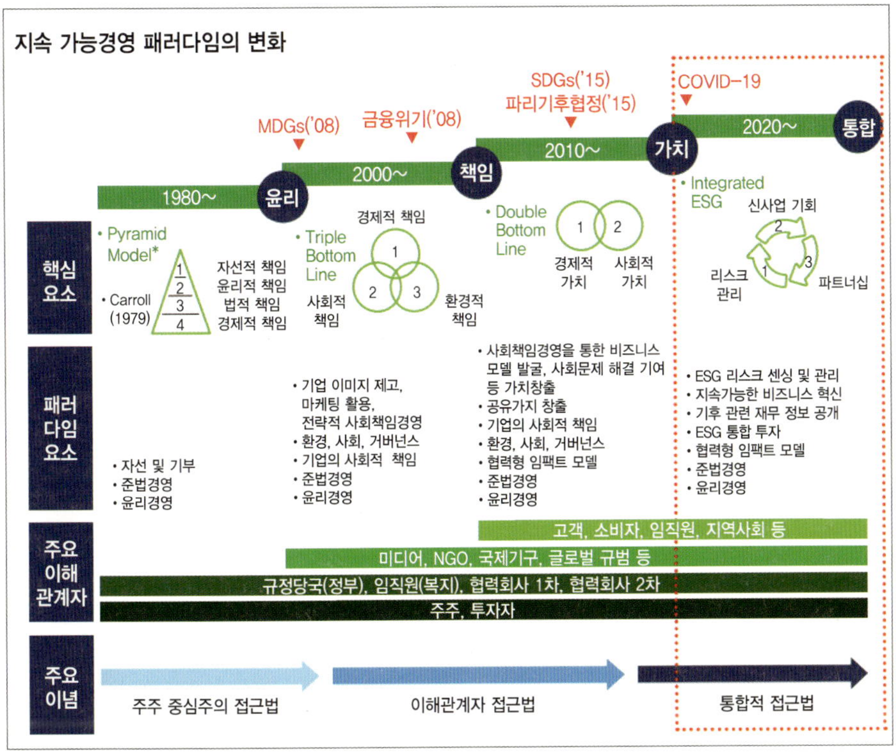

출처: 딜로이트 분석

특히나 사회적 변화에 따라 기업이 지속가능한 경영을 하기 위한 마케팅 커뮤니케이션은 사회적 큰 흐름에 맞추어 발전해 왔다. 위의 그림은 과거로부터 최근 기업경영의 전 세계적 키워드인 ESG경영[25]까지의 변화과정을 요약한 것이다.

외식 마케팅은 이런 마케팅의 변화를 수용하여 변화해 왔다. 식(食)이라는 상품은 사회 · 환경 변화에 민감하며 경제적 변화에는 소비자들이 제일 먼저 지갑을 닫는다고 할 정도로 민감한 사업이다. 외식시장은 비교적 진입장벽이 낮아 경쟁이 심하다. 특히나 우리나라는 다른 나라에 비해 단위면적당 식당의 수가 많다. 한국농촌경제연구원에 따르면 우리나라의 외식업체 수는 약 67만 개 수준으로, 일본(74만 개)과 미국(68만 개)보다는 적지만 이탈리아(30만 개), 프랑스(17만 5천 개), 대만(25만 개)보다 두 배 이상 많으며 인구대비로 볼 때 미국의 7배, 일본보다 2배 이상 많은 이른바 레드오션(red ocean)[26]이다. 우리나라의 외

25 ESG경영: ESG는 기업의 비재무적 요소인 '환경(Environment), 사회(Social), 지배구조(Governance)'의 약자로, 기업이 고객 및 주주·직원에게 기여하고, 환경에 대한 책임을 다하며, 지배구조를 투명하게 하기 위한 경영노력을 말한다.

26 경쟁률이 매우 높고 치열한 시장

식 마케팅은 이런 치열한 경쟁 환경 속에서 생존을 위한 경쟁을 해왔다.

외식 마케팅은 외식사업이 추구하는 목표를 달성하기 위한 마케팅 커뮤니케이션을 통하여 제품, 가격결정 유통 및 촉진을 계획하고 실행하는 전략적 조직 활동이다.

2. 외식 마케팅 전략

1) 외식 마케팅의 특징

외식 마케팅은 다른 산업과 달리 제품과 서비스가 동시에 생산되며 생산과 소비가 동시에 일어나는 특징을 가지고 있다. 외식상품은 다른 산업의 상품과 달리 무형성, 동시성, 소멸성, 변동성, 계절성 등의 특징을 가지고 있으며 상품뿐 아니라 서비스도 동일한 성격을 가지고 있다. 아울러 사회적 변화와 트렌드에 영향을 받는 민감한 사업이다. 이런 요인들이 외식시장에서 소비자와의 거래에 영향을 주게 된다. 대표적인 특징을 살펴보면 다음과 같다.

가) 동시성

여타산업에서는 제품을 공장에서 만들고 이를 시장에 유통시키기 위해 유통경로를 통해 판매점에서 판매하는 경로를 가지고 있으나 외식사업은 생산과 소비가 동시에 발생하기 때문에 이런 유통경로가 없으며 생산, 판매, 서비스가 공간적으로 구분되지 않는 특징을 가지고 있다. 그러나 배달, 포장, HMR과 같이 최근 커지고 있는 특화 시장들은 기존의 외식과 달리 생산한 상품이 개별경로로 이동하여 서비스되는 특징을 가지고 있다.

나) 소멸성

서비스와 상품은 고객의 수요에 따라 즉시 제공되며 제공된 서비스와 상품은 소멸하게 된다. 상품을 만들기 전 단계의 식재료는 재고를 유지할 수 있으나 예외적인 상품을 제외하고(미리 만들어 전시하고 판매되는 베이커리와 같은) 상품을 미리 만들 수 없으며 재고로 보관할 수 없다.

다) 제한성

대부분의 상품은 판매수요에 따라 제조 · 유통되나 서비스는 같은 공간에서 생산되고 소비되는 경우가 많아 생산공정의 자동화가 까다로우며 대량생산 시스템을 갖추기 어렵다. 아울러 공급을 초과하는 수요(주문)가 발생했을 경우 상품을 서비스할 수 없는 제한성을 가지고 있다.

라) 노동집약성

외식사업은 인적 의존도가 높은 사업이다. 제품의 생산과 서비스는 인력에 의해 운영되기 때문에 노동집약적 성격을 가지며 인건비가 전체 수익구조에 영향을 미친다. 특히 매년 인상되는 최저임금으로 외식사업의 수익구조는 영향을 받게 되며 제품에도 영향을 끼친다.

마) 소비자의 참여

서비스의 생산과정에 소비자가 참여하게 되며 서비스의 전달은 물적 · 정신적 · 신체적 노동이 결합되어 전달된다. 소비자(고객)는 서비스를 제공받으면서 부수적인 서비스를 요구할 수 있으며 외식사업의 형태에 따라 상당부분 고객이 서비스를 직접 수행하는 경우도 있다.(셀프서비스 레스토랑의 경우)

2) 외식 마케팅 전략

외식 마케팅 전략은 기업의 사업목표를 달성하기 위해 외식기업이 환경에 대응하여 자원의 투입과 배분을 하기 위한 구체적인 실행계획이다. 전략(strategy)은 전술(tactic)의 상위 개념으로 큰 방향을 정하는 이정표(road map)와 같다.

외식 마케팅의 구체적인 전술은 외식사업에서 일반 대중과 마케팅 커뮤니케이션을 통하여 비즈니스를 성공시키는 행위로 볼 수 있다. 마케팅은 고객 기반과 소통하는 방법의 이면에 있는 전략으로 수행하는 단일 방법은 없다. 대신 대중에게 다가가기 위해 여러 채널에서 일련의 조치 및 활동을 취해야 한다.

가) 마케팅 믹스

앞장에서 외식사업 경영을 위한 시장환경분석과 STP에 대해 논하였다. 이는 본격적인 마케팅 전략을 펼치기 위한 전단계이며, 전통적인 마케팅 전략으로는 4P마케팅 믹스 전략을 취하게 된다.

	정의 /설명 /개념	구성요소
제품	소비자의 필요나 욕구를 충족시키는 품목 유형(상품) 또는 무형(서비스, 아이디어, 경험) 소비자의 욕구를 충족시킬 수 있는 상업적인 재화의 총칭	제품 디자인: 기능, 품질 제품 구색: 제품 범위, 제품 믹스, 제품 라인 브랜딩, 포장 및 라벨링 서비스(무료서비스, 애프터서비스, 서비스수준) 보증 및 보증, 보고 라이프 사이클을 통한 제품 관리
가격	고객이 제품에 대해 지불하는 금액 소비자가 제품을 구입하기 위해 준비한 희생 가격은 수익에 영향을 미치는 유일한 변수이다. 경쟁상황이나 희소성 등의 복합적인 판단에 따라 가격이 책정된다. 시장상황에 따라 다양한 가격전략이 존재한다.	가격 전략, 가격 전술, 가격 설정 수당(예: 유통업체에 대한 리베이트 할인(예: 고객용) 지불 조건(현금, 신용카드 외 기타 지불방법)
장소	고객이 상품을 구매하는 곳을 의미 소비자에 대한 편의 제공을 고려한다. 제품이나 서비스를 생산자로부터 최종 소비자에게 판매하는 경로 대부분의 기업들은 직접판매가 아닌 도매상, 소매상, 혹은 온라인 쇼핑몰 같은 중간 유통 경로를 거치게 된다.	집중유통, 선별유통, 독점유통 등의 전략 프랜차이즈 시장 범위 채널 구성원 선택 및 채널 구성원 관계 구분, 위치 결정, 목록 운송, 창고 및 물류
홍보	판촉은 마케팅 커뮤니케이션을 의미한다 . 광고, PR, 직접 마케팅 및 판매 촉진과 같은 요소로 구성될 수 있다. 자사의 제품을 알리고, 구매를 유도하는 행위이다. 제품과 고객의 특성을 고려하여 적합한 촉진 수단을 선택하는 것이 중요하다.	프로모션 믹스: 광고, PR, 다이렉트 마케팅 및 판매 프로모션의 적절한 균형 메시지 전략: 전달해야 할 내용 채널/미디어 전략: 타깃 고객에게 도달하는 방법 메시지 빈도: 통신 빈도

출처: Needham, Dave(1996), Business for Higher Awards, Oxford, England: Heinemann(저자 재구성)

4P는 제품(Product), 가격(Price), 유통경로(Place), 판매촉진(Promotion)의 앞 글자를 따서 붙여진 이름이다. 4P는 마케팅 의사결정을 위한 정보를 제공하며, 4P 마케팅 믹스는 제품이나 서비스를 판매하고 시장에서 제품이나 서비스를 홍보하기 위해 채택된 일련의 도구 또는 전술로 정의한다.

이 마케팅 믹스를 통해 시장에 진출하여 사업을 성공시키고 목표한 매출과 이익을 달성할 수 있도록 사업체의 운영전략을 결정하는 것이 4P마케팅 믹스의 사용목적이다.

나) 7P마케팅 믹스 전략

4P마케팅 믹스 전략만으로는 서비스 산업의 특수성으로 인해 특성을 반영한 마케팅 요소가 필요하다. 그래서 등장한 것이 7P마케팅 믹스 전략이다.

7P마케팅 믹스 전략은 1960년, E. Jerome McCarthy의 『Basic Marketing. A Managerial Approach』라는 책을 통해 처음 그 개념이 소개되었다. 7P마케팅 믹스 전략은 기존 4P마케팅 믹스 전략에 사람(People), 물리적 증거(Physical evidence), 그리고 과정(Process)이라는 3가지의 마케팅 믹스가 추가된 것이다.

(1) 사람(People)

사업주체를 포함하여 사업을 위해 일하는 직원 및 영업 사원들이 될 수 있다. 우수한 고객 서비스를 제공할 때 고객에게 긍정적인 경험을 제공하고 고객에게 브랜드를 마케팅할 수 있다. 결과적으로 기존 고객은 우수한 서비스에 대한 소문을 퍼뜨릴 수 있으며 사업을 발전하게 할 수 있다.

(2) 물리적 증거(Physical evidence)

물리적 증거는 고객이 비즈니스와 상호작용할 때 보는 모든 것을 말하며 여기에는 제품 또는 서비스를 제공하는 물리적 환경, 레이아웃이나 인테리어 디자인, 포장, BI 등이 있다.

(3) 프로세스(Process)

프로세스는 제품 및 서비스를 고객에게 제공하는 데 관련된 프로세스를 의미하며 이것은 또한 구매자가 이용하기 편하게 하는 것이다. 적절한 프로세스를 갖추면 고객에게 동일한 서비스 표준을 반복적으로 제공하며 효율성을 높여 시간과 비용을 절약할 수 있다.

이상 7p마케팅 믹스 전략을 통한 외식사업의 전략적 고려사항은 다음과 같다.

- Products/Services: 제품 또는 서비스의 개발
- Prices/Fees: 가격 모델
- Place/Access: 온라인, 매장, 모바일 등 고객이 제품을 경험할 수 있는 옵션
- Promotion: 판매를 촉진하기 위한 구체적인 수단
- Physical Evidence: 판매를 촉진할 수 있는 하드웨어(건물, 시설)와 소프트웨어(잘 훈련된 직원, 훌륭한 웹사이트)
- People: 서비스를 실행하는 직원들의 채용과 교육 및 서비스의 수행능력
- Process: 제품 및 서비스를 고객에게 제공하는 데 관련된 프로세스의 이용편의성

3. 외식 마케팅 브랜드의 STP전략

대중마케팅(Mass marketing)은 단일 제품으로 많은 고객을 만족시키던 방식이었다. 그러나 한정된 범위의 욕구만을 충족시키는 방식으로는 다양한 욕구를 채우고자 하는 고객들로 이루어진 시장에서 더 이상 통용되지 않는 시대가 되었다. 이제는 고객의 욕구를 먼저 파악하고 그 유형들을 분류하여 그에 따라 적절한 제품을 제공하는 기업만이 살아남는 시대가 되면서 브랜드 STP전략이 활용되고 있다.

STP(Segmentation, Targeting, Positioning)전략은 시장을 먼저 몇 가지의 기준을 통해 다수의 시장으로 분류(Segmentation)하고, 세분화된 시장 중 자사와 경쟁사 등에 대한 분석을 토대로 고려하여 표적시장을 선정(Targeting)한 후, 그

선정된 시장에서 다양한 방법을 동원하여 자사의 브랜드를 고객의 마음속에 특정한 이미지로 자리 잡도록(Positioning) 하는 일련의 과정을 말한다.

1) 시장세분화(Segmentation)

시장은 다양한 고객들의 집합으로 구성된다. 그러나 고객 개개인은 모두 상이하지만 특정 제품군에 대한 태도, 의견, 구매행동 등에서 비슷한 고객집단이 존재한다. 이처럼 비슷한 성향을 가진 사람들을 전체 소비자 집단과 구별하여 하나의 집단으로 묶는 과정을 시장세분화라고 한다.

시장세분화(Segmentation)
• 시장을 어떤 기준에 따라 나누는 것으로 유사한 특성을 가진 고객을 모아 군집화하는 과정 • 오늘날 특정시장의 욕구에 부합하는 외식상품을 제공하는 시장세분화 전략은 매우 중요함

가) 시장세분화의 요건

시장세분화 전략이 적용되고 그 효율성을 극대화하기 위해서는 몇 가지 요건을 충족시켜야 한다.

- 측정가능성(Measurability) : 각 세분시장의 규모와 구매력과 같은 세분시장의 틀은 구체적으로 측정이 가능해야 한다.
- 접근가능성(Accessibility) : 세분시장에 효과적으로 접근할 수 있는 적절한 수단이 존재해야 한다. 만약 세분시장이 경쟁기업들에 의해 독과점되거나 광고를 할 수 없는 경우에는 그 효용이 현저히 떨어진다.
- 수익성(Substantiality) : 세분시장의 규모가 너무 적거나 경제성이 없다면 마케팅을 진행할 수 없다. 즉, 세분화된 시장은 개별적인 마케팅 전략 수립에 소요된 비용의 회수가 가능하고 기업의 이익을 보장해 줄 수 있을 만큼의 규모를 가져야 한다.
- 차별성(Differentiability) : 각각의 세분시장에 대한 마케팅 실행 후 세분시장

들은 모두 다르게 반응해야 한다. 만약 마케팅에 대하여 모든 세분시장이 동일하게 반응한다면 세분화 전략은 아무런 의미가 없게 된다.

나) 시장세분화의 기준

시장을 세분화하기 위해서는 판단기준 및 근거가 필요하다. 시장세분화의 절대적 기준이나 유일한 방법은 없으나 가장 일반적인 기준들을 소개한다.

- **지리적 세분화** : 소비자의 욕구는 지역적으로 다르다는 가정하에 소비자들의 거주지를 중심으로 시장을 세분화할 수 있다. 즉, 지역별 도시 크기, 기후 등 지역적 환경 및 지역문화에 따른 특수성을 고려하여 시장을 나누는 것이다.
- **인구통계적 세분화** : 가장 일반적인 방법으로, 연령, 성별, 소득수준, 교육수준 등을 기준으로 시장을 세분화하는 방법이다. 이러한 인구통계적 변수는 소비자의 욕구와 제품 사용빈도 등과 밀접한 관련이 있고, 다른 유형의 기준보다 시장규모를 측정하는 데 용이하므로 가장 빈번하게 사용되는 기준이다.
- **심리분석적 세분화** : 개성, 라이프스타일 등 개인의 내재적 특성을 기준으로 하는 방법이다. 인구통계적 기준만으로는 소비자의 태도, 행동 등을 확인하기 어려우므로 이러한 기준이 더욱 필요해지고 있으나, 기준 자체가 추상적이기 때문에 측정이 매우 어렵고 까다롭다.
- **행동분석적 세분화** : 소비자들이 특정 제품이나 제품 특성에 대해 알고 있는 지식, 태도, 사용경험 등을 기초로 하여 시장을 세분화하는 방법이다.

2) 표적시장 선정(Targeting)

표적시장은 세분시장 중 자사의 경쟁우위와 경쟁상황을 고려한 후 자사에게 가장 좋은 시장기회를 제공할 수 있는 특화된 시장을 선정함을 말한다.

이러한 표적시장은 전체 시장이 될 수도 있고 두세 개의 세분시장이 될 수도 있으며 단 하나의 세분시장만이 될 수도 있다. 만약 지나치게 작은 시장을 표적시장으로 선정한다면 시장 기회를 상실하고 수익이 감소할 것이다. 반대로 지나치게 광범위한 시장을 선정한다면 마케팅이 분산되어 수익 증가폭보다 추가비용이 발생하게 된다.

표적시장 선정(Targeting)
• 전체 시장을 어떤 기준에 따라 세분화한 후 세분시장별로 장단점 및 환경의 기회와 위협요소 파악 • 어떤 세분시장이 목표시장으로 적합할 것인지를 결정하는 과정

3) 포지셔닝(Positioning)

고객은 자신이 지각한 제품의 속성에 따라 마음속에 특정 제품군에 대한 브랜드별 우선 순위를 가지고 있는데 이를 포지션(Position)이라고 한다.

이렇게 고객의 마음속에 자사의 제품이 경쟁자의 것과 다르게 인식되도록 마케팅 믹스를 조합하는 것을 포지셔닝(Positioning)이라고 한다. 즉, 경쟁우위 달성을 목적으로 타사 제품과 다르게 인식되도록 하여 고객 마음속에 정확한 위치를 심어주는 과정인 것이다.

포지셔닝(Positioning)
• 자사의 상품이 경쟁 외식업체와 비교하여 어떻게 인식되고 있는지의 상대적 위치 • 시장 포지셔닝(Market Positioning) : 고객이 평가하고 지각하는 위치

가) 포지셔닝 전략의 유형

■ 속성/효익에 의한 포지셔닝 : 가장 흔히 사용되는 전략으로, 자사의 제품이 타사 제품과 비교하여 다른 차별적 속성과 특징을 가져 다른 효익을 제공한다고 인식시키는 것이다. 예를 들어, 코카콜라는 다이어트를 위한 '코카콜라 제로'를 출시하여 기존의 청량함에 더하여 칼로리 걱정 없이 마음 편

하게 마실 수 있다는 이미지를 심어준 전략이 속성/효익에 의한 포지셔닝이라고 할 수 있다. 그러나 이 방법은 경쟁사에 의해 쉽게 모방될 수 있으므로 리포지셔닝을 통한 지속적인 개선이 필요하다.

- **사용상황에 의한 포지셔닝** : 자사 제품의 적절한 사용상황을 묘사하거나 제시함으로써 포지셔닝하는 방법이다. 예를 들어, 오뚜기가 카레를 마케팅할 때 '일요일은 오뚜기 카레'라는 멘트를 반복적으로 내보냄으로써 소비자들의 머릿속에 '일요일이면 먹는 음식'으로 포지셔닝하는 것이다.
- **제품 사용자에 의한 포지셔닝** : 소비되는 제품이 특정한 고객군에게 적절하다고 인식시키는 방법을 말한다. 예를 들어, 카스맥주가 '젊음'을 강조하면서 젊은 모델을 기용하여 카스맥주를 마시면 젊음을 증명하는 것이라는 이미지를 심어줌으로써 20대 젊은 세대를 고객으로 끌어들이려 한 방법이 그것이다.
- **경쟁에 의한 포지셔닝** : 고객의 지각 속에 자리 잡은 경쟁제품과 명시적 혹은 묵시적으로 비교함으로써 자사제품의 장점을 강조하려는 방법이다. 이 방법은 비교광고가 허용되는 외국에서 자주 사용되는 방법이며 가장 유명한 광고로는 메르세데스 벤츠와 BMW의 경쟁광고가 있다.

펩시, 코카콜라를 넘어 1인자로 !

펩시가 코카콜라라는 제국을 넘어서는 데는 무려 100년의 세월이 걸렸다. 지난 70년간 저가 전략을 통해 2인자의 자리를 확고히 한 뒤 30년간의 노력으로 일명 '펩시 세대'의 힘을 얻어 세계 매출 1위까지 올라섰다. 지난 5년 동안 코카콜라는 연간 2.3%의 매출성장을 기록해 펩시의 7.5%에 뒤처지는 것으로 나타났다. 또한 지난 8년간 펩시의 주가는 두 배 이상 올랐지만 코카콜라의 주가는 하락했다. 2004년도 펩시 총매출액은 290억 달러로 코카콜라의 220억 달러보다 30% 이상 많았고, 수익증가율 역시 세 배 이상 높은 18%를 기록했다. 또한 2005년 펩시의 분기순익이 코카콜라의 순이익을 넘어섰다. 이로써 세계 브랜드 가치 1위인 코카콜라는 펩시에게 매출에 이어 순이익까지 1위 자리를 넘겨주게 되었다.

펩시는 코카콜라보다 7년 뒤처진 1839년에 세상에 모습을 드러냈다. 하지만 펩시는 100년간 코카콜라의 등을 보고 다녀야만 했다. 코카콜라의 시장선점효과가 그만큼 막강했기 때문이다. 1930년대까지 펩시는 코카콜라와 가격은 비슷하지만 품질은 그저 그런 콜라에 지나지 않았다. 1933년, 펩시는 콜라의 가격을 코카콜라의 절반 수준으로 내렸고 이후 펩시는 시장에서 확고한 2위 자리를 차지할 수 있었다. 그러던 중 1970년대에 원료값 상승과 함께 위기가 닥쳤고 펩시의 경영진들은 코카콜라와의 전쟁을 선언하기에 이른다. 이러한 어려운 상황을 헤쳐나가기 위해 코카콜라와 같은 수준으로 제품가격을 올리고 마케팅에도 집중했다. 그러나 고객들은 여전히 코카콜라만을 찾았고, 펩시는 코카콜라의 브랜드 파워에 절망감을 느낄 뿐이었다.

1980년대에 펩시는 새로운 포지셔닝 전략을 세우기에 이른다. 젊은 세대를 집중공략하는 '다음 세대의 선택(The choice of next generation)'이라는 슬로건을 내세운 것이다. 이 속에는 코카콜라를 쉰 세대로 밀어넣는 포지셔닝 전략이 담겨 있었다. 이러한 브랜드 포지셔닝으로 기성세대를 집중공략하는 코카콜라와 정면 충돌도 피할 수 있었고, 새로운 세분시장을 개척하여 성장할 수 있었다. 결국 펩시를 즐기던 청소년들이 대학을 마치고 사회에 나가면서 코카콜라보다 펩시를 찾기 시작한 것이다. 이에 코카콜라는 '이게 진짜(The real thing)'라는 광고 문구를 내세워 공세를 폈지만 어렸을 때부터 펩시에 길들여진 입맛을 바꾸는 것은 어려운 일이었다.

출처: 머니투데이(2006.1.5)

4. 외식 마케팅 유형

1) 마케팅 커뮤니케이션

마케팅 커뮤니케이션은 외식기업 제품판매에 효율성을 기하기 위하여 목표로 하는 시장의 고객과 소통하는 것을 의미하며 고객의 의사결정을 유도하기 위한 제품과 가격, 유통경로 등을 목표고객에게 커뮤니케이션하는 것을 의미한다.

커뮤니케이션의 도구는 광고, 인적판매, 판매촉진, PR, 구전광고 등이 있으며 제품과 시장의 특성에 따라 다른 형태를 취한다.

2) 광고

광고는 매스미디어를 사용하여 불특정 다수에게 제품과 서비스를 알리고 구매를 유도하기 위한 정보 전달 커뮤니케이션이다. 광고메시지를 전달하기 위한 수단을 광고 매체라 하며 직접광고, 구매시점광고와 같은 자사의 매체를 활용하는 것과 대중매체(라디오, 티브이 등)를 사용할 수도 있다.

● 식당 배너와 POP

외식업체의 자체 배너는 새로운 메뉴와 서비스에 대한 광고를 통해 고객을 유입하는 수단으로 널리 사용되고 있다. POP는 판매시점(point of sales)에 고객의 의사결정을 돕는 광고 도구로 내부의 테이블, 카운터 등에 비치하여 판매시점의 의사결정을 돕기 때문에 판매시점 관리도구라고 한다.

가) 매스미디어 광고

매스미디어 광고는 매스미디어 시장에 게재되는 광고로, 많은 잠재 소비자에게 광고가 게재된다. 이 광고는 노출 수가 많기 때문에 비용이 많이 드는 경향이 있으므로 최상의 효과를 얻으려면 캠페인을 신중하게 디자인해야 하며 대중 매체에는 인터넷, 텔레비전, 라디오, 광고판 및 기타 형태의 대중 통신이 포함된다.

거의 모든 경우에, 대다수의 인구가 미디어 매체가 제공하는 커뮤니케이션을 접할 수 있으며 광고는 중대한 영향을 미칠 수 있다.

● 유튜브의 햄버거 광고

출처: videohive.net

나) 인적판매

인적판매는 판매원과 잠재고객 간의 일대일 의사소통을 통해 고객의 요구에 대해 학습하고 고객에게 가치 있는 것을 구매할 기회를 제공함으로써 그러한 요구를 충족시키려고 하는 프로세스이다. 인적판매는 기업이 활용할 수 있는 가장 효과적인 커뮤니케이션 수단이며 현장에서 고객과의 상호작용을 통해 고객의 요구사항을 적극 수용하여 판매에 반영할 수 있는 장점이 있는 반면 인적자원을 활용하기 때문에 인적자원을 선발하고 교육, 유지하는 데 많은 비용이 든다.

다) 판매촉진, PR, 구전광고

판매촉진이란 특정제품이나 서비스를 단시간에 판매하기 위한 광고, 인적판매, 홍보 이외의 모든 촉진(promotion)을 말한다.

단기적인 판매촉진을 위해 일반적인 광고나 홍보보다 자극적인 방법 등이 사용되며 대표적인 판촉에는 할인, 쿠폰, 시식 등의 구체적인 방법들이 있다. 판매촉진은 단기간에 매출을 향상시키는 장점이 있으나 동종 업계 간 과열경쟁이 일어날 수 있으며 판매촉진 활동이 끝난 후 오히려 매출이 감소하는 경향이 있다.

11번가의 할인 이벤트

출처: 11번가

● 할인쿠폰

출처: 도미노피자

라) PR(Public Relations)

PR은 정부, 정당, 기업, 개인 등의 마케팅 주체가 대중과의 호의적인 관계를 위해 하는 모든 활동을 지칭한다. PR(홍보)은 광고의 상위개념으로 크게 광고를 통한 PR과, 그 외 홍보를 통한 PR로 나누어볼 수 있다.

● CJ의 PR

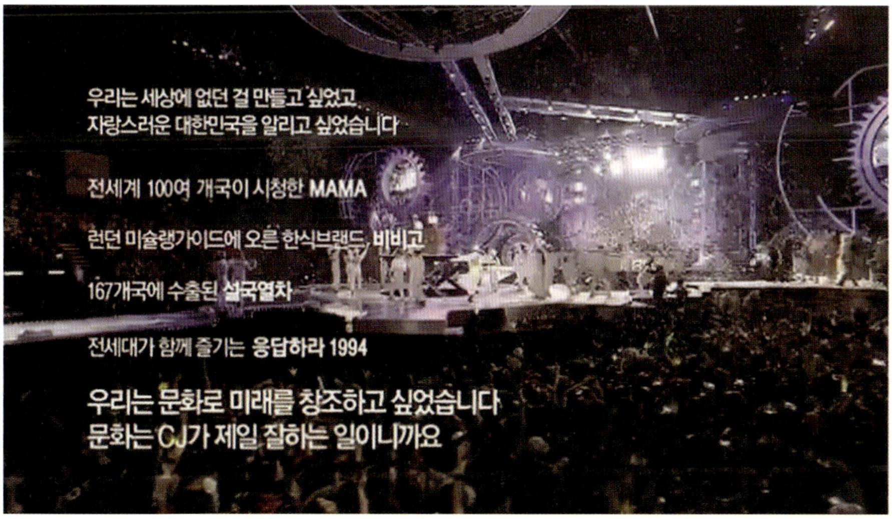

출처: 채널CJ

광고는 특정 매체에 돈을 지불하여 TV, 신문, 라디오, 잡지 광고 등을 통해 상대방에게 직접적인 메시지를 전달하는 방법이며 홍보는 특정 매체에 돈을 지불하지 않고 이벤트, 자선행사, 기업SNS, 보도자료 등 여러 가지 활동을 통해 이미지 개선이나 호의를 유도하는 간접적인 메시지 전달 방법이다.

마) 퍼블리시티(publicity)

퍼블리시티는 뉴스, 홍보, 공지 등의 의미로 사용되고 있으며 광고와는 성격이 다른 의미로 사용된다. 보통 퍼블리시티는 무료로 제공되는 제품 서비스 및 아이디어에 관한 뉴스나 정보를 말하며 광고에 대해 부정적인 소비자들에게 신문기사나 방송뉴스와 같은 신뢰도가 높은 매체를 통하여 소비자가 객관적 정보로 간주하게 한다.

CJ의 Publicity

CJ컵의 메인스폰서인 한식 대표선수 비비고!

"세계인에게 글로벌 한식과 K-Lifestyle을 소개합니다."

CJ컵의 메인 스폰서는 케이푸드의 대표 브랜드인 비비고다. K-Food의 대표가 세계적인 골프대회에서 소개될 수 있게 되어 매우 기쁘게 생각합니다. 세계 정상급 선수들과 대회 관계자, 세계 각국의 수많은 방송 및 방송 관계자, 취재진, 관람객들에게 한식의 맛을 자연스럽게 알리고 한식의 맛을 경험할 수 있는 좋은 기회다. 이제 K-Food는 한국 음식에 대한 단순한 인식에서 조금 벗어나 세계인의 마음에 잘 알려지고 대중적인 음식이 되었습니다. 비비고는 골프장 내 다양한 위치에서 즐길 수 있는 다양한 K-Food 아이템과 즐길거리를 제공하여 선수들에게 활력을 불어넣고 경기장을 방문하는 갤러리들이 색다른 경험을 할 수 있도록 하였다.

또한 비비고는 대회 첫 날인 10월 17일부터 나흘간 미국 NBC 골프채널 TV 광고를 진행하기도 했다. 비비고의 TV 광고는 '비비고는 너무 좋아서 나누면 안 된다'는 콘셉트로 제작됐으며, 새로운 경험과 다양성을 선호하는 미국 밀레니얼 세대를 겨냥했다. 피크닉, 파티, 일상에서 다양하게 즐기는 대표 제품 만두를 담은 비비고의 영상은 한국의 맛과 한식의 라이프스타일을 전 세계에 소개한다. 비비고는 대회 중계 영상과 전 세계 84개국에 방송되는 채널 광고를 연계해 비비고와 K-Food의 라이프스타일을 전 세계에 지속적으로 알리고 있다.

출처: CJ

바) 구전광고(word of mouth)

구전광고는 사람의 입을 통해 전달되는 비공식적인 커뮤니케이션으로 퍼블리시티와 함께 고객이 경험한 제품이나 서비스경험이 잠재고객에게 전달되며 높은 신뢰성을 가진 정보로 간주된다.

● word of mouth

이는 소비자들이 매체에 의한 광고보다 지인이나 가족, 동료를 더 신뢰하기 때문이다. 따라서 그들을 통해 전달되는 정보를 광고보다 더욱 신뢰하게 된다. 그러나 좋은 구전광고와 달리 나쁜 구전광고가 구전으로 더욱 잘 전달되며 정보가 왜곡될 수 있으므로 활용에 유의해야 한다.

생각해 보기

- 7P 마케팅 믹스 중 People(사람)이 가진 의미에 대하여 직원관리의 측면에서 그 중요성을 자유롭게 적어보시오.

- 지금까지 마케팅의 변화를 근거로 하여 미래의 마케팅이 어떻게 진화하게 될지 자유롭게 적어보시오.

- 브랜드 STP 전략이 필요하게 된 배경은 무엇인지 자유롭게 적어보시오.

- 코카콜라와 펩시콜라의 마케팅 전쟁은 100년 넘게 계속되고 있다. 현재 시점에서 어느 쪽의 성장 가능성이 더 큰지 자유롭게 적어보시오.

- NS 마케팅의 장점과 단점에 대해서 자유롭게 적어보시오.

문제은행

01 다음 외식 마케팅의 특성 중 인적 의존도와 관련된 특성은 무엇인가?

① 동시성 ② 소멸성
③ 노동집약성 ④ 제한성

02 다음 중 마케팅 7P마케팅 믹스에 포함되지 않는 것은 무엇인가?

① Promotion ② People
③ Process ④ Physical evidence

03 다음 중 사용상황에 의한 브랜드 포지셔닝 전략은 무엇인가?

① 설탕이 없는 코카콜라 제로 ② 젊음은 카스
③ 버거킹을 먹는 삐에로 ④ 일요일은 오뚜기카레

04 외식 마케팅의 광고 중 기업이 활용할 수 있는 가장 효과적인 커뮤니케이션 수단이며 현장에서 고객과의 상호작용을 통해 고객의 요구사항을 적극 수용하여 판매에 반영할 수 있는 것은 무엇인가?

① 구전광고 ② 매스미디어 광고
③ 인적판매 ④ 퍼블리시티

05 다음 시장세분화의 기준 중 가장 일반적이고 빈번하게 사용되는 기준은 무엇인가?

① 지리적 세분화 ② 인구통계적 세분화
③ 심리분석적 세분화 ④ 행동분석적 세분화

06 **다음 중 환경, 사회적 책임, 지배구조에 대한 개선을 주제로 하는 경영 트렌드는 무엇인가?**

① SMART 경영 ② ESG 경영

③ MORAL 경영 ④ LEADER 경영

07 **다음 4P 마케팅 믹스 중 집중유통, 독점유통 등의 전략과 관련된 것은 무엇인가?**

① Product ② Price

③ Place ④ Promotion

08 **다음 시장세분화를 위한 요건 중 세분시장의 규모 및 경제성과 관련된 것은 무엇인가?**

① 측정가능성 ② 접근가능성

③ 수익성 ④ 차별성

09 **다음 중 가장 많은 잠재 소비자에게 노출시킬 수 있으며 비용 또한 가장 많이 드는 외식 마케팅은 무엇인가?**

① 구전광고 ② 판매촉진

③ 퍼블리시티 ④ 매스미디어 광고

10 **다음 중 고객의 마음속에 자사의 제품이 경쟁자의 것과 다르게 인식되도록 마케팅 믹스를 조합하는 것을 지칭하는 용어는 무엇인가?**

① 타기팅(Targeting) ② 포지셔닝(Positioning)

③ 세그멘테이션(Segmentation) ④ 브랜딩(Branding)

정답 / 01 ③ 02 ① 03 ④ 04 ③ 05 ② 06 ② 07 ③ 08 ③ 09 ④ 10 ②

카페부터 레스토랑까지

따라 하기 쉬운

외식 창업

Chapter

11

학습목표

- 공유주방의 개념에 대해 학습하고, 공유주방 창업에 대한 전반적인 흐름을 이해한다.
- 공유주방 창업의 장단점을 올바르게 인지하고 포괄적으로 이해한다.
- 국내 공유주방 기업의 현황과 성장 가능성을 예측한다.

공유주방 창업

1. 공유주방의 개념

공유주방이란, 여러 사람이 공유할 수 있도록 조성된 주방으로, 주방 하나를 정해진 시간만큼 공유하거나 대형 주방을 동시에 여러 사용자가 공유하는 것이 이에 속하는데, 임대료나 인테리어 비용 등 창업자들의 초기 투자비용 부담을 줄여 외식창업의 진입장벽을 낮출 수 있다는 점에서 주목받고 있다. 경제가 위축되는 시기에 공유주방 모델은 외식업계에 시사하는 바가 크다.[27] 고정비와 인건비를 줄일 수 있기 때문인데, 이러한 비즈니스 모델은 1980년대부터 존재해 왔으나 코로나19로 인해 3~5년 정도 앞당겨졌다고 볼 수 있다. 팬데믹의 영향으로 이동 및 외식의 제한이 심해지면서 급속도로 늘어난 배달 수요가 공유주방의 확장에 결정적 영향을 미친 것이다.

27 네이버 지식백과 공유주방(시사상식사전, pmg 지식엔진연구소)

출처: https://realestate-asset.tistory.com/

국내 주요 공유주방 기업 서비스 현황

	WECOOK			
기업	심플프로젝트컴퍼니	키친엑스	위대한 상사	먼슬리키친
브랜드	위쿡	키친엑스	나누다키친	먼슬리키친
서비스 모델	제조, 유통형, 배달형, 식당형	배달형(직영)	시간제(점심전용) 식당형, 배달형+식당형(직영)	배달형, 푸드코트형(100석 이상)
특징	국내 최초 공유주방 기업	주방자동화 위한 자동조리기 개발 중	창업매칭 플랫폼 보유 (계약건수 105건)	창업매칭 플랫폼 보유 (계약건수 105건)
사업 계획	외식업 사업자 성장시킬 인큐베이션 프로그램 확대	2021년 상반기 지점 확대	배달형+식당형 모델 1월 말 정식 입점	2021년 지점 10개 이상 오픈, 인빌딩 딜리버리 적용

출처: 아시아투데이, https://www.asiatoday.co.kr/view.php?key=20210105010002037

우버의 CEO였던 트래비스 캘러닉(Travis Kalanick)은 우버에서 퇴임하고 클라우드 키친(Cloud Kitchen)이라는 공유주방을 만들었으며, 한국의 서울에서 사업을 시작하였다. 현재 미국과 한국, 인도, 유럽 등지에서 공유주방을 운영하고 있고, 최근에는 키친밸리(Kitchenvalley)라는 이름으로 사업을 진행하고 있다.

클라우드 키친의 사업모델

- 공유주방 회사가 건물을 임대하거나 매입한 뒤
- 그 공간에 냉장고, 싱크대, 후드, 조리기구 등 주방시설을 갖추고
- 입주업체들을 모집해 음식을 만들고 배달 플랫폼을 통해 판매할 수 있게 해준다.
- 입주업체들은 소액의 보증금과 월 사용료를 낸다.

출처: 티타임즈

국내에서는 심플프로젝트 컴퍼니에서 만든 공유주방 기업 '위쿡(wecook)'이 가장 활발하게 움직이고 있다. 위쿡은 단순히 큰 공간을 나눠 쓰는 개념에서 벗어나 다양한 푸드 메이커의 욕구에 맞도록 세 가지 형태의 공유주방을 운영하고 있다. 주문을 받아 음식을 만들어 배달하는 배달형 공유주방, 도시락 등 완제품을 판매하는 개인이나 제조업체를 위한 제조유통형 공유주방, 사람들이 음식을 먹을 수 있는 공간까지 대여해 주는 식당형 공유주방이다. 현재 제조유통형 공유주방은 사직동과 송파, 배달형 공유주방은 신사동, 논현동, 역삼동에 있다. 식당형 공유주방은 강남과 을지로, 종로, 제주도에 있다. 특히, 제조유통형 공유주방은 위쿡이 식품제조가공 허가를 정부로부터 취득한 이후로 입점자들은 따로 허가를 취득하지 않고도 식품을 제조 및 유통할 수 있어 업계에서 화제를 모았다.

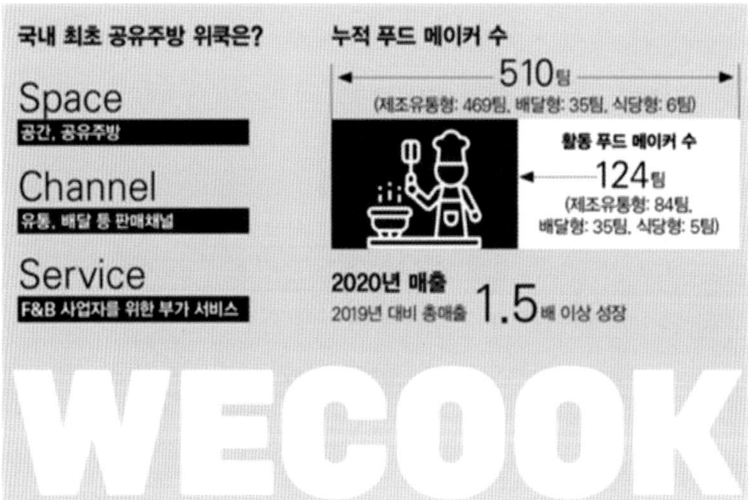

출처: 위쿡 홈페이지

2. 공유주방 창업의 장점

공유주방의 최대 장점은 저렴한 창업비용이다. 초기 외식 창업자들에게 가장 취약한 점은 창업비용이다. 공유주방은 보증금과 주방 사용에 대한 수수료만으로 창업이 가능하므로 일반적인 외식창업에 비하여 초기 창업비용이 70% 이상 저렴하다. 또한, 주방설비, 인테리어, 심지어 메뉴 개발과 제품 디자인까지 무료로 제공하기도 한다.

현재 위쿡은 하나은행과의 제휴를 통해 입점자들이 위쿡과 계약할 경우 하나은행으로부터 낮은 금리로 대출받을 수 있도록 하는 서비스를 제공하고 있으며, 그 외 많은 공유주방 기업들이 외식업 초기 창업자들의 비용부담을 덜어줄 수 있는 다양한 부가 서비스를 제공하고 있다.

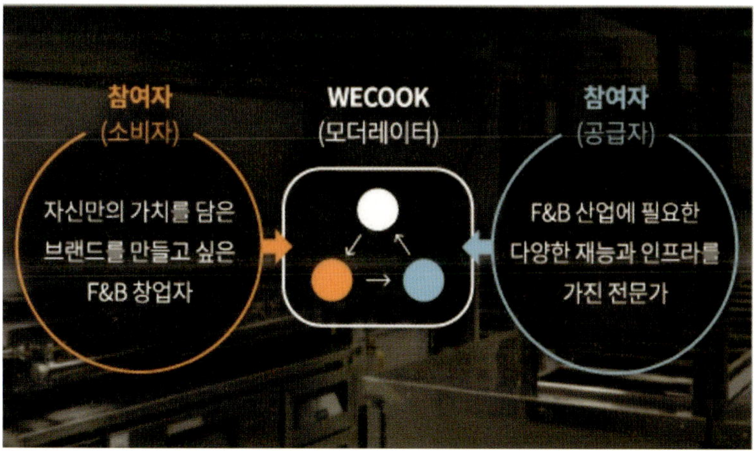

출처: 티타임즈

공유주방의 입지 또한 강남 등 유동인구가 많고 어느 정도 매출을 보장해 주는 지역에 있기 때문에 비싼 보증금 등을 지불하지 않아도 되고, 공유주방 기업이 포장용 패키지나 식자재를 대량 구매하므로 비용을 절감할 수 있는 것도 장점이라고 할 수 있다. '위쿡'은 자체 라이더까지 고용하여 일반 배달앱보다 더 저렴한 수수료를 적용하는 서비스를 제공하고 있으며, 영업상황에 따라 입주자들에게 무료 컨설팅을 제공하기도 한다.

입주자들에게는 자신의 창업아이템이 시장에서 어떤 반응을 보일지 미리 알아볼 수 있다는 측면에서 사업실패 확률을 낮출 수 있다는 점이 최대 장점이라 할 수 있다.

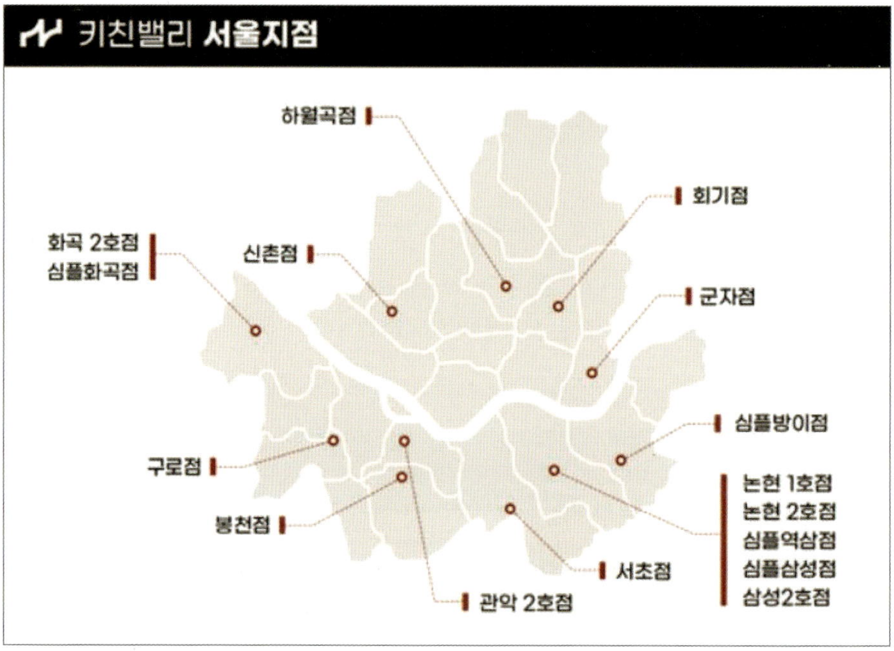

출처: 키친밸리 홈페이지

3. 공유주방 창업의 단점

공유주방의 단점으로는 첫째, 높은 월세이다. 저렴하게 입점하는 것까지는 가능하지만 상당수의 공유주방은 100~150만 원 상당의 높은 월세를 책정하거나 매출에 따른 수수료를 받는다. 즉, 매출이 높아질수록 수수료도 올라가는데,

이는 배달플랫폼의 수수료와 더불어 업계에서 아직까지 논란이 식지 않은 부분이다. 공유주방을 운영하는 기업도 이윤을 남겨야 하기 때문이다. 주방설비와 여러 가지 부대시설, 부가서비스를 제공하는 데 월세마저 낮게 책정한다면 수익을 충분히 내지 못할 것이다. 즉, 공유주방에 보증금만 내고 입점한다고 이를 무조건 저렴한 창업으로 봐서는 안 된다. 일반적인 로드숍일 경우 지불해야 하는 권리금을 일정기간 동안 마치 할부금 내듯 나눠서 지불한다고 보아야 할 것이다.

	클라우드 키친	위쿡			먼슬리키친
비용	보증금 1,000만 원 내외 월 사용료 200~300만 원	공동주방 시간당 6,000원~15,000원 개별주방 월 220만 원			보증금 800만 원 임대료 180만 원
계약	최소 1년	최소 3개월			최소 6개월
매장 수	6호점	제조 유통형 2호점	배달형 3호점	식당형 3호점	2호점
특징	배달에 최적화된 시스템으로 개별 주방과 공용 공간 제공	고객의 사업 목적에 따라 주방의 유형 결정 가능			공유주방 임대 시 식사공간까지 제공

출처: 넥스트이코노미, http://www.nexteconomy.co.kr/news/articleView.html?idxno=13435

둘째, 좁은 공간이다. 대부분의 공유주방은 3~4평의 공간을 사용하는데 이는 메뉴 변경이나 추가, 기물 구입 등 영업에 많은 제약을 준다.

출처: 조선일보, https://www.chosun.com/site/data/html_dir/2019/05/25/2019052500092.html

셋째, 인간관계에 있어서 생기는 문제이다. 공유주방이라고 해서 매출이 모두 높은 것이 아니므로 누군가는 많은 주문을 받고 또 다른 누군가는 그렇지 못한 경우가 생기는데 이러한 상황에서 생기는 스트레스와 구설수는 또 다른 문제를 야기한다. 또한, 자신의 레시피나 노하우가 타인 또는 공유주방 기업에 그대로 노출되기도 한다.

넷째, 확장성에 대한 제한이다. 배달수요가 많다고 해도 결국 외식업은 홀에서 대면 영업을 병행해야 성장할 수 있다. 배달만 하던 치킨 브랜드들이 회사가 성장했을 때 대형 매장을 내거나 일정 규모의 홀을 갖추고 대면 영업을 하는 이유도 같은 맥락이다. 특히 지금처럼 배달플랫폼들의 수수료 갑질 및 배달비의 산정에 따른 갑질이 심각한 시점에서 배달만으로 영업하기에는 위험부담이 커질 수밖에 없다. 그러나 공유주방에서의 배달 위주 영업은 홀 영업을 병행하기 어려우므로 성장에 심각한 한계성을 갖는다.

마지막으로, 계약기간에 따른 문제이다. 입점 시 계약한 기간을 채우지 못할 경우 위약금이 있을 수 있고, 입점일로부터 일정 기간 동안 일정량 이상의 매출을 올리지 못하면 입점을 취소당하는 경우도 발생한다. 이에 따라 그동안 영업하면서 설치한 기물과 설비를 원상복구하는 비용이 발생하므로 입점자는 손해를 입게 된다.

공유주방 '위쿡' 입점절차

진행절차

1. 1:1 상담 신청서 작성
2. 1차 유선 상담
   (약 2~5분 소요)
3. 2차 지점 투어 및 상담
   (유선 상담 후 필요 시 진행 / 약 40분 소요)
4. 견적서 전달
5. 계약서 작성 및 보증금 납입
6. 계약 완료 및 입점

출처: 위쿡 홈페이지

코로나 팬데믹의 영향으로 급격히 확산된 배달 수요를 타고, 외식창업에서 배달은 이제 더 이상 선택이 아닌 필수로 자리 잡아가고 있다. 그러한 배달음식 시장에서 공유주방이 가진 장점은 분명히 초기 창업자들에게 매력적인 요소이긴 하나, 그 이면의 단점과 위험요소 또한 절대 간과해서는 안 된다. 공유주방 기업이 많아졌다는 것은 사실이지만 그만큼 공실로 남아 있는 곳 또한 증가하고 있는 것도 분명한 사실이다. '배달의 민족'이나 '요기요'와 같은 배달플랫폼들의 갑질과 횡포도 이미 사회적 문제로 인식된 지 오래이다. 이러한 현실에서 공유주방이 외식창업의 새로운 대안이 될 수 있을지는 아직 알 수 없으나 어떠한 산업에서도 완전무결한 사업모델은 없다는 점을 인지하고 자신의 창업역량과 사회적 분위기를 고려하여 그 장점을 활용하고 단점을 보완해 간다면 공유주방은 지금보다 더 이로운 형태로 진화할 것으로 예상할 수 있을 것이다.

생각해 보기

- 공유주방이 성장하게 된 배경에 대하여 자유롭게 적어보시오.

- 공유주방의 장단점에 대하여 생각해 보고 향후 10년 뒤 공유주방의 미래를 자유롭게 적어보시오.

- 공유주방에 입점한다고 가정한 후, 자신이 판매할 아이템과 운영방식을 자유롭게 적어보시오.

문제은행

01 다음 중 공유주방이 급격히 확산되게 된 직접적 계기는 무엇인가?

① 급격한 물가상승 ② 배달수요의 증가
③ 경기의 장기침체 ④ 국제유가의 상승

02 다음 중 국내에서 가장 왕성하게 활동하는 공유주방 기업으로, 유일하게 식품제조가공 허가를 취득한 기업은 어디인가?

① 위쿡 ② 키친밸리
③ 먼슬리키친 ④ 고스트키친

03 다음 중 공유주방 창업의 장점이 아닌 것은 무엇인가?

① 초기창업비용 절감 ② 재료비 절감
③ 무료 컨설팅 ④ 저렴한 임대료

04 다음 중 공유주방의 단점이 아닌 것은 무엇인가?

① 비싼 월세 ② 타 사업자와의 갈등
③ 좁은 공간 ④ 자유로운 계약기간

05 다음 중 위쿡이 제공하는 공유주방 형태가 아닌 것은 무엇인가?

① 배달형 공유주방 ② 생산지원형 공유주방
③ 제조유통형 공유주방 ④ 식당형 공유주방

정답 01 ② 02 ① 03 ④ 04 ④ 05 ②

Chapter

12

학습목표

- 각 장의 내용을 토대로 레스토랑 창업의 사례를 케이스 스터디를 통해 이해한다.
- 카페 및 카페 베이커리 창업의 사례들을 케이스 스터디를 통해 이해한다.
- 이 장에서는 창업과 관련된 각종 서식과 샘플들을 통해 창업절차와 방법을 이해한다.
- 창업에 필요한 필요서식을 이해한다.

워크북

1. 레스토랑 창업 사례

1) 개점 점검사항

개점에 필요한 공사와 채용, 영업장의 셋업이 완료되었다면 개점에 필요한 사항들을 최종적으로 점검해야 한다. 이 부분에는 영업장의 각종 시스템이 원활히 돌아가는지, 인원, 식자재, 영업에 필요한 각종 자원이 충분히 확보되어 있는지를 점검하는 내용이 포함되어 있다.

앞장에서 논한 개점 점검사항과 더불어 아래의 체크리스트는 한 레스토랑의 개점 점검 리스트 중 일부분을 발췌한 내용이다.

개점 점검 리스트

Opening Checklist/ People

High Priority

Management Team		Constr. Foreman	
Health Dept.		Fire Marshall	
FOH Coordinator		BOH Coordinator	
Gas Company		Electric Comapany	
Water Company			

Purveyors

Produce		Meat	
Dry Goods		Chicken	
Dairy		Fish	
Bread		Linen	
Coke/Iced Tea/Coffee		Ecolab/Cleaning	
Dumpster		Grease/Hood Cleaning	
Pest Control		Smallwares	
Equipment Startup		Smoker	
Walk-in/Freezer		Security/Alarm	

Opening Staff/Kitchen

Grill 1		Grill 2	
Grill 3		Grill 1	
Make-up 2		Saute 1	
Saute 2		Saute 3	
Saute 4		Fry 1	

가) 모의서비스(mock-service)와 가오픈

모의서비스는 음식과 서비스가 의도한 대로 제공되며 운영에 문제점은 없는지 세부적으로 검토할 수 있는 좋은 기회이다. 일반적으로 지인을 초청하거나 관련 업계에 종사하는 전문가들을 초청하여 시스템에 대한 피드백을 받아 개점 전에 보완하여 완벽을 기해야 한다. 일반적으로 모의서비스는 가지고 있는 개점 예산에 따라 2~3일 정도 진행할 수 있으면 좋다.

가오픈(soft open)은 모의서비스 후에 개점하되 일부 시스템만 가동하거나 시간을 조정하는 등으로 갑작스럽게 개점하여 서비스에 차질이 발생하지 않도록 단계적으로 개점하는 과정이다. 앞에서 모의서비스한 결과 발견된 문제점들이 있다면 일부만 가동하거나 시간을 줄여 완벽한 시스템으로 가동하기 위한 과정이라 할 수 있다.

위와 같은 과정들을 통해 레스토랑은 비로소 개점을 하며 고객을 맞이할 수 있게 된다.

● 그랜드 오픈과 가오픈 일정을 알리는 포스터

출처: 뉴월드마트(coreanmart.com)

2. 카페 창업 사례

1) 카페 창업 필요 예산 사례

플래닛37(Planet 37) 필요 예산		
항목	산출 내역	금액
기자재 사입	반자동 커피머신/2그룹 커피 그라인더 냉장 테이블 냉동 테이블 인덕션 레인지/포터블 블렌더믹서 냉온 정수기 전자레인지 탁상형 컨벡션 오븐 토스터기 파니니 기계 전자저울 스탠딩 쇼케이스 앰프, 마이크	21,950,000
	음료 패키지 스낵 패키지 로고 패키지 머그잔	3,902,000
식재료 및 소모품	커피 과일음료 차 디저트 소모품류	3,140,400
오픈 준비	위생 교육, 보건증, 메뉴 테스트, 예비비	843,000
합계		28,992,400원

2) 카페 시설 기자재

▪ 카페 창업 필요 기물 사례

연번	기자재명	수량	구매금액(VAT 포함)	비고
1	**블렌더 믹서**	1	550,000	
2	**커피 그라인더**	1	825,000	
3	**커피머신**	1	4,000,000~10,000,000	
4	**제빙기**	1	2,000,000	
5	**냉장 테이블**	1	1,300,000	
6	**POS**	1	400,000	
7	**업소용 냉장고**	1	400,000	
8	**전자레인지**	1	150,000	
합계			9,625,000원	

▪ 기자재 사입

연번	기자재명	모델명	규격	수량	구매금액 (VAT 포함)	비고
1	반자동 커피머신/2그룹	라심발리 2구 M34	770mm*510mm* 495mm	1	6,270,000	라심발리
2	커피 그라인더	PEAK	195mm*420mm* 600mm	2	1,650,000	
3	냉장 테이블	B150C-RROS-E	1800*700*840	1	1,500,000	
4	냉동 테이블	B150C-2FFOS-E	1800*700*840	2	3,000,000	
5	인덕션 레인지/ 포터블	HP35	300*525*110	1	900,000	
6	블렌더믹서	QUIET ONE	224*249*457	2	2,000,000	
7	냉온 정수기	청호	370*490*1,257	1	100,000	렌털 미정
8	전자레인지	LG	483*280*377	1	150,000	셀프 쿠킹 bar
9	**탁상형 컨벡션 오븐**	위즈웰 GL-60	687*330*255	1	400,000	

10	**토스터기**	쿠진아트 CPT-180KR		2	200,000	
11	**파니니 기계**	CLS-G01SV	325*135*368	1	400,000	
12	**전자저울**	CAS WZ-2D	KB-5000(5kg/2g) 짐판크기 230(W)x190(D)	1	100,000	
13	**스탠딩 쇼케이스**	라셀르 델리쇼케이스 (LCD-900S)	900*680*1200	1	4,000,000	음료, 스낵용
14	**앰프, 마이크**			1	1,280,000	협의 필요
합계					21,950,000원	

3) 카페 필요 소모품

가) 패키지 제작

■ **패키지 제작 사례**

연번	항목	내역	수량	금액(원)
1	**패키지**	컵 홀더 제작	8,000개	400,000
2	**음료 패키지 (6개월 분량)**	라떼컵 13온스	10,000개	600,000
		아이스컵 16온스	10,000개	1,000,000
		컵 캐리어	1,000개	130,000
		커피빨대	10,000개	52,000
		커피스틱	10,000개	10,000
3	**스낵 패키지**	볶음밥 용기	3,000개	450,000
		쿠키비닐 및 조각케이크 박스		300,000
		포크, 일회용 스푼	2,000개	150,000
4	**로고 패키지**	쿠폰 및 스티커 제작	4,000개	160,000
		냅킨 제작	10,000개	150,000
		쇼핑백	1,000개	100,000
5	**머그잔 (일부 판매용)**	카페 로고 머그잔	100개	400,000
합계		**3,902,000원**		

나) 소모품 사입

■ **소모품 사입**

<table>
<tr><th>연번</th><th>항목</th><th>내역</th><th>수량</th><th>금액(원)</th></tr>
<tr><td rowspan="3">1</td><td rowspan="3">커피</td><td>커피원두(일주일 분량)</td><td>30kg</td><td>660,000</td></tr>
<tr><td>시럽(초코, 바닐라, 캐러멜)</td><td>1L*6</td><td>78,000</td></tr>
<tr><td>우유</td><td>1L*125</td><td>225,000</td></tr>
<tr><td rowspan="3">2</td><td rowspan="3">과일음료</td><td>아이스티(레몬, 복숭아)</td><td>1.5kg*2</td><td>17,000</td></tr>
<tr><td>과일청(자몽, 레몬, 오렌지,
키위, 딸기, 블루베리)</td><td>500g</td><td>120,000</td></tr>
<tr><td>농축액</td><td>1.8L*6</td><td>227,400</td></tr>
<tr><td rowspan="2">3</td><td rowspan="2">차</td><td>허브티(페퍼민트, 캐모마일, 재스민)</td><td>10티백*3</td><td>30,000</td></tr>
<tr><td>건강차(유자, 생강, 자몽, 레몬, 매실, 쌍화차)</td><td>2kg*6</td><td>90,000</td></tr>
<tr><td rowspan="5">4</td><td rowspan="5">디저트</td><td>냉동빵 생지(베이글, 크루아상)</td><td>150개씩</td><td>145,500</td></tr>
<tr><td>쿠키생지</td><td>30개*5</td><td>82,500</td></tr>
<tr><td>볶음밥</td><td>250개</td><td>500,000</td></tr>
<tr><td>조각케이크</td><td>150개</td><td>240,000</td></tr>
<tr><td>샌드위치</td><td>150개</td><td>225,000</td></tr>
<tr><td>5</td><td>소모품류</td><td>브러시류 종류별로 1개씩
스펙트럼 브러시
패스추리 브러시(소형, 납작중형, 대형)
바스팅 브러시/크래치 브러시, 와이어 브러시
콜드마스터 펌프
그라스리머
아이스통 2개
우드머들러
지거(1포니/하프포니)
스퀴저
셰이커(스텐)
바스푼(제조용)
믹싱스푼(제조용)
에소프레소스푼(접대용)
일반 커피스푼(접대용)</td><td></td><td>500,000</td></tr>
<tr><td colspan="2">합계</td><td colspan="3">3,140,400원</td></tr>
</table>

4) 카페 창업 프로세스

오픈 준비 예산 내역(1월 말~오픈 전)

항목	산출 내역	금액	비고
위생교육 한국외식산업협회(6시간)	25,000원	25,000	
보건증 발급	3,000원×9명	27,000	
메뉴 테스트 식재료	커피 1kg 25,000원×5kg	125,000	
	우유 2,000원×40개	40,000	
	라떼 파우더 500g 9,000원×7개 (녹차라떼, 초코라떼, 베리라떼, 밤라떼, 멜론라떼, 단호박라떼, 고구마라떼)	63,000	
	요거트 스무디 파우더 1kg	12,000	
	스무디 원액 20,000원×6개 (자몽, 레몬, 오렌지, 키위, 딸기, 블루베리)	120,000	
	스프레이 생크림	15,000	
	초콜릿, 캐러멜 시럽 18,000원×2개	36,000	
회의비	식사 10,000원×9명×2회	180,000	
예비비		200,000	
합계		843,000	

5) 카페 메뉴 사례

■ **판매 예정 메뉴 사례**

	분류	메뉴	Hot	Iced
1	**커피**	아메리카노	1,800원	1,800원
		카페라떼	2,500원	2,500원
		카푸치노	2,500원	2,500원
		카페모카	2,800원	2,800원
		캐러멜 마끼아또	2,800원	2,800원
		에스프레소	1,500원	1,500원
2	**녹차 허브류**	그린티(녹차) 허브(페퍼민트, 캐모마일, 재스민) 홍차(다즐링, 얼그레이, 잉글리시 브렉퍼스트) 아이스티(레몬, 복숭아)	2,000원	2,000원
		유자차, 자몽차	2,500원	2,500원
		밀크티	2,500원	2,500원
3	**라떼류**	녹차라떼, 초코라떼. 밤라떼, 오곡라떼, 단호박라떼, 고구마라떼	3,000원	3,000원
4	**에이드류**	자몽, 레몬, 오렌지, 청포도, 블루베리	2,500원	2,500원
5	**스무디류**	블루베리, 스트로베리, 망고, 플레인요거트	3,000원	3,000원
6	**디저트류**	메뉴(사입가격의 1.5배 판매)	판매가격	
		떠먹는 티라미수, 우유케이크	5,000원	
		뉴욕치즈케이크	3,000원	
		초코무스 케이크	3,000원	
		고구마무스 케이크	3,000원	
		잉글리시 머핀 샌드위치	3,000원	
		하프치아바타 샌드위치	3,000원	
		홍루이젠 샌드위치	2,200원	
		허니버터 브레드	3,500원	
		쿠키, 마카롱류(개당)	1,500원	
		쿠키 박스	15,000원	
		마카롱 박스	15,000원	
7	**스낵류**	발재반점 볶음밥류	2,500원~3,000원	
		발재반점 짜장, 짬뽕	2,500원~3,000원	
		CJ 컵밥(마파두부, 제육 등)	2,500원~3,000원	
		고구마, 옥수수, 바나나	2,000원	

6) 카페 메뉴 레시피

<table>
<tr><th colspan="8">레시피</th></tr>
<tr><td rowspan="3">메뉴명</td><td rowspan="3" colspan="5">ICE 아메리카노</td><td>점포명</td><td>***</td></tr>
<tr><td>작성일자</td><td>2015.08.01</td></tr>
<tr><td>판매가</td><td>3,700원/1인분</td></tr>
<tr><th rowspan="2">NO.</th><th rowspan="2">재료명</th><th colspan="2">표준단가</th><th rowspan="2">실수량</th><th rowspan="2">단위</th><th rowspan="2">소요단가</th><th rowspan="2">제조법</th></tr>
<tr><th>수량</th><th>가격</th></tr>
<tr><td>1</td><td>커피</td><td>3kg</td><td>30,000</td><td>20</td><td>g</td><td>600</td><td rowspan="9">1. 에스프레소 추출하기
2. 1회 용기에 얼음 담기
3. 물 담기
4. 3에 1을 담기</td></tr>
<tr><td>2</td><td>물</td><td>2L</td><td>600</td><td>100</td><td>ml</td><td>30</td></tr>
<tr><td>3</td><td>얼음</td><td>3kg</td><td>3,480</td><td>200</td><td>g</td><td>232</td></tr>
<tr><td>4</td><td>컵</td><td>12oz</td><td>62,000</td><td>1,000</td><td>ea</td><td>62</td></tr>
<tr><td>5</td><td>뚜껑</td><td>12oz</td><td>26,000</td><td>1,000</td><td>ea</td><td>26</td></tr>
<tr><td>6</td><td>빨대</td><td>일자</td><td>41,000</td><td>10,000</td><td>ea</td><td>4.1</td></tr>
<tr><td>7</td><td>홀더</td><td>12oz</td><td>27,000</td><td>1,000</td><td>ea</td><td>27</td></tr>
<tr><td>8</td><td>캐리어</td><td>2인</td><td>16,000</td><td>100</td><td>ea</td><td>80</td></tr>
<tr><td>9</td><td></td><td></td><td></td><td></td><td></td><td></td></tr>
<tr><td rowspan="3">제품사진</td><td rowspan="3" colspan="3"></td><td rowspan="3" colspan="3"></td><td>제품 원가 : 1,061원</td></tr>
<tr><td>매출이익 : 2,639원</td></tr>
<tr><td>원재료비율 : 29%</td></tr>
</table>

<table>
<tr><td rowspan="4">식기</td><td>식기</td><td></td><td colspan="6">개 정 기 록</td></tr>
<tr><td rowspan="2">단가</td><td rowspan="2"></td><td colspan="3">년 월 일</td><td colspan="3">년 월 일</td></tr>
<tr><td>작성</td><td>검토</td><td>승인</td><td>작성</td><td>검토</td><td>승인</td></tr>
<tr><td>관련식기</td><td></td><td></td><td></td><td></td><td></td><td></td><td></td></tr>
</table>

Coffee Menu

에스프레소(HOT) : 원두 2샷

아메리카노(HOT) : 원두 2샷 + 물
아메리카노(ICE) : 원두 2샷 + 물 + 얼음

카페라떼(HOT) : 2샷 + 우유스팀
카페라떼(ICE) : 2샷 + 우유 + 얼음

카푸치노(HOT) : 2샷 + 우유거품

카페모카(HOT) : 초코시럽 1.5펌프 + 2샷 + 우유스팀 * 1펌프=19g
카페모카(ICE) : 초코시럽 1.5펌프 + 2샷 + 우유 + 얼음 총 30g

캐러멜마끼아또(HOT) : 시럽 2.3펌프 + 2샷 + 우유스팀 * 1펌프=12g
캐러멜마끼아또(ICE) : 시럽 2.3펌프 + 2샷 + 우유 + 얼음 총 30g

바닐라라떼(HOT) : 시럽 2펌프 + 2샷 + 우유스팀 * 1펌프=13g
바닐라라떼(ICE) : 시럽 2펌프 + 2샷 + 우유 + 얼음 총 25g

● **사이즈 업** : 1펌프 추가 + 우유양 추가

◎ 라떼 메뉴 HOT에서 ICE로 변경 시 얼음 녹아서 맛 없어짐

Latte Menu

녹차라떼(HOT) : 녹차파우더 25g + 우유 225g 스팀
녹차라떼(ICE) : 녹차파우더 25g + 우유 200g + 얼음

초코라떼(HOT) : 초코파우더 25g + 우유 225g 스팀
초코라떼(ICE) : 다크 5g + 초코 10g + 소스 1펌프 + 우유 230g + 얼음

단호박라떼(HOT) : 파우더 30g + 우유 200g 스팀
단호박라떼(ICE) : 파우더 30g + 우유 210g + 얼음

민트초코라떼(HOT) : 파우더 30g + 우유 200g 스팀 + 시럽 2펌프
민트초코라떼(ICE) : 파우더 30g + 소스 1펌프+ 시럽 2 + 우유 200g + 얼음

달고나라떼(ICE) : 베이스 + 얼음 + 파우더 10g + 크런치 20g
달고나카페라떼(ICE) : 베이스 + 1샷 + 얼음 + 파우더 10g + 크런치 20g
달고나밀크티(ICE) : 밀크티 2펌프 + 얼음 + 파우더 10g + 크런치 20g
* 달고나 기본베이스 : 바닐라시럽 1/2펌프(6g) + 우유 180g + 파우더 15g

● **사이즈 업** : 파우더 5g + 우유 10g 추가

◎ 파우더와 우유 1분 이상 섞고 얼음 넣기
◎ 양 부족 시 우유 더 넣고 섞어주기

Tea Menu

허브차 : (페퍼민트, 캐모마일, 진저레몬) = 티백 + 뜨거운 물 or 얼음물
홍차 : (다즐링, 얼그레이, 잉글리시 브렉퍼스트) = 티백 + 뜨거운 물 or 얼음물

유자차(HOT) : 꿀 유자 3.5펌프 + 물
유자차(ICE) : 꿀 유자 3.5펌프 + 얼음 + 물

자몽차(HOT) : 퓌레 2펌프 + 물
자몽차(ICE) : 퓌레 2펌프 + 얼음 + 물

밀크티(HOT) : 밀크티베이스 25g + 우유 200g 스팀 (거품 적게) 9:1
밀크티(ICE) : 밀크티베이스 30g + 우유 180g + 얼음

◎ 우러나는 차 종류는 뜨거운 물로 한 번 우려내주기

Ade Menu

자몽 에이드 : 퓌레 2.3펌프(45g) + 사이다 200g + 얼음
블루베리 에이드 : 퓌레 2.3펌프(45g) + 사이다 200g + 얼음
체리 에이드 : 퓌레 2.3펌프(45g) + 사이다 200g + 얼음
청포도 에이드 : 퓌레 2.3펌프(45g) + 사이다 200g + 얼음
오렌지 에이드 : 퓌레 2.3펌프(45g) + 사이다 200g + 얼음
유자 에이드 : 퓌레 2.3펌프(45g) + 사이다 200g + 얼음

* 1펌프 = 약 20g

◎ 액상은 무조건 냉장 보관

Tmoothie Menu

플레인 요거트 스무디 : 우유 120g + 파우더 80g + 얼음 270g

블루베리 스무디 : 우유 100g + 퓌레 90g + 파우더 15g + 얼음 270g

딸기 스무디 : 우유 100g + 퓌레 70g + 파우더 15g + 얼음 270g

망고 스무디 : 우유100g + 퓌레 90g + 파우더 15g + 얼음 270g

초코 스무디 : 우유 100g + 다크 15g + 소스 40g + 초코칩 1tsp + 얼음 270g

천도복숭아 스무디 : 시럽 100g + 물 4oz (1/4얼음컵) + 얼음 270g

민트초코 스무디 : 우유 100g + 파우더 35g + 소스 2펌프 + 시럽 2 + 얼음 270g

초코나무 스무디 : 우유 100g + 다크 10g + 소스 40g + 그린티 파우더 20g + 초코칩 1tsp +얼음 270g

키위 스무디 : 우유 100g + 요거트 파우더 15g + 시럽 90g + 얼음 270g

- 요거트 추가 시 15g 추가

◎ 1oz = 28g = 30ml

연성대학교 카페 플래닛37 인테리어

출처: 연성대학교

3. 창업 시 필요한 영업 서식

1) 손익계산서

<table>
<tr><td colspan="3">매상고(1)</td><td></td><td colspan="3">지출내역</td></tr>
<tr><td colspan="3">식자재구입비(2)</td><td></td><td rowspan="6">원재료비
(식자재비)
(%)</td><td>육류</td><td></td></tr>
<tr><td rowspan="2"></td><td colspan="2">식자재</td><td></td><td>야채류</td><td></td></tr>
<tr><td colspan="2">음 · 주류</td><td></td><td>향신료</td><td></td></tr>
<tr><td colspan="3">원가공제액 (3) (B — A)</td><td></td><td>곡류</td><td></td></tr>
<tr><td rowspan="4"></td><td rowspan="2">기초재고
(A)</td><td>식자재</td><td></td><td>음 · 주류</td><td></td></tr>
<tr><td>음주류(잡류)</td><td></td><td>소계</td><td></td></tr>
<tr><td rowspan="2">기말재고
(B)</td><td>식자재</td><td></td><td rowspan="5">인건비
(%)</td><td>사원(임원)급여</td><td></td></tr>
<tr><td>음주류(잡류)</td><td></td><td>P. A 임금</td><td></td></tr>
<tr><td colspan="3">※ 조이익 (4) (1-2+3)</td><td></td><td>상여금, 수당</td><td></td></tr>
<tr><td colspan="3">총인건비 (5)</td><td></td><td>복리후생비</td><td></td></tr>
<tr><td colspan="3">일반경상비(제경비) (6)</td><td></td><td>소계</td><td></td></tr>
<tr><td rowspan="7"></td><td colspan="2">수도광열비</td><td></td><td rowspan="5">수도광
열비</td><td>전기</td><td></td></tr>
<tr><td colspan="2">비품, 소모품</td><td></td><td>가스</td><td></td></tr>
<tr><td colspan="2">지급수수료</td><td></td><td>수도</td><td></td></tr>
<tr><td colspan="2">접대비(판공비)</td><td></td><td>열탄, 석유</td><td></td></tr>
<tr><td colspan="2">세금</td><td></td><td>소계</td><td></td></tr>
<tr><td colspan="2">교통 통신비</td><td></td><td colspan="2">비품, 소모품</td><td></td></tr>
<tr><td colspan="2">잡비</td><td></td><td colspan="2">지급(카드)수수료</td><td></td></tr>
<tr><td colspan="3">영업판촉비(광고선전비) (7)</td><td></td><td colspan="2">접대비(판공비)</td><td></td></tr>
<tr><td colspan="3">임대료 (8)</td><td></td><td colspan="2">세 금</td><td></td></tr>
<tr><td colspan="3">※ 매상총이익 (9)
(4-5-6-7-8)</td><td></td><td colspan="2">교통 통신비</td><td></td></tr>
<tr><td colspan="3">잡수입 (10)</td><td></td><td colspan="2">영업판촉비(광고선전비)</td><td></td></tr>
<tr><td colspan="3">감가상각비 (11)</td><td></td><td rowspan="2">잡비</td><td>청소유지비</td><td></td></tr>
<tr><td colspan="3">투자이자 (지급이자) (12)</td><td></td><td>기타</td><td></td></tr>
<tr><td colspan="3">※ 순이익 (13)
(9+10-11-12)</td><td></td><td colspan="2">총계</td><td></td></tr>
</table>

2) 판매일보

년 월 일 작성자 (인)

점 (단위 : 원)

품목	단가 A	수량 B	금액 C	할인금액 D	당일 판매역 E
국수전골	7,000				
삼치정식	8,000				
소고기모둠구이	28,000				
소고기모둠구이 (안주용)	28,000				
샤부샤부	12,000				
떡갈비	18,000				
냉면	4,500				
돌솥비빔밥	5,000				
등심	15,000				
합계					

일지조건표	맑음	흐림	비	눈	때로 비	때로 눈	객수	판매금액 누계
	0	1	2	3	4	5		

현금수지현황	① 전일현금보유액	② 점장 판촉권	③ 기타 판매	
	④ 현금판매	⑤ 카드판매	⑥ 합계 ④+⑤	금일현금보유액 ①+④
판촉비내역				

3) 예약대장

(　　)월 (　　)일 고객예약 현황

순 번	예약자	전화번호	단체명	예약시간	예약인원	특기사항	비 고

4) 고객카드

작성일자 년 월 일

고객카드		가족구성, 가족정보
성 명		
주 소	Tel :	
회사명	Tel :	
기호·취미		
좋아하는 음식류		
이용기록		

내점일자	이용형태	인원/W.M	요리	음료	금액	DM·방문 판촉기록	
						일 자	내 용

5) 면접체크표(P/A)

작성일자 년 월 일

<table>
<tr><td>일 자</td><td></td><td>면접 담당자</td><td></td><td colspan="4">면접평가표</td></tr>
<tr><td colspan="4" rowspan="2">1. 업무에 대한 의욕, 동기</td><td>항 목</td><td>평가포인트</td><td>평 가</td><td>비 고</td></tr>
<tr><td>의욕</td><td></td><td>A, B, C</td><td></td></tr>
<tr><td colspan="4" rowspan="2">2. 점포에 대한 이해도</td><td>태도</td><td></td><td>A, B, C</td><td></td></tr>
<tr><td>끈기</td><td></td><td>A, B, C</td><td></td></tr>
<tr><td colspan="4" rowspan="2">3. 근무시간, 휴일</td><td>건강</td><td></td><td>A, B, C</td><td></td></tr>
<tr><td>협조성</td><td></td><td>A, B, C</td><td></td></tr>
<tr><td colspan="4" rowspan="2">4. 건강</td><td>근무조건</td><td></td><td>A, B, C</td><td></td></tr>
<tr><td>적극성</td><td></td><td>A, B, C</td><td></td></tr>
<tr><td colspan="4">5. 업무경험</td><td rowspan="4">특기사항</td><td colspan="3" rowspan="4"></td></tr>
<tr><td colspan="4">6. 가족사항</td></tr>
<tr><td colspan="4">7. 기타</td></tr>
<tr><td colspan="4">8. 근무 가능일자
월 일부터</td></tr>
<tr><td colspan="4" rowspan="2">9. 기타</td><td>종합평가</td><td colspan="3">① 채용 ② 보류 ③ 불채용</td></tr>
<tr><td colspan="2">1차면접자 印</td><td colspan="2">2차면접자 印</td></tr>
</table>

6) 인건비 계획표

성명	직종	정사원, P/A	월급여액	총액	연 간 급 여
급여액 합계				①(　)	③(　)
	P/A			②(　)	(　)
상여금 계획 ⑥					
정사원 급여총액 × [　]개월분 = [① - ②] × [　]개월분 = ④[　]					
복리후생비 산출 ⑦					
P/A 연간 급여총액 × [　] 개월 = [②] × [　] 개월 = ⑤ [　]					
총소요 인건비 ④+⑤+⑥+⑦					

7) 구매요청서

NO.

월 일 구매 요청 및 보고서

요청자소속 성명

구 매 요 청					사 입 결 과					검 수
순위	구 분	품 명	규 격	수량	규 격	수량	단 가	금 액	비 고	확인자
1										
2										
3										
4										
5										
6										
7										
8										
9										
10										
11										
12										
13										
14										
15										
16										
17										
18										
19										
20										

구분란 작성요령 : 원재료, 부재료, 소모품, 비품 직원식사용 등의 사용처를 명기할 것	결재	구매요청부서		구매부서		
		담당	부장	담당	부장	사장

8) 재고조사표

년　　월　　일

점점장인

작성자인

냉동품(냉장품, 상온품)				
품명	규격	단위	BOX	단수
합계				

9) 조리레시피

제품명 :				
명				
재료명	가 공 상 태	중 량 (g)	직 접 조 리	조 리 순 서
주 의 사 항				
참 고 자 료				

참고 문헌

서적

- 김대호(2014), 창조경제 정책의 이해, 커뮤니케이션북스
- 김영갑(2017), 외식사업 메뉴경영론, 교문사
- 김영갑(2018), 외식사업창업론, 교문사
- 김은숙 · 한동여(2019), 최신외식산업의 창업과 경영
- 김헌희 · 이유경(2014), 외식창업실무, 백산출판사
- 김홍일 외(2020), 4차산업시대의 외식창업과 경영, 새로미출판사
- 김희철(2021), 실전창업경영론, 두남
- 로라 알듀서 외, 외식경영연구회 역(2010), Restaurant 창업 노하우, 백산출판사
- 안종기(2018), 외식창업과 프랜차이즈, 두남
- 임창희(2014), 인적자원관리, 비앤엠북스
- 진양호(2014), 호텔&외식산업 원가관리론, 지구문화사
- 최병호(2020), 글로벌외식산업창업론, 백산출판사
- 최현규(2015), 사업계획서_작성 체크리스트, 한국과학기술정보연구원

자료

- 2022년 창업지원사업 통합설명회 발표자료, 중소기업청 창업진흥원
- 창업사업화 지원사업 사업계획서 작성매뉴얼, 중소기업청 창업진흥원, 사업계획서_2019, 서대문구 창업지원센터
- 2020년 기업생멸행정통계 결과, 통계청 경제통계국 경제통계기과(2021)
- 식품음료신문(2020.10), 글로벌 식품기업, 지속가능 발전 위한 사회공헌에 집중
- 점포설계의 ABC

논문

- 목영두(2011), 대학의 창업교육 체계화를 위한 창업학 교육과정 개발 모형 연구, 중앙대 박사학위논문
- 박기철(2008), "브랜드 경영을 위한 가치 콘셉트의 의미 제안: 가치 콘셉트의 관점에서 브랜드 콘셉트 가란 무엇인가?" 한국광고홍보학보, 10(3): 163-196
- 전영진(2016), 창업 사업계획서 시스템 설계에 관한 연구, 한양대학교 석사학위논문
- 홍성호(2009), 한국 창업학 연구 분류체계를 위한 탐색적 연구, 중앙대학교 석사학위논문

• 윤경숙(2003), 경제성 분석방법에 관한 연구 -외식산업 재무보고서를 중심으로-, 경기대학교 석사학위 논문
• 황금수(2014), 프랜차이즈 편의점의 위험요인에 관한 분석, 단국대학교 대학원
• 곽근호(2011), 프랜차이즈이용 고객의 점포선택 특성에 관한 연구, 동의대학교 대학원
• 프랜차이즈 입지 및 상권분석 연구, 국립 한국방송통신대학

참고사이트

• 레스토랑&카페디자인 : 네이버 블로그
• 생과일주스점 창업 가이드 : 네이버 블로그
• 실내 인테리어디자인 요약 : 다음 블로그 카펜터즈
• 외식업10년차 : 다음 블로그
• 위키피디아
• 인테리어 블루맨
• www.eatthis.com
• www.ediblegeography.com
• www.hardrockcafe.com
• www.k-startup.go.kr
• www.kinfa.or.kr
• www.kwbiz.or.kr
• www.semas.or.kr
• www.shanghaidaily.com

저자 소개

김진숙

경기대학교 관광학 박사
연성대학교 호텔외식경영전공 교수

김하윤

경기대학교 관광학 박사
연성대학교 호텔외식경영전공 교수

김진성

경기대학교 관광학 박사
SNIF1. 대표
서정대학교 겸임교수

김문호

세종대학교 외식경영학 박사
인천재능대학교 호텔외식조리과 교수

허 정

경기대학교 관광학 석사
연성대학교 호텔외식경영전공 교수

조원영

경기대학교 외식경영학 박사
유한대학교 호텔외식조리학과 교수

김명희

경기대학교 관광학 석사
연성대학교 호텔외식경영전공 교수

김양숙

경기대학교 외식경영학 박사
유한대학교 호텔외식조리학과 겸임교수

저자와의
합의하에
인지첩부
생략

외식창업

2022년 8월 30일 초판 1쇄 발행
2023년 9월 1일 초판 2쇄 발행

지은이 김진숙 · 김진성 · 허 정 · 김명희
김하윤 · 김문호 · 조원영 · 김양숙
펴낸이 진욱상
펴낸곳 (주)백산출판사
교 정 성인숙
본문디자인 신화정
표지디자인 오정은

등 록 2017년 5월 29일 제406-2017-000058호
주 소 경기도 파주시 회동길 370(백산빌딩 3층)
전 화 02-914-1621(代)
팩 스 031-955-9911
이메일 edit@ibaeksan.kr
홈페이지 www.ibaeksan.kr

ISBN 979-11-6567-557-8 93980
값 30,000원